불면증을 위한
마음챙김 기반 치료

Mindfulness-Based Therapy
for Insomnia

Jason C. Ong 저 | 서수연 역

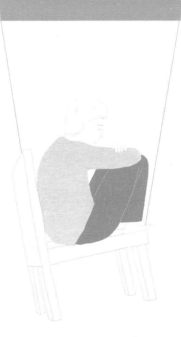

학 지사

This work was supported by the Sungshin Women's University
Research Grant of H20200054

역자 서문

제가 Jason Ong 교수님을 처음 만난 것은 2009년, 시카고에 있는 러시 의과대학 병원(Rush University Medical Center)에서 임상심리 레지던트로 수련을 받을 때였습니다. 모든 환자에게 도움이 될 수 있는 치료의 필요성에 대해 더 배우고 싶은 갈증이 컸던 무렵에 단정한 장발머리를 빗어 넘긴, 갓 임용된 Ong 교수님을 만나게 되었고, 수련생인 저는 행동수면의학(behavioral sleep medicine)이라는 분야에 대해 알게 되었습니다. Ong 교수님은 그때까지만 해도 대중적으로 관심을 얻지 못한 불면증을 위한 인지행동치료에 대해 장시간 동안 슈퍼비전을 해 주셨습니다. 이 치료를 기반으로 불면증을 위한 마음챙김 명상치료를 한창 개발 중이었던 Ong 교수님은 제게 본인의 연구에 치료자로 참여할 수 있는 기회를 주셨습니다. 이렇게 저는 행동수면의학이라는 매력적인 분야에 첫발을 디디게 되었습니다.

잠이 너무 자고 싶어 급한 마음에 온 내담자들에 대한 깊은 공감 그리고 빠른 치료 반응은 저를 깊이 매료시켰습니다. 행동수면의학이라는 분야에 대해 저는 더 깊이 공부하기 위해 Ong 교수님의 추천으로 스탠퍼드 대학교(Stanford University) Rachel Manber 교수님 밑에서 박사후과정을 수료하고, 한국에 들어와 행동수면의학이라는 분야를 소개하기 시작했습니다.

2011년 당시 한국에 처음 귀국하여 활동하기 시작했을 때, 심리학이라는 분야에서 수면은 상대적으로 생소한 분야였고, 수면장애가 대한민국에서 얼마나 만연해 있었는지 모르는 사람도 많았습니다. 그렇지만 이제 귀국한 지 거의 10년이 다 되어 가는 무렵, 아마 대부분의 사람은 한 번쯤은 잘 자는 것의 중요성과 본인의 수면에 대해 생각해 볼 기회가 있었을 것이라고 생각합니다. 그만큼 우리나라에서도 수면의 중요성에 대해 많이 알려지게 되었습니다.

모든 것이 처음 시작되었던 Ong 교수님의 연구실로 다시 돌아가 봅니다. 대한민국 심리학 분야에 행동수면의학이라는 분야를 소개하고 연구할 수 있는 기회를 준 것은 모두 그에서부터 시작됐다고 해도 과언이 아닐 것입니다. 그래서 이 책을 번역하면서 Ong 교수님에 대한 감사함을 보답할 수 있는 기회를 가질 수 있었기에 행복했습니다. 또한 마음챙김 기반 명상치료의 중요한 자세인 초심자의 마음으로 돌아가 처음처럼 열심히 수면에 대한 치료와 연구를 할 결심도 해 볼 수 있는 기회가 되었습니다. 왜냐하면 아직까지도 많은 사람이 불면증을 치료하는 데 있어 비약물적인 방법이 수면제를 먹는 것만큼 효과적이라는 것을 잘 모르기 때문입니다.

많은 임상가가 Ong 교수님이 개발하신 불면증을 위한 마음챙김 기반 치료에 대해 배우시면서 명상의 정신으로 수면은 오직 우리가 삶을 가치 있게 살 때, 좋은 수면도 의미가 있다는 것을 꼭 기억하시면 좋겠습니다. 더불어, 이제 저는 차세대 행동수면의학자를 양성하는 중요한 위치에 서서 제 제자들도 가치에 부합하는 삶을 살고 저만큼 잠을 (연구하는 것과 실제로 행위하는 것 모두) 사랑할 수 있게 되기를 바랍니다.

마지막으로 대한민국에서 수면 연구를 할 수 있게 도와주신 대한수면학회 회장님 및 임원진들의 응원이 이 책을 번역하는 데 원동력이 되었습니다. 더불어, 이 책이 출판되는 과정에서 아낌없는 도움을 준 제자들 한소라, 박소영, 남효진 및 BEST랩 일동에게 깊은 감사를 표합니다.

서수연

저자 서문

저는 전문 커리어 대부분의 시간 동안 과학자−임상가로 활동을 하며, 사람들의 수면을 개선하기 위한 행동 임상 연구를 시행하는 특수 분야를 만들어 내려고 노력했습니다. 그렇지만 저는 마음챙김 명상의 개념을 활용하여 만성 불면증 환자들의 문제를 개선하는 것을 도울 수 있는 책을 쓸 기회가 있을 것이라고는 감히 상상하지 못했습니다.

이 기회에 대해 처음 제안을 받았을 때, 연구에서 알아낸 결과와 거기서 배운 것들을 하나의 깔끔한 상품으로 만들어 내려는 노력이 저를 압도했습니다. 이와 같은 어려움은 왜 이런 작업이 중요하며, 어떻게 이 프로젝트가 여기까지 오게 되었는지에 대해 생각하게 만들었습니다. 뒤돌아보면 제가 마음챙김과 수면을 발견하게 된 여정은 몇 번의 개인적인 도전과 많은 행운의 기회 때문이었습니다.

개인적인 차원에서는 스스로 만성 불면증으로 인해 수면을 통제할 수 없을 때 오는 좌절감을 경험하였습니다. 그 경험은 제가 초등학교 때 시작되었으며, 심리학, 마음챙김 명상, 그리고 행동수면의학에 대한 어떤 공식적 훈련을 받기 훨씬 전이었습니다. 어린 나이에 수면과 싸워야 했던 경험이 마음과 신체의 관계, 그리고 겉으로 보았을 때 통제하기 어려운 문제들에 대한 새로운 접근을 찾는 것에 대한 저의 관심사를 강화했는지도 모릅니다. 심지어 저는 중학교 2학년 때 불면증에 대한 에세이를 쓰기도 했습니다. 예언이었는지도 모르겠지만, 그 에세이는 불면증을 위한 비약물적 치료에 대한 것이었습니다.

저는 인지행동치료 접근으로 임상 훈련을 받았으며, 임상심리학 인턴과 박사후과정에서 불면증을 위한 인지행동치료를 시행하는 방법에 대해 배웠습니다. 저는 그 일이 즐거웠으며, 사람들에게 수면제 없이 잘 잠들 수 있게 도와주는 일에 대해 몹시 보람을 느꼈습니다. 그렇지만 어떤 환자들은 불면증을 위한 인지행동치료에 잘 반응하지 않았으며, 즉각적인 성공을 경험하지 못했을 때 더 좌절하는 것을 볼 수 있었습니다. 어떤 환자들에게는 행동 전략들이 강제로 해야 하는 수면 박탈과 낮에 잠을 자지 않고 '견디는' 방법이라고 느꼈습니다. 때때로 저는 원하지 않는 환자들에게 수면 스케줄이나 취침 전 습관을 바꾸게 하거나 수면과 관련된 인지 재구조화를 할 것을 설득하는 것이 어려웠습니다. 저는 인지행동치료의 치료 항목에 대한 믿음은 있었지만, 젊은 치료자로서 쉽지 않은 환자들의 저항에 맞서는 것이 어려웠습니다. 저는 이런 항목들을 더 경험적이고 공감할 수 있는 맥락에서 전달할 수 있는 방법이 없을까 고민하게 되었습니다.

Rachel Manber 교수님은 스탠퍼드 대학교에서 제가 박사후과정 펠로우십을 하고 있을 당시의 지도교수님이셨습니다. Manber 교수님도 인지행동치료 접근으로 훈련을 받았지만, 불면증을 위한 인지행동치료를 시행하는 데 있어 더 공감적이고 따뜻한 접근으로 치료를 전달했습니다. Manber 교수님은 환자가 수면이 개선되지 않아 좌절하거나 실망할 때를 잘 인지했고, 행동 전략을 강제로 시행하기보다는 더 수용적이고 비판단적인 접근을 선택했습니다. Manber 교수님은 저에게 마음챙김의 개념들을 소개해 주셨으며, 어떻게 불면증 환자들에게 적용할 수 있는지 가르쳐 주었습니다. 그녀는 또한 마음챙김을 이용해 불면증에 접근할 수 있는 방법에 대한 생각을 촉진하기 위해 마음챙김의 다른 전문가들과 네트워킹을 하라고 격려했습니다. 저는 마음챙김 명상에 대해 지속적인 훈련을 받으면서 제가 동양 철학에 대해서 가지고 있었던 개인적 관심과 얼마나 관련이 있는지 알 수 있었습니다. 저는 학부 시절 철학이 부전공이었고, 선불교와 Dalai Lama가 쓴 책을 여러 권 읽었습니다. Manber 교수님은 스탠퍼드 수면 클리닉(Stanford University Sleep Center)에서 비공식적으로 마음챙김 기술을 사용하고 있었지만 마음챙김을 불면증에 적용하기 위한 연구를 하기 전이었고, 저에게 마음챙김 기술을 활용해 현재의 불면증 치료를 개선할 수 있는 방법에 대한 씨앗을 심어 주었습니다. Manber 교수님의 멘토십 아래 우리는 마음챙김 명상을 불면증에 적용한 치료 프로그램을 개발하고 검증하는 여정을 떠나게 되었으며, 우리는 이제 그 치료를 불면증을 위한 마음챙김 기반 치료(Mindfulness–Based Therapy for Insomnia: MBTI)라고 부르게 되었습니다.

우리는 명상과 통합의료에 대해 개방적인 태도를 갖고 있는 캘리포니아에서 MBTI를 검증하기 시작했습니다. 이후 저는 시카고로 이사를 갔고, 새로운 아이디어가 거기서 어떻게 받아들여질지 걱정이 됐습니다. 다행히도 많은 사람이 관심을 가졌고, 건강을 개선하기 위해 마음챙김 기반 접근들을 사용하는 것에 대한 관심이 높아지는 것도 도움이 됐습니다. MBTI에 대한 우리의 연구 논문들을 출판하고, 그 이후 환자, 임상가와 언론에서 MBTI에 대해 알고 싶어 하는 여러 사람에게 연락을 받기 시작했습니다.

이 책은 MBTI의 원리와 실천에 대해 묘사하며, 지금까지 시행된 MBTI에 대한 연구들을 소개합니다. 이 책을 쓰는 것 자체가 마음 챙김을 실천하게 했습니다. 글을 쓰면서 여러 번 우리의 일은 아직 미완성이라고 느꼈고, 완벽한 책을 쓰고 싶어 하는 저의 집착을 버리기 위해 비판단과 놓아주기를 실천해야 했습니다. 그렇기 때문에 이 책은 완벽하지 않고 진행 중입니다. 저는 독자들도 우리가 시작한 일을 지속해 주기를 희망합니다.

Jason C. Ong

차례

PART
1

배경

PART 2

MBTI의 원리와 실제

실험실과 현실 세계에서의 MBTI

서론

수면은 대부분의 사람이 당연하게 여기는 삶의 필수적인 부분이다. 우리는 침대에 누워서 쉬기로 결심하면 마음과 몸이 자연스럽게 '꺼질(turn off)' 것이라고 가정한다. 8시간 정도 잠을 자고 나면 기분이 상쾌해지고, 침대에서 나오며, 하루를 시작하기 위해 마음과 몸을 '켜게(turn on)' 된다. 이 의식은 컴퓨터를 사용하지 않을 때 절약 모드로 전환하고 필요할 때 재부팅하는 것처럼 단순해 보일 수 있다. 그렇지만 수면은 우리가 잠을 자야 한다고 결심할 때 항상 이루어지는 것이 아니다. 때로는 마음이 심란하거나 몸이 안절부절못하여 전원을 끌 수 없는 경우가 있다. 깨어 있는 상태는 밤중의 불청객처럼 침대를 침범한다. 잠을 잘 수 없는 상태가 지속되면 긴장과 불안 그리고 심신을 안정시키려고 하는 필사적인 시도로 이어질 수 있다. 불행히도 이러한 노력은 대개 효

과가 없다. 이 패턴은 만성 불면증에 걸린 사람들에게는 익숙할 것이다.

불면증은 유병률이 매우 높은 건강 문제이며, 성인의 약 1/3에서 절반이 반복적으로 잠들기 어렵거나 잠을 유지하기 어려움을 보고하고 있으며, 성인의 약 7~18%가 불면장애의 진단기준을 충족하고 있다(Jansson-Fröjmark & Linton, 2008; Ohayon, 2002; LeBlanc et al., 2009). 수면장애는 인지 기능을 손상시키고, 면역 기능을 약화시키며, 정신장애 증상을 악화시킬 수 있다. 불면증 관련 결근으로 인한 경제적 손실은 연간 9억 7,060만 달러이며, 불면증 관련 생산성 손실액은 50억 달러로 추산된다(Daley, Morin, LeBlanc, Grégoire, & Savard, 2009).

급성 수면장애를 치료하지 않으면 만성 불면증으로 발전할 수 있는데, 이는 수면 특유의 증상(예: 잠들기 어렵거나 잠을 유지하기 어려움) 그리고 깨어 있을 때의 스트레스와 기능장애로 구성된다. 초기 수면장애는 종종 스트레스 반응에 의해 유발되거나 촉발되는 경우가 많지만, 만성 불면증으로 발전하는 것은 잠을 못 자는 것에 반응하여 의도치 않게 수면 생리를 방해하고 정신석·신체직 과다 각성을 영속시키는 것과 관련이 있다. 이러한 반응에는 늦잠을 자기 위해 침대에 오래 누워 있거나, 낮잠을 자거나 또는 수면제나 카페인과 같은 물질을 사용하는 것과 같은 행동 변화가 포함된다. 또한 잠을 자려고 노력하는 것은 수면에 대한 부적응적 신념과 태도, 수면에 대한 경직된 기대, 잠을 자는 방법을 알아내는 데 더 많은 주의를 기울여 수면과 관련된 인지적·정서적 고통을 증가시킬 수 있다. 이 모든 것은 과다각성으로 설명할 수 있는, 불면증의 악순환을 만들어 낼 수 있다.

약물치료는 효과적인 단기 치료가 될 수 있지만, 환자들에게 건망증 삽화와 같은 부작용이 보고된다. 또한 많은 환자가 이러한 약물을 복용함에도 불구하고 여전히 수면장애를 경험하여 약물에 대한 의존과 내성으로 이어진다. 대표적인 비약물적 치료법으로 치료 효과를 뒷받침하는 실질적인 근거가 있는 불면증을 위한 인지행동치료(Cognitive Behavior Therapy for Insomnia: CBT-I)가 있다. 그러나 현재 자격을 갖춘 전문가들은 불면증에 시달리는 사람들의 수요를 충족시킬 수 없고, CBT-I에 반응하지 않는 사람들도 여전히 많다. 다른 근거 기반 치료를 개발하는 것은 소비자에게 더 많은 선택지를 제공할 수 있다.

불면증을 위한 마음챙김 기반 치료는 무엇이며, 왜 필요한가?

이 책은 불면증을 위한 마음챙김 기반 치료(Mindfulness-Based Therapy for Insomnia: MBTI)라고 하는 새로운 불면증 치료 프로그램의 원리와 실천을 기술하고 있다. 이 통합 치료 패키지는 CBT-I에서 사용되는 일부 행동 전략과 함께 마음챙김 명상의 원칙과 실천을 결합한다. 마음챙김 명상이란, 분별력을 가지고 바라보고, 자기자비를 기르며, 고통을 완화시키는 수단으로서 현재 순간에 초점을 맞추는 불교 명상의 한 형태이다. 마음챙김의 실천은 자연 이치의 일시성에 대한 알아차림과 관련이 있으며, 여기에는 우리의 생각이 현실을 반영한 사실이 아니라 정적이라기보다는 역동적인 정신적 사건이라는 관찰을 포함한다. 마음속에 존재하는 것이 무엇인지 자각하는 것을 선택하고, 단순히 오고 가는 정신적 사건으로서 인지와 욕구를 재구조화함으로써 이러한 인지와 욕구에 대한 집착을 내려놓을 수 있다. 이러한 정신적 과정을 메타인지적 변화라고 하며 MBTI 프로그램에서 스트레스와 수면을 더 잘 취하려는 노력을 줄이는 비결 중 하나이다.

MBTI는 원래 Rachel Manber, Shauna Shapiro 그리고 Jason Ong에 의해 개발되었으며, Zindel Segal의 의견을 반영하여 개선되었다. 우리는 새로운 불면증 치료가 필요하다고 생각해서 MBTI를 개발한 것이 아니라, 불면증으로 고통받는 대부분의 사람이 '수면 문제'를 해결하기 위해 너무 열심히 노력한다는 것을 인식했기 때문에 개발하게 되었다. 우리는 불면증 환자들이 다른 방식으로 문제를 볼 수 있도록 돕고 그들이 밤에 더 잘 자고 낮에 더 잘 기능하도록 돕는 몇 가지 도구를 제공하고자 하였다. 마음챙김 명상을 가르치는 것은 잠이 다시 올 수 있도록 필요한 여유를 만들어 주는 기회를 제공할 수 있다고 느꼈다. 불면증 환자는 명상 연습을 통해 MBTI 전문가의 지도에 따르며 자신의 생각, 감정 및 감각을 배울 수 있다.

MBTI 프로그램은 8회기 집단 개입으로 설계되어 있으며, 회기 사이에 선택적으로 명상 캠프에 참여할 수 있다. 각 회기는 약 2시간 30분 동안 진행되며, ① 구조적 명상, ② 토론 시간 그리고 ③ 불면증 관련 활동 및 지침의 세 가지 활동으로 구성된다. 매주 행동수면의학과 통합된 마음챙김의 원리와 함께 마음챙김 명상과 수면을 위한 행동 전략이 포함된 주제로 구성된다. 회기 내 활동 외에도, 내담자들에게 첫 회기부터 집에서 명상 연습에 대한 과제가 주어진다. 배정된 명상 연습의 유형은 해당 주의 회기 동안 가르치는 내용과 명상에 따라 달라진다. 일반적으로 내담자들은 주 6일 동안 최소 30분 명상 연습을 하도록 요구된다. 집에서 하는 명상 연습을 돕기 위해 디지털 매체를 이용한 길잡이식 명상과 명상 연습 및 수면 패턴을 기록하는 일지도 제공한다.

연구들을 통해 MBTI의 효과성이 경험적으로 지지되었다. 무선 임상할당실험을 통해 MBTI가 자가 모니터링한 통제집단에 비해 주관적으로 침대에서 깬 총 시간, 수면 전 각성, 불면증 증상을 감소시키는 데 있어 우수함을 보여 주었다(Ong et al., 2014). 또한 환자들은 치료 직후 60%, 6개월 후 79%의 임상적으로 유의미한 치료 반응을 얻을 수 있다. 유사한 결과로 내담자들은 치료 후 치료의 관해율이 33%이었으며, 6개월 후 추수 시점에서 50%의 관해율을 보였다. 일반적인 마음챙김 명상치료인 마음챙김 기반 스트레스 감소(Mindfulness-Based Stress Reduction: MBSR) 프로그램과 비교해 보았을 때, MBTI는 기저선에서 6개월 추적 조사 시점까지 불면증 증상을 감소시키는 데 있어 우수했다.

이 책을 사용하기 위한 길잡이

이 책은 만성 불면증으로 고통받는 환자들을 치료하거나, 앞으로 치료할 계획이 있는 심리학, 정신의학, 의학, 간호학 그리고 사회복지 분야의 임상가 혹은 수련생들을 위해 기획되었다. 또한 임상집단을 치료하기 위한 적절한 자격을 갖추고 있고 앞으로 불면증이 있는 사람들을 가르치고 싶어 하는 마음챙김 기반 치료 교육자들을 위한 것이다. 연구자들과 학자들에게도 이 책은 MBTI와 불면증을 위한 마음챙김 기반 접근법에 관한 연구 문헌에 대해 요약해 놓은 유용한 자원이 될 수 있다. 다양한 독자와 잠재적 종사자들의 범위를 고려하여, MBTI를 제공하는 개인을 언급할 때 치료자나 선생님이 아닌 교육자라는 용어를 사용했다.

이 책은 세 부분으로 구성되어 있다. 1부는 독자에게 불면증과 마음챙김 명상의 원리에 대한 배경을 제공하여 MBTI와 그 내용을 이해하는 맥락을 제공한다. 1장에서는 불면증에 대한 개요와 책 전반과 문제의 범위에 대한 논의에서 사용되는 정의 및 용어를 제시한다. 2장에서는 현재의 약물 및 비약물적 치료에 대해 설명하고 이러한 치료법의 장점과 한계에 대해 설명한다. 3장에서는 불면증 문제에 마음챙김을 적용하고 이해할 수 있는 배경으로 사용하기 위해 마음챙김 명상의 원리와 기원을 설명한다.

2부는 MBTI 프로그램의 이론과 내용으로 구성되어 있다. MBTI의 핵심 특징인 명상 연습을 강조하기 위해 MBTI의 원리와 실제라는 제목이 선정되었다. 구조적으로 이 부분에서는 MBTI를 제공하고자 하는 임상가에게 회기별 프로그램 자료 및 특정 치료 구성요소를 전달하기 위한 설명을 포함하여 직접적인 지침을 제공한다. MBTI 일부에서 수면 생리학이나 마음챙김 원리에 대해 언급하기 때문에 1부를 다시 참조하는 것이 도움이 될 수 있다. 4장에서는 MBTI의 이론적 근거가 되는 불면증을 위한 마음챙김의 원리와 불면증의 메타인지적 모델을 제시한다. 다음 5~8장에서는 회기별 개요 및 주요 명상과 회기 내 기타 활동에 대한 지침을 포함하여 각 MBTI 회기의 내용에 대한 자세한 설명을 제공한다. 이러한 회기와 함께 제공되는 유인물은 부록에서 확인할 수 있다. 5장에서는 MBTI를 시작하는 방법에 초점을 맞춘 1회기와 2회기의 활동에 대해 설명한다. 6장에서는 명상 연습을 정립하고 불면증을 위한 행동 전략을 제공하는 데 초점을 둔 3회기와 4회기에 대해 설명한다. 7장에서는 5회기, 6회기 및 7회기에서 사용되는 메타인지적 변화를 위한 도구와 활동을 강조한다. 8장에서는 MBTI를 종결하기 위한 활동을 설명하고, MBTI를 시행하는 동안 발생할 수 있는 문제를 다루기 위한 몇 가지 제안을 제공한다. 2부를 읽은 후, 임상가는 MBTI의 원리를 이해하고 이를 효과적으로 전달하기 위해 필요한 기술과 MBTI 프로그램 전반에 필요한 자료를 이해할 수 있게 된다.

3부는 마음챙김을 불면증 치료로 사용하기 위한 실증적 근거와 실제 상황에서 MBTI를 시행하기 위한 고려사항에 대해 논의한다. 9장에서는 MBTI 개발 및 검증과 관련된 연구 프로그램과 불면증을 위한 마음챙김 기반 치료를 연구한 다른 연구들을 제시한다. 연구자들은 특히 이 장에 관심을 가질 수 있는데, 이 장은 연구 방법론에 대해 내린 전략적 결정과 고려사항을 제시하기 때문이다. 10장에서는 환자의 고려사항 및 치료자 역량과 관련된 주제에 대한 논의와 함께 MBTI가 현실 또는 의료 서비스 제공에 어떻게 적용되는지에 대한 논의로 확장된다. 10장에 MBTI 제공에 관심 있는 교육자를 지도하기 위해 마음챙김과 불면증에 대한 추가적인 읽을거리와 훈련을 위한 자료가 포함되어 있다.

불면증은 유병률이 높지만 치료할 수 있는 질환이므로, 이 공중보건 문제를 해결하기 위해서는 더 많은 노력이 필요하다. 미국심리학회(American Psychological Association: APA)는 최근 수면 심리학을 전문 분야로 인정했고, 심리학자가 수면장애를 치료하는 데 중요한 역할을 할 수 있음을 인정했다. 이 책에 대한 저자의 희망은 MBTI의 원리와 실제를 보다 많은 임상가에게 소개하여 불면증으로 고통받는 사람들을 위한 치료 선택권이 확대되는 것이다. 비록 과거에 연구 결과를 학술 저널에 게재하고 학술대회에서 MBTI에 대한 워크숍을 발표했지만, 이 책은 MBTI 전달에 대한 세부 사항을 제공하고 치료 패키지를 통합할 때 내린 의사결정에 대해 설명한다. 이 자료들에는 적절한 교육을 받은 임상가가 MBTI를 제공할 수 있도록 돕는 유인물과 지침이 포함되어 있다. 이 책을 보완하기 위해 비디오, 워크숍 및 연수교육과 같은 다른 자원들을 활용할 수 있다. 또한 이 책의 내용은 임상연구자들이 MBTI를 개선하고 치료 기제를 연구하며, 이 치료적 접근으로부터 도움을 받을 수 있는 다른 집단에 대해 조사할 수 있게 자극하기를 바란다. 전반적으로 나는 이 책의 정보가 독자들에게 불면증을 개념화하고 이 흔한 수면 장애를 겪고 있는 사람들을 돕는 새로운 방법을 제공할 수 있기를 바란다.

PART 1

배경

Mindfulness-Based Therapy for Insomnia

CHAPTER 01

불면증: 잠을 자지 못하는 문제

이 장은 불면증에 대한 개관이다. 불면증은 침대에서 잠을 자고 싶어도 깨어 있는 것이 특징인 수면장애이다. 먼저, 이 책에서 사용되는 불면증에 대한 최근 진단기준 및 용어의 정의와 개념을 소개할 것이다. 그다음으로는 불면증의 역학과 병인에 대한 소개를 통해 불면증의 범위와 불면증이 개인과 사회에 미치는 영향의 중요성을 제시할 것이다. 이 장에서 나오는 수면과 불면증에 대한 개념은 불면증을 위한 마음챙김 기반 치료 (Mindfulness-Based Therapy for Insomnia: MBTI) 프로그램에서 치료자가 MBTI를 진행하기 전에 숙달해야 하는 중요한 배경지식이다.

불면증이란 무엇인가

불면증의 특징: 정의와 용어

불면증은 독립적인 장애인가, 아니면 더 심각한 장애의 증상일 뿐인가? 이 근본적인 질문에 대해 여러 치료자, 연구자 그리고 수면 문제를 경험하는 사람들은 논의해 왔다. 보편적으로 불면증은 '잠을 잘 자지 못하는 상태'를 의미하는 용어이다. 불면증은 밤에 잠드는 것에 대한 어려움, 밤중에 깨서 다시 잠들기의 어려움 혹은 너무 일찍 깨서 원했던 기상 시간까지 잠자는 것의 어려움을 포함한 개념이다. 이런 증상은 불충분한 수면을 초래하는 수면 교란 증상이다. 그렇지만 이러한 증상은 스트레스를 많이 받는 시기에도 일상생활에서 흔히 경험할 수 있다. 간헐적으로 이러한 증상을 경험하는 많은 사람들은 낮 시간의 기능에 영향을 주지 않는 이상 치료를 받지 않는다. 더욱이 이 증상만으로는 치료의 필요성이나 지속된 수면 교란으로 인한 부정적인 영향에 대해 알기 어렵다. 그러므로 임상적 맥락에서는 불면증의 수면 관련 증상이 주간 기능에 영향을 미칠 때, 즉 잠을 잘 수 없는 것에 대해 스트레스를 받고 불충분한 수면으로 인해 기능 손상을 경험할 때 불면증은 독립적이고 진단이 가능한 장애가 된다. 주간 기능 손상에 대한 예시는 과도한 졸림증 혹은 피로감, 주의나 집중을 유지하는 것에 대한 어려움 그리고 기분장애가 있다. 그렇기 때문에 불면증이라는 개념은 증상 혹은 수면 교란(예: 수면 개시의 어려움, 수면 유지의 어려움 또는 조기 증상)이나 독립적인 장애를 의미할 수 있다. 불면증 평가의 표준화를 위해 Buysse, Ancoli-Israel, Edinger, Lichstein과 Morin(2006)이 이런 증상이나 장애로 이루어진 불면증 용어를 개념화하는 것을 권장하였다. 이 책에서 사용될 불면증(insomnia)이라는 용어는 불면장애(insomnia disorder)에 해당된다(별도의 표시가 없는 경우).

두 번째로 고려해야 할 질문은 불면증 증상이 언제 일어나는지에 대한 것이다. 불면증을 경험하는 증상은 수면 개시(잠드는 것의 어려움), 수면 유지(한밤중에 다시 잠드는 것의 어려움) 또는 이른 아침 각성에 따라 달라지는가? 선행 연구는 불면증 증상이 상이해도 불면증 치료의 효과는 동일하다는 것을 발견했다. 그러므로 불면증 증상이 언제 나타나는지에 따른 불면증 유형을 불면증 표현형(insomnia phenotypes)이라고 명명하며, 공통된 불면장애가 불면증 증상이 밤중 언제 나타나는지에 따라 다양하게 표현이 된다고 가정할 수 있다. 이 책에서도 불면증 표현형에 대한 내용을 다룰 예정이다.

또 다른 쟁점은 불면증의 역치를 정의하는 정량적인 절단점을 사용하는 것과 관련이 있다. 잠들기까지 얼마나 시간이 지나야 병리적이며 불면증의 징후라고 정의할 수 있는가? 얼마나 자주 일어나야 하는가? 흥미롭게도 불면증이 있는 사람들은 잘 자는 사람들이 침대에 눕자마자 즉시 잠에 들 것이라고 생각한다. 그렇지만 너무 빨리 잠에 드는 것은 수면이 부족하다는 것을 의미할 수 있으며, 기면증과 같은 다른 수면장애의 징후일 수 있다. Lichstein, Durrence, Taylor, Bush와 Riedel(2003)은 수면 일지 자료에 근거하여 여러 기준의 민감도와 특이도를 연구하였다. 저자들은 수면 잠복기(Sleep Onset Latency: SOL) 혹은 입면 후 각성 시간(Wake time After Sleep Onset: WASO)이 31분 이상일 때 그리고 일주일에 3일 이상 이런 증상이 지속될 때가 불면증을 진단하기 위한 이상적인 정량적 기준이라고 보고하였다. 또 다른 연구에서는 이상적인 민감도와 특이도를 고려했을 때, 20분 이상일 때 그리고 2주 이상 증상이 지속될 때가 적절한 절단점이라고 보고하였다(Lineberger, Carney, Edinger, & Means, 2006). 수면 일지 자료의 주관적인 특성을 고려하면 정량적인 자료가 연구 또는 진단 분류 체계에 동일하게 적용되어 온 것은 아니다. 그러나 수많은 임상가와 연구자들은 침대에서 SOL이나 WASO가 30분 이상일 경우를 임상적으로 중요한 기준으로 사용하고 있다.

불면장애의 분류

최근 진단체계는 일반적으로 불면증에 대한 이러한 용어와 개념을 사용해 왔다. 정신질환의 진단 및 통계 편람 5판(Diagnostic and Statistical Manual for Mental Disorders, Fifth Edition: DSM−5; American Psychiatric Association, 2013)에서 불면장애를 위한 진단기준은 임상적으로 주요한 고통 또는 손상을 초래하는 수면의 양 또는 질(수면 개시의 어려움, 수면 유지의 어려움 또는 이른 아침 각성하는 것)에 대한 현저한 불만족감으로 정의된다. 불면 증상은 일주일에 한 번 이상 나타나며, 3개월 또는 그 이상 지속되어야 하고, 이런 증상은 수면을 위한 충분한 기회가 있음에도 불구하고 나타나야 한다. 만약 불면장애가 다른 정신적 장애, 의학적 장애 또는 수면장애와 동반 이환을 한다면 추가적으로 명시하게 되어 있다. 또한 삽화성(증상이 적어도 1개월 이상 3개월 미만으로 발생), 지속성(증상이 3개월 이상 발생) 또는 재발성 불면증(1년 내에 2회 이상의 삽화 발생)인 경우에도 명시하게 되어 있다. ICSD-3(International Classification of Sleep Disorders, Third Edition; American Academy of Sleep Medicine, 2014)에서도 비슷한 진단기준을 제시하고 있지만, 만성 불면증(3개월 이상 나타나는 불면장애)과 단기성(적응) 불면증(증상이 3개월 미만으로 나타난 불면장애)을 구분하고 있다. 이 책에서 특별히 명시하지 않는다면 이런 기준으로 불면장애를 설명할 것이다. 또한 MBTI의 증거 기반은 일반적으로 이러한 불면증의 기준과 일치한다(심도 있는 논의를 위해 이 책의 9장 참조).

이러한 기준은 불면증을 개념화하는 데 있어 나타난 변화를 반영한다. 초기에 불면증을 개념화하는 데 있어 수면 문제(즉, 불면증 증상)는 기분장애 또는 불안장애와 같은 원발성 장애의 이차적인 증상으로만 고려되었다. 이러한 개념화는 많은 치료가 원발성 장애를 치료하는 데 집중하고 있었기 때문에 불면증을 치료 가능한 장애로 인지하지 못하게 했다. 그렇지만 많은 사람은 원발성 장애를 치료했음에도 불구하고 지속적인 불면증을 경험했다. 수면의학 분야가 부상하면서 불면증에 대한 분류는 일차성 불면증과 이차성 불면증으로 구분되기 시작했다. DSM-IV(American Psychiatric Association, 2000)에서는 불면증 증상의 원인에 근거하여 일차성 불면증 혹은 이차성 불면증으로 진단하였다. 일차성 불면증은 불면증 증상이 임상적으로 유의미하고 증상이 다른 장애와 관련 없이 독립적인 치료를 필요로 할 때 진단되었다. ICSD-2(International Classification of Sleep Disorders, Second Edition; American Academy of Sleep Medicine, 2005)은 추정되는 원인에 따라 일차성 불면증의 하위유형을 정신생리적 불면증, 역설적 불면증, 특발성 불면증, 부적절한 수면 위생으로 추가적으로 분류하였다. 이차성 불면증은 불면증 증상이 다른 신체질환 또는 정신장애와 관련 있을 때 진단되었다. 그렇기 때문에 불면증 증상은 원발성 질환의 성공적인 치료에 의해 해결된다고 추측되었다. 불면증을 이렇게 구분하는 것이 불면증 치료와 관련된 임상적 의사결정을 명확하게 했지만, 곧 임상가들이 불면증을 타 질환과 독립적인 장애인지에 대해 정확하게 판단하지 못한다는 것을 알게 되었다. DSM-IV와 ICSD를 사용하는 여러 클리닉의 진단 패턴을 조사한 연구에서, 다른 정신질환으로 인한 불면증이 44%로 가장 흔한 진단이었고, 일차성 불면증은 약 20%로 두 번째로 흔한 진단으로 보고되었다(Buysse et al., 1994). 최근에 다특질(multitrait), 다중기법(multimethod) 설계를 사용한 Edinger와 동료들의 연구(2011)에서는 임상가들이 불면증과 관련된 하위유형의 원인을 식별하거나 일차성 불면증과 이차성 불면증을 신뢰할 수 있게 구분하지 못한다고 보고하였다. 이러한 결과들을 토대로 불면장애는 세분화하기보다는 포괄적으로 분류하게 되었다. DSM-5와 ICSD-3에서 불면장애는 일차성 및 이차성 불면증 간의 구분 없이 진단된다.

2015년 8월부터 미국 건강보험개혁법(Affordable Care Act)은 미국에서 진단과 비용 청구를 위해 ICD-10-CM(International Classification of Diseases, Tenth Revision, Clinical Modification; Buck, 2015; http://www.cdc.gov/nchs/icd/icd10cm.htm 참조)을 사용하는 것을 의무화하였다. 이 시스템은 건강 관련 자료를 추적하는 데 있어 다양한 질환에 대한 코드와 특징(예: 징후, 증상, 조건, 외부적 요인으로 인한 사고 혹은 장애), 더 자세한 세부 내용을 제공하도록 하였다. 불면증 장애를 진단하기 위해 ICD-10-CM은 새로운 진단기준을 포함하지 않았지만, 새로운 진단 코드를 통해 ICSD와 DSM 분류의 조합을 반영하였다. 예를 들어, ICSD-3에서 만성 불면장애는 현재 ICD-10-CM에서의 일차성 불면증(예: F51.01)으로 분류된다. ICSD-3와 DSM-5와 반대로 ICD-10-CM은 불면증의 특정한 하위유형에 대한 개별적인 코드를 배정하였다. 또한 ICD-10-CM에서는 정신생리적 불면증에 대한 코드(예: F51.04)가 포함되어 있는데, 이 코드는 ICSD-2에서 높은 수준의 각성이 특징인 불면증의 하위유형이다. ICD-10-CM이 ICSD-3와 DSM-5에서 취한 분류적 접근과 일치되는 코드를 갱신하지 않은 이유는 알기 어렵다.

불면증의 역학

불면증은 얼마나 흔한가

불면증을 정의하는 것의 어려움은 불면증의 역학을 연구하는 것에서도 어려움을 초래하였다. 불면증이 다양한 방법으로 정의되고 평가되는 것 때문에 불면증이 있는 사람의 유병률 추정을 하는 것에서도 광범위한 편차가 생겼으며, 적게는 인구의 6%에서 많게는 일반 성인 인구의 50% 이상으로 추정되었다(National Sleep Foundation, 2002; Ohayon, 2002). Ohayon(2002)은 역학 자료를 활용하여 불면증 증상, 불면장애 그리고 진단기준을 유용한 그림을 통해 제시하였다([그림 1-1] 참조).

[그림 1-1]에서 묘사하는 바와 같이, Ohayon은 성인들의 불면증 유병률이 불면증의 정의에 따라 어떻게 변했는지 설명하기 위해 깔때기 모양의 그림을 사용했다. 가장 위에는 증상만을 이용해

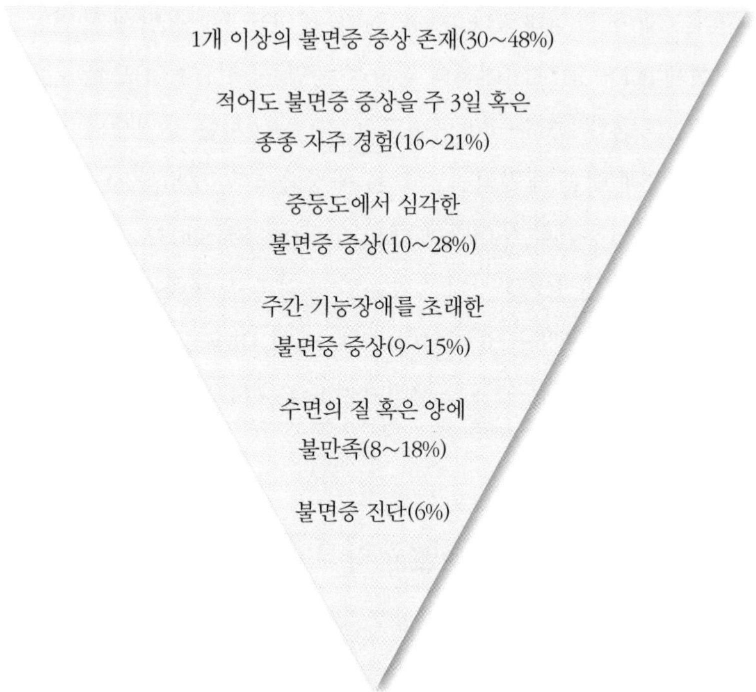

[그림 1-1] 불면증의 증상과 관련하여 수면 교란과 주간 기능장애를 보고한 사람들의 비율
출처: Epidemiology of Insomnia: What We Know and What We Still Need to Learn, by M. M. Ohayon, 2002, *Sleep Medicine Reviews*, 6, p. 100. Copyright 2002 by Elsevier. 허락을 받아서 사용

불면증을 광범위하게 정의했을 때로, 유병률이 30~48%로 높게 보고되었다. 진단기준을 더 엄격하게 설정하고, 주간 기능장애를 포함하며, 수면의 질과 양에 대한 불만족을 포함하고, 불면증 진단기준(다른 질환에 대한 감별 진단 배제 후)에 충족한 기준을 추가하였을 때, 유병률은 감소하였으며 더 정확해졌고, DSM-IV의 진단기준을 사용했을 때 유병률은 6%에 수렴하였다. 이 수치는 종단 자료를 사용한 다른 역학 연구와 비교적 일치한다. 캐나다에서 400명 이

상의 성인을 대상으로 진행되었던 한 연구는 불면증 증상의 1년 유병률은 30.7%이며, 불면장애의 정의와 가장 가깝게 정의가 된 불면증 증후군은 7.4%라고 보고하였다(LeBlanc et al., 2009). 스웨덴에서 1,700명 이상의 성인들을 대상으로 진행된 다른 연구에서는 불면증 증상을 1년마다 두 번 측정했다(Jansson-Fröjmark & Linton, 2008). 저자들은 기저선에서 불면장애의 횡단적 유병률은 6.8%였고, 1년 추적 조사 시점에서 9.7%였으며, 기저선에서 불면증을 호소하는 사람 중 44%는 1년 후 추적 조사 시점에서도 불면증을 호소한다고 보고하였다. 이러한 결과를 토대로 지속성 불면장애의 유병률이 인구의 4.3%라는 것을 발견했다. 불면증의 지속성에 대한 내용은 불면증의 자연스러운 추이를 3년 동안 추적한 연구에서도 기록이 되었다(Morin et al., 2009). Morin과 동료들(2009)은 일반 인구에서 400여 명의 성인들을 조사한 결과, 표본의 46%가 3년 이상 동안 불면증이 지속됐다고 보고했으며, 지속성 불면증은 기저선에 더 심한 불면증이 있는 사람 그리고 여성과 노인들에게 더 두드러지게 나타났다고 밝혔다. 또한 3년의 연구 기간 동안, 불면증의 관해를 경험한 27%의 사람이 그 기간 안에 재발을 경험했다고 보고했다. 요약하면, 어느 시점에 측정해도 성인의 약 1/3에서 1/2은 불면증 증상을 보고하며, 인구의 6~10%는 불면장애의 진단기준을 충족할 것이다. 그뿐만 아니라 불면장애가 있는 성인 중 절반이 조금 안 되는 사람들은 1~3년 동안 만성(혹은 지속성) 불면증을 경험할 것이다. 역학 연구로 인해 밝혀진 이런 결과들은 인구에서 불면증이 미치는 광범위한 영향과 지속적 특징을 잘 보여 준다.

불면증의 위험 요인

인구학적 그리고 사회경제학적 요인은 불면증의 발생 위험을 조정할 수 있다. 여성은 남성보다 불면증을 호소할 확률이 약 1.4배 더 높다(Ohayon, 2002). 성차의 이유는 아직 명확하게 밝혀진 바는 없지만, 폐경 여성이 폐경 전 여성보다 더 많은 불면증을 보고해 온 것을 고려했을 때 호르몬과 관련성이 있다고 가정해 왔다(Ohayon, 2002). 연령 또한 핵심 위험 요인 중 하나로, 65세 이상의 노인 중 약 50%가 불면증 증상을 보고한다(Ohayon, 2002). 비록 노화로 인해 생기는 수면의 내재적인 변화들이 있지만, 노인의 불면증은 자연스러운 노화의 과정보다 활동의 감소, 사회적 불만족감 혹은 공존하고 있는 신체질환 및 정신장애와 더 밀접한 관련이 있는 것으로 보인다(Ohayon, Zulley, Guilleminault, Smirne, & Priest, 2001). 불면증의 표현형과 관련하여 중년과 노인들은 수면 유지에 더 많은 어려움을 보고하는 반면, 청소년이나 젊은 성인들은 수면 개시에 더 많은 어려움을 보고한다. 나이와 성별 이외에도 가족력이 있거나, 수입이 낮거나, 직업이 없을 때 불면증이 발생할 확률이 높아진다. 그러나 이런 요인들을 조사한 연구에서는 성별과 연령이 제대로 통제되지 않은 경우가 많아 이러한 결과들이 확실하다고는 할 수 없다.

관련된 공존질환

앞에서도 언급했듯이, 불면증은 다른 질환 또는 장애와 같이 발생할 수 있다. 가장 흔하게 연관되는 정신장애는 단극성 우울증이다(Breslau, Roth, Rosenthal, & Andreski, 1996; Ford & Kamerow, 1989). 그 외에도 불안장애와의 공존율이 높지만, 여러 연구에 걸쳐 특정한 불안장애와 일관적인 관련성은 없는 것으로 나타난다(Breslau et al., 1996). 알코올과 니코틴 사용을 포함한 물질 남용은 불면증과 흔하게 관련이 있다. 신체질환과 관련해서 불면증은 암, 만성통증, 심장질환, 폐질환, 위장질환과 자주 공존한다(D. J. Taylor et al., 2007). 한 연구에서 미국 노인(55~84세)을 대상으로 조사한 결과, 진단받은 신체질환의 수가 많을수록 불면증을 더 많이 호소한다는 것을 발견했다(Foley, Ancoli-Israel, Britz, & Walsh, 2004). 최소 1개의 불면증 증상을 보고하는 노인들의 경우, 신체질환이 하나도 없는 노인의 경우에서는 유병률이 36%였지만, 1~3개의 신체질환이 있는 노인의 유병율은 52%, 4개 이상의 신체질환이 있는 노인의 경우 유병률이 69%까지 증가했다. 그 외에도 불면증은 폐쇄성 수면 무호흡증이나 하지 불안 증후군과 같은 다른 수면장애와도 공존할 수 있다. 불면장애의 존재 여부를 결정하기 위해서는 수면 교란의 심각도와 불면증의 증상과 다른 수면장애와의 관계에 대해 면밀하게 평가할 필요가 있다. 일반적으로 불면장애가 진단이 가능하다면, 공존질환이 존재하더라도 불면증의 치료를 시작해야 한다. 만약 치료하지 않는다면, 불면증은 또 다른 부정적인 건강 문제로 이어질 수 있다. 그렇기 때문에 공존질환이 있더라도 불면증을 치료하는 것이 중요하다.

불면증으로 인한 문제

불면증이 있다는 것은 성가신 것 그 이상이다. 불면증으로 인한 현실적인 기능적 · 생물학적 · 정서적 영향들은 건강, 삶의 질과 생산성에 해로운 영향을 끼칠 수 있다. 첫째, 불면증은 인지 기능을 손상시킬 수 있다. 비록 선행 연구에서는 비일관적인 결과를 보고하고 있지만, 몇 가지 일반적인 패턴이 드러났다. 불면증 환자들에게 나타나는 인지 기능 손상은 주로 집행 기억이 주요 역할을 하는 작업 기억이나 주의 전환 과제와 같은 복합 인지 과제를 할 때 나타난다(Fernandez-Mendoza et al., 2010; Shekleton et al., 2014). 또한 이러한 인지적 손상은 객관적으로 측정된 짧은 수면 시간을 가진 불면증에서 가장 두드러지게 나타난다(Edinger, Means, Carney, & Krystal, 2008; Fernandez-Mendoza et al., 2010). 더불어 불면증이 있는 사람들은 시간이 경과함에 따라 인지적 반응의 변산성이 더 크다(Edinger et al., 2008). 이것은 단기간에는 수면 부족을 극복하기 위해 인지적인 자원을 활용하는 것이 가능하지만, 장기간에 걸쳐서 이런 노력을 유지하기는 어렵다는 것을 시사한다.

불면증이 있다는 것은 생물학적으로 부정적인 결과를 초래할 수 있다. 수면 교란은 면역 기능을 저하시킬 수 있고(Irwin, 2015), 불면증은 고혈압을 포함한 심혈관질환과도 관련이 있다(D. J. Taylor et al., 2007; Vgontzas, Liao, Bixler, Chrousos, & Vela-Bueno, 2009). 불면증이 있는 사람들은 수면제에 의존하게 될 수 있으며 장기간 사용하게 될 수 있다. 시간이 오래 지속되면 수면제는 노인들에게 기억력 감퇴와 야간 낙상 사고와 같은 문제를 야기할 수 있다. 만약 불면증이 치료되지 않는다면 정신장애를 악화시킬 수도 있다. 불면증과 우울증의 시간적 관계를 조사한 연구들은 불면증 증상이 우울증의 발생에 선행하는 경향이 있다고 보고했다(Johnson, Roth, & Breslau, 2006; Ohayon & Roth, 2003). 그러므로 불면증은 우울증 발생의 위험 요인이다(Johnson et al., 2006).

개인들에게 미치는 영향을 넘어서서, 불면증은 중요한 직업적 그리고 경제적 손해를 초래한다. 불면증은 업무 중 상해와 업무 밖 상해에서의 증가된 위험성과 관련 있다. 업무 현장에서 불면증 관련 결근으로 인한 손해는 연간 9억 7,060만 달러의 간접적인 비용으로 추정되었고, 불면증 관련 생산성 손실은 50억 달러로 추정되었다(Daley, Morin, LeBlanc, Grégorie, & Savard, 2009). 불면증으로 인한 기능장애를 초래하는 부정적인 영향은 불면증을 위한 효과적인 치료가 필요하다는 것을 시사한다.

불면증의 원인

수면 교란의 원인

무엇 때문에 불면증이 생기는가? 이 질문에 답하기 위해서 급성 수면 교란과 불면장애 사이의 개념적인 차이를 인지하는 것이 중요하다. 먼저, 언제라도 발생할 수 있는 급성 수면 교란에는 많은 원인이 있다. 이러한 요인들에는 카페인과 같이 각성을 촉진하는 물질의 사용, 낮잠, 밤에 밝은 빛에 노출되는 것 그리고 늦잠 자는 것이 포함한다. 이러한 요인들은 수면 생리를 조절하는 두 가지 시스템의 교란을 야기한다([그림 1-2] 참조). 두 가지 시스템이 상호작용하여 수면과 각성을 조절하는 내재적 욕구 및 리듬을 생성하는데, 이는 수면 조절의 2요인 모델이라 불린다(Borbély, 1982; Borbély & Achermann, 1999).

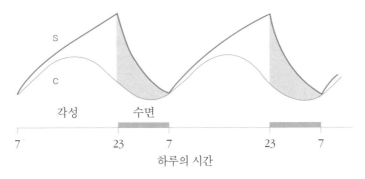

[그림 1-2] 수면 조절의 2요인 모델

Process S(수면 항상성)은 각성 시간이 길어질수록 졸림이 축적되는 것을 반영하는데, 이는 나중에 자는 동안 감소한다. Process C(일주기 리듬)는 각성과 수면의 타이밍을 조절하고 수면과 각성을 조절하기 위해 Process S와 상호작용한다.

출처: A Two Process Model of Sleep Regulation, by A. A. Borbély, 1982, *Human Neurobiology*, *1*, p. 198. Copyright 1982 by Springer. 허락을 받아서 사용

이 모델에서 첫 번째 요인은 수면의 항상성 욕구이며, Process S 로 알려져 있다. 수면 항상성 욕구는 각성 시간이 길어지면서 축적되는 '수면 욕구'를 조절한다. 이 시스템은 깨어 있는 시간이 길수록 자고 싶어지는 수면 압력을 증가시킨다. 이 과정은 일반적으로 선형적이며, 깨어 있는 시간이 길면 길수록 수면 압력도 높아진다. 그러므로 저녁에 낮잠을 자는 것과 같은 행동은 취침 시간에 필요한 수면 압력을 감소시키고 잠에 드는 것을 어렵게 만들 수 있다. 이 개념은 식사하기 전에 간식을 먹는 것이 식욕을 감소시키는 것과 같은 이치이다. Process S의 일부분으로 중추 신경계에서 발견되는 억제성 신경전달물질인 아데노신(adenosine)은 각성되어 있는 시간 동안 축적되며, 졸림과 관련 있다. 카페인은 아데노신 길항제이기 때문에 아데노신의 활동을 막는다. 그러므로 카페인을 마시는 것은 졸림이 축적되는 것을 막는 데에 효과가 있기 때문에 오

랫동안 깨어 있어도 각성할 수 있게 해 준다. 그렇기 때문에 취침 시간 근접해서 카페인을 섭취하는 것은 잠에 드는 것을 어렵게 만든다.

두 번째 시스템은 일주기 리듬 또는 Process C이다. 이 시스템은 각성 신호를 발생시키고, 일주기 리듬으로 불리는 생활 리듬을 생성함으로써 각성과 수면 타이밍을 조절하는 내인성 체계이다. Process S와 달리 Process C는 수면과 각성 상태와는 독립적이며, 졸림 신호보다 각성 신호를 발생시킨다. Process C는 환경의 빛과 어둠 주기에 민감하며, 특히 낮과 밤에 대해 그렇다. 어두움이 지배적인 밤에는 일주기 리듬(Process C)이 멜라토닌의 분비를 조절하면서 뇌에게 각성을 유발하는 영역들을 끄고 잠을 취할 준비를 하라는 신호를 보낸다. 대부분의 사람은 주로 잠자리에 드는 시간보다 약 2시간 전에 멜라토닌이 분비된다. 그러므로 밤에 밝은 빛에 노출되면 멜라토닌의 방출이 억제될 수 있으며, 이로 인해 뇌의 각성을 촉진하는 영역이 활성 상태를 유지하게 된다. 결과적으로 깨어 있는 일들을 내려놓는 것을 어렵게 만들 수 있으며, 잠드는 데 어려울 수 있다. 아침에 일주기 리듬(Process C)은 기상 시간에 근접한 빛 노출에 매우 민감하며, 이는 하루 동안의 일주기 리듬을 재설정하는 데 도움을 준다. 주중과 주말에 규칙적인 기상 시간을 유지하는 것은 일주기 리듬을 일관되게 강화하는 데 가장 중요한 요소이다. 사실 일주기 리듬(Process C)의 타이밍은 기상 시간과 동기화되므로 생물학적으로 규칙적인 취침 시간을 지키는 것보다 규칙적인 기상 시간을 지키는 것이 더 중요하다. 일주기 리듬(Process C)의 조절에서 발생하는 문제는 흔히 불면증 표현형을 구분하는 생물학적 요인이다. 일주기 리듬의 지연은 수면 개시의 어려움과 관련이 있는 반면에, 일주기 리듬의 진전은 조기 기상 증상과 관련이 있다.

극단적인 경우, 원하는 수면 시간과 일주기 리듬(Process C) 간의 불일치는 일주기 리듬 수면-각성 장애로 이어질 수 있다. 이 수면장애의 분류에는 지연된 수면위상 증후군(delayed sleep-phase disorder)과 진행성 수면위상 증후군(advanced sleep-phase disorder)이 포함된다. 지연된 수면위상 증후군은 내인성 일주기 리듬이 개인의 수면-각성 패턴보다 지연되어 있어, 수면 개시의 어려움과 조기 기상 증상을 경험하지만 대체적으로 수면 유지의 어려움은 적거나 없다. 이런 패턴은 일주기 리듬이 뒤로 지연되어 있는 '올빼미형'인 청소년과 젊은 성인에게서 흔하게 볼 수 있다. 진행성 수면위상 증후군에서의 내인성 일주기 리듬은 상대적으로 이른 저녁에 발생한다. 그 결과, 이런 사람들은 쉽게 잠들지만 원하는 시간보다 일찍 일어나고, 원하는 기상 시간까지 잠드는 데 어려움을 경험한다. 이는 일주기 리듬이 이른 시간으로 진전되었기 때문에 '종달새형'인 노인들에게서 흔히 나타난다. 지연된 수면위상 증후군 및 진행성 수면위상 증후군이 있는 사람들은 불면증 증상을 호소할 수 있으나 대개 불면증 환자만큼 수면에 대한 스트레스를 받지 않는다. 또한 일주기 수면위상을 개인의 수면 패턴과 일치하게 재조정하는 것은 수면 교란과 주간 기능 문제를 해결한다. 수면 일지를 이용하여 1~2주 동안 장기적으로 수면을 기록해서 평가하는 것은 일주기 리듬 수면-각성 장애와 불면장애를 구분하는 데 도움을 준다(4장의 MBTI 사전 평가 수행하기 참조).

불면증이 있는 대부분의 사람은 자신의 행동이 수면 조절에 관여하는 이 두 가지 시스템에 미치는 영향을 인식하지 못한다. 예를 들어, 늦은 오후 또는 저녁에 낮잠을 자는 것은 졸림을 감소시키고 일시적으로 기능을 향상시킬 수 있지만, 이는 수면 욕구(Process S)를 감소시킬 수 있다. 침대에서 더 많은 시간을 보내는 것이 수면 부족을 보완하는 합리적인 방법처럼 보일 수 있지만 각성 시간을 줄여서 수면 욕구를 축적하는 것을 방해한다. 불면증 환자들에게는 직관적이지 않은 것처럼 보일 수 있지만, 실제로 수면 욕구는 우리가 더 오래 깨어 있고 침대 밖에 있는 시간이 길수록 최적화된다. 다시 말해, 연속적으로 깨어 있는 시간이 길수록 분절된 수면이 아닌 통잠을 잘 수 있게 된다는 것이다. 마찬가지로 불면증이 있는 사람들은 밤에 수면을 잘 취하지 못한 것을 보완하기 위해 주말 동안에 수면을 보충하고자 평소 기상 시간보다 늦잠을 잔다. 그러나 이런 경우에 일주기 리듬을 방해할 수 있고, 하루 중 적절한 시간에 잠들거나 각성 상태를 느끼기 어렵게 만든다. 사실 사회적 활동(예: 늦게까지 친구들과 어울리기)으로 인해 평소보다 주말에 몇 시간씩 늦게 자는 사람들은 일주기 리듬에 교란을 초래하며, 이는 여러 시간대를 여행하는 것과 같은 효과가 있기 때문에 사회적 시차(social jet lag)로 알려져 있다. 수면 조절의 2요인 모델은 이 책의 2부에서 MBTI의 일부로 제시되는 활동 및 토론을 위한 배경지식을 제공한다.

수면 시스템의 조절 문제와 더불어 가족과의 다툼이나 긴급한 마감 시간과 같은 급성 스트레스 요인이 수면 교란을 야기하기도 한다. 이러한 상황에서 뇌는 투쟁-도피 시스템(fight-or-flight system)으로 알려진 교감 신경계를 활성화시켜 지각된 스트레스에 반응한다. 교감신경계의 활성화는 앞에서 설명한 대로 수면의 생리적 조절을 중단시킬 수 있다. 현대 사회에서 아드레날린이 급상승하는 경우도 있지만, 많은 경우에는 교감신경계의 활성화는 낮은 수준에서 중간 수준 정도로 유지되며 우리가 의식하지 못하는 경우가 많다. 즉, 우리가 가족 구성원과 말다툼을 할 때, 우리의 몸은 과다각성(hyperarousal)이라고 하는 활성화 상태가 될 수 있으며, 이런 상태는 수면 교란을 초래한다.

선행 연구에 의하면, 잠을 잘 자는 사람들에 비해 불면증이 있는 사람들은 24시간 기초대사량의 상승(Bonnet & Arand, 1995), 낮 시간 동안의 높은 체온(Adam, Tomeny, & Oswald, 1986), 수면 중 저주파의 심박변이도 상승(Bonnet & Arand, 1998), 24시간 동안 더 많은 코티졸(cortisol) 분비(Vgontzas et al., 1998)와 같이 과다각성 상태를 반영하는 몇 가지 생리적 신호가 있다는 것을 발견하였다. 또한 정신 활동이 증가된 인지적 과다각성도 존재한다는 근거도 있다. 연구에 의하면 불면증 환자들은 수면 전 더 많은 인지적 활동을 보고하였고(Nicassio, Mendlowitz, Fussell, & Petras, 1985), 정상적으로 수면을 취하는 사람들에 비해 수면 관련 인지가 더 부정적인 경향이 있는 것으로 나타났다(Kuisk, Bertelson, & Walsh, 1989). 불면증 환자들은 수면에 대한 역기능적인 신념과 태도를 보고하였는데, 이는 불면증 환자들이 불안이나 인지적 각성이 증가되어 있고 수면에 대해 보다 경직되고 파국적인 신념을 가지고 있다는 것을 보여 주었다(Carney & Edinger, 2006; Morin, Stone, Trinkle, Mercer, & Remsberg, 1993). 불면증을 위한 행동치료를 받은 불면증 환자를 대상으로 한 연구에서, 추적 관찰 기간 동안 적어도 1개의 불면증 증상(적어도 4주 연속으로 불면증 증상이 있음)을 보고한 사람은 그렇지 않은 사람과 비교하였을 때 치료가 끝날 무렵에 수면 전 높은 각성과 더 많은 수면 노력을 보였다(Ong, Shapiro, & Manber, 2009). 종합해 보면, 이 연구들은 불면증과 관련된 수면 교란에서 인지 및 생리적 각성이 중요한 병인적 역할을 한다는 것을 입증했다.

생물체에게 있어서 자율신경계 및 수면 시스템에 의해 생성된 생리적 상태는 이러한 시스템의 활성화 및 비활성화에 대한 지표를 제공해 줄 수 있다. 이러한 상태에 주의를 기울여 언제 잠자리에 들고 언제 이완 활동을 할 것인지와 같은 행동의 지침을 마련해 줄 수 있다. 가장 관련이 있는 상태는 졸림(sleepiness)과 피로(fatigue)이다. 졸림은 잠에 들고자 하는 성향으로 정의되며 수면을 위한 생리적 욕구를 반영한다. 졸림은 설문지 또는 평정 척도를 통해 자기보고로 측정이 가능하며, 객관적으로도 측정할 수 있다(Shen, Barbera, & Shapiro, 2006). 졸림에 대한 자기보고 서술에는 나른함(drowsiness), 깨어 있기 위해 애씀(fighting to stay awake), 의도치 않은 잠들기(falling asleep unintentionally) 등이 포함된다. 수면 검사실에서는 주간의 졸림을 객관적으로 측정하기 위해 다중수면잠복기 검사(Multiple Sleep Latency Test: MSLT; Carskadon et al., 1986)가 사용된다. MSLT는 환자에게 2시간 간격을 두고 통제된 조건에서 5회의 낮잠을 자게 한다. 환자는 통제된 조건에서 정해진 시간 이외에는 수면을 취할 수 없고, 수면 또는 각성에 영향을 미칠 수 있는 물질을 섭취할 수 없다. 비정상적인 졸림은 일반적으로 모든 낮잠에서의 평균 수면잠복기가 8분 미만일 때로 정의된다. 졸림은 앞서 설명했던 수면 욕구(Process S)의 축적과 가장 밀접하게 관련이 있다.

피로와 졸림은 일상적인 대화에서 구분 없이 사용되지만 수면의학에서는 매우 구체적인 의미를 지닌다. 수면의학에서 피로는 현재 가용할 수 있는 정신적·신체적 에너지 또는 특정한 활동을 하는 데 있어 필요한 에너지 정도를 설명하는 복잡한 개념이다. 피로를 측정하는 객관적인 측정도구나 검사는 없지만 에너지 부족, 기운 없음, 힘 없음, 특정 활동을 할 수 있는 능력의 감소와 같은 항목들로 구성된 자기보고식 질문지들이 있다. 특히 피로는 수면 시스템과 자율신경계가 활성화되기 때문에 빨리 잠드는 능력과 상관관계가 낮다. 수면 욕구(Process S)에 의해 높은 수면 욕구가 있을 수 있지만, 자율신경계에서의 과다각성도 있기 때문에 빨리 잠드는 것을 방해한다. 그 결과, 불면증이 있는 사람들은 잠자기를 강하게 바라지만 자율신경계의 활성화로 인해 수면을 취할 수 없는 '피곤하지만 신경이 곤두선' 상태를 자주 묘사한다.

불면증이 있는 사람들은 종종 피로와 졸림을 혼동한다. 피곤하지만 졸리지 않을 때 잠자리에 들려고 한다. 즉, 기운이 없거나 활동을 하고 싶지 않지만 수면의 기회가 주어졌을 때 졸고 싶은 생물학적인 욕구가 충분히 축적되지는 못했다. MSLT를 사용한 연구에 의하면, 불면증 환자들은 건강한 통제집단의 참가자들과 비교했을 때 낮 시간에 낮잠을 자는 데 더 오랜 시간이 걸렸다(Stepanski, Zorick, Roehrs, Young, & Roth, 1988). 즉, 불면증 환자들은 낮 동안에 건강한 통제집단보다 졸리지 않았다. 더불어 불면증 환자들이 낮에 과도하게 졸리다는 증거가 거의 없기 때문에 불면장애의 기준에서 과도한 졸림을 삭제할 것을 제안해 왔다(Singareddy, Bixler, & Vgontzas, 2010). 이 책의 6장에서 졸림과 피로의 차이를 구분하는 것에 대한 중요성을 논의할 것이다.

수면 교란을 넘어서: 만성 불면증의 원인

수면 교란의 원인을 파악하는 것은 무엇이 불면장애를 유발하는지에 대한 이해를 도울 수 있다. 그렇지만 그것은 일부분에 불과하다. 현재의 진단적 분류(예: American Academy of Sleep Medicine, 2014; American Psychiatric Association, 2013)에 의하면 불면장애는 잠을 잘 수 있는 충분한 기회가 있음에도 불구하고 발생하며, 수면과 관련된 증상에 더해 수면 때문에 낮 동안 스트레스를 받고 기능적 손상을 포함한다는 것을 상기해 보자. 즉, 불면장애는 밤에만 발생하는 문제가 아니라 24시간 동안 지속되는 문제이다. 또한 낮 동안 경험하는 스트레스는 시간이 지남에 따라 변화하는 인지적 · 행동적 · 생리적 변화를 포함한다. 이러한 요인들이 만성 불면증의 발병과 유지에 어떤 영향을 미치는지 설명하기 위해 여러 이론이 제안되었다.

3-P 모델로도 알려진 생물행동적 모델은 가장 영향력이 있고 널리 받아들여지는 만성 불면증의 병인 모델이다([그림 1-3] 참조). Spielman, Caruso와 Glovinsky(1987)는 불면증의 발병 및 유지와 관련된 세 가지 요인을 제안했다. 첫째, 특정 소인적 요인(predisposing factors)은 언제든지 수면 교란이 생길 전반적인 가능성을 증가시킬 수 있는 개인적 취약성을 의미한다. 이러한 소인적 요인은 극단적인 일주기 유형의 선호(아침형 vs 저녁형), 과다각성을 더 쉽게 경험하는 생물학적 소인 혹은 불안과 우울에 취약한 심리적 특질을 포함한다. 소인적 요인이 심리적 또는 생물학적 스트레스의 형태로 유발 요인(precipitating factors) 혹은 촉발 사건과 상호작용하면, 급성 수면 교란을 경험하게 될 수 있다. 이전에 논의된 바와 같이 수면 교란은 자연스러운 스트레스 반응으로 간주될 수 있으며, 많은 사람이 유발 요인 혹은 스트레스원이 제거되면 수면의 양과 질이 향상되는 것을 경험한다. 그러나 일부 사람들은 급성

수면 교란에 대한 반응으로 침대에 일찍 들어가거나, 아침에 늦잠
을 자거나, 낮잠을 자는 등의 행동을 함으로써 침대에서 보내는 시
간을 연장하는 것과 같은 행동의 변화를 겪기 시작한다. 어떤 사람
들은 잠을 자기 위해 밤에 수면제를 복용하고 깨어 있기 위해 낮에
는 카페인을 섭취하기 시작할 수도 있다. 이러한 행동 변화들은 합
리적으로 보일 수 있지만, 의도치 않게 불면장애를 지속시키는 지
속 요인(perpetuating factors)이다. 지속 요인은 수면 욕구를 감소시
키거나(예: 침대에서 보내는 시간을 연장) 일주기 리듬의 부조화(예:
늦은 취침 시간과 불규칙적인 기상 시간)를 일으킬 수 있다. 수면 관련
행동의 변화와 더불어 지속 요인은 수면 관련 인지의 변화도 동반
할 수 있다. 많은 불면증 환자는 잠을 잘 수 없는 것 때문에 불안해

[그림 1-3] 불면증의 3-P 모델
생물행동적 모델은 소인적 요인, 유발 요인 그리고 지속 요인의 상호작용을 통해 만성
불면장애가 발병하고 유지된다고 주장한다.
출처: *Principles and Practice of Sleep Medicine* (5th ed., p. 843), by M. H. Kryger,
T. Roth, and W. C. Dement (Eds.), 2011, Philadelphia, PA: Elsevier. Copyright
2011 by Elsevier. 허락을 받아서 사용

하고 좌절감을 느낀다. 어떤 사람들은 수면 부족이 업무 수행이나 주간 기능에 미칠 영향에 대해 걱정한다. 이러한 생각들은 자주 '잠을 못 자는 문제를 해결하기' 위한 노력을 증가시키며, 수면 때문에 스트레스를 받고, 이어 만성 불면장애가 되어 24시간의 문제를 발생시킨다. 이 모델에 의하면 만성 불면장애는 소인적 요인, 유발 요인 그리고 지속 요인의 조합이다. 또한 이 모델을 통해 수면 교란에 대한 반응이 결정적인 병인으로 작용하여 깨어 있을 때 수면에 대한 스트레스를 받게 된다는 것을 알 수 있다.

후속 모델은 3-P 모델의 근거를 기반으로 만들어졌다. Perlis, Giles, Mendelson, Bootzin과 Wyatt(1997)는 지속 요인과 함께 발생하는 피질의 변화에 초점을 맞춘 불면증의 신경인지 모델을 제안하였다. 이는 수면에 대한 지각을 변화시키는 감각 처리과정, 정보 처리과정 및 장기 기억 형성을 포함한다. 예를 들어, 자기보고로 수집된 수면 지표와 객관적으로 측정된 수면-각성 자료를 비교해 보면 불면증이 있는 사람들은 종종 각성을 과대 추정하고 수면을 과소 추정한다는 것을 알 수 있다. 불면증 환자들을 대상으로 수면의 미세구조를 조사한 연구에 의하면 비렘(NREM) 수면에서 베타 뇌파(EEG) 활동이 증가했다는 증거를 발견했다(Merica, Blois, & Gaillard, 1998). 베타 뇌파 활동은 일반적으로 의식과 관련이 있으며, 불면증 환자들이 간혹 수면다원검사를 통해 수면을 취하고 있다고 확인이 되었는데도 불구하고 '선잠을 자고 있었다' 혹은 '잠을 자고 있지 않았다'라고 보고하는 것에 대해 설명할 수 있다.

Espie(2002)는 불면증의 맥락에서 과다각성에 대해 다르게 개념화한 정신생물학적 억제 모델을 제안하였다. 다른 학자들처럼 지속적으로 각성 수준이 높아져 있다고 주장하기보다 Espie는 불면증이 있는 사람은 밤에 각성을 감소시키는 것에 대한 어려움이 있을 것이라고 가정하였다. 정신생물학적 모델에 의하면, 잠을 잘 자는 사람들은 밤에 적절한 생리적 및 환경적 단서가 있고 잠을 자려고 노력하지 않아도 각성 수준을 적절하게 낮출 수 있다고 주장한다. 그렇지만 불면증이 있는 사람은 수면에 선택적 주의력을 기울이면서 수면과 각성을 유발하는 동일한 단서를 인지하지 못하며, 결과적으로 잠을 자기 위해 의도성을 가지고 더 많은 노력을 하게 된다. 그 결과, 인지적 및 생리적 각성 수준을 감소하지 못한다. 이 이론을 지지하는 연구에서 깨어 있을 때와 비렘 수면 동안 불면증이 있는 사람과 잘 자는 참가자의 대뇌 포도당 물질 대사를 비교하기 위해 PET(positron emission tomography) 촬영을 했다(Nofzinger et al., 2004). 불면증이 있는 사람들은 각성에서 입면으로 전환하는 첫 20분 동안 뇌 부위 중 각성을 유발하는 영역에서 대사율이 더 적게 감소하였다. 이런 결과는 불면증이 있는 사람들은 각성에서 수면 상태로 전환할 때 각성 촉진 시스템의 '전원 차단'에 실패하고 적절하게 각성 수준을 감소시키지 못한다는 근거가 되었다.

Morin과 그 동료들(1993)은 만성 불면증의 인지행동 모델에서 인지를 지속 요인으로 추가할 것을 제안하였다. 불면증을 하나의 순환으로 설명하면서, Morin과 동료들(1993)의 모형은 지속성 수면 교란과 함께 등장하는 수면에 대한 부적응적인 신념과 태도와 같은 인지적 및 정서적 요인들을 포함시켰다. 예를 들어, 수면에 대한 걱정, 수면을 취하지 못해 생기는 결과들에 대한 좌절, 수면에 대한 비현실적이거나 경직된 기대(예: 나는 꼭 8시간의 수면을 취해야 한다)와 같은 생각들이다. 이처럼 도움이 안 되는 생각은 부적응적인 습관(지나치게 침대에 오래 누워 있기, 낮잠 자기, 불규칙적 수면 스케줄), 수면 부족으로 인한 결과(피로, 기분장애, 업무 수행 능력 저하) 그리고 높은 수준의 각성과 상호작용하여 불면증의 악순환을 만든다. Morin과 동료들(1993)의 이론을 기반으로 Harvey(2002)는 야간과 주간에 발생하는 인지적 과정에 초점을 맞추어 불면증의 인지 모델을 제안하였다. 이 모델은 걱정, 선택적 주의 모니터링, 수면에 대한 오지각, 도움이 안 되는 신념 그리고 안전행동과 같은 불안장애에 대한 이론을 불면증에 적용하였다. 흥미롭게도 이 모델은 이러한 과정들이 수면 결핍과 낮 시간의 기능 손상과 함께 발생할 수도 있지만, 기능 손상 없이도 발생할 수 있다는 것을 제안하였다.

요약하면, 불면증의 병인에 대한 이해는 급성 수면 교란과 만성 불면장애의 차이를 인식하는 데 중요하다. 급성 수면 교란의 원인은 예측하기 어렵고 일반적으로 수면 생리 혹은 자율신경계의 활성화 중 하나 혹은 둘 다와 관련이 있다. 수면 교란이 지속될 때 급성 수면 교란에 반응하여 생기는 인지적 및 행동적 변화는 급성 수면 교란을 만성 불면장애로 전환시키며, 이는 밤 동안 경험하는 수면 교란과 더불어 주간에 경험하는 수면에 대한 스트레스가 추가되어 24시간의 문제가 된다. 만성 불면증에서 각성 수준의 증가 혹은 각성 수준 감소의 실패로 나타나는 과다각성의 역할이 중요하다. 이러한 개념들은 불면증을 위한 마음챙김 명상을 불면증을 위한 개입으로 이해하는 데 중요한 역할을 하며 이 책의 2부에서 논의할 예정이다.

CHAPTER 02

불면증을 위한 치료들

현재 불면장애를 치료하기 위한 다양한 접근이 있고, 이를 지지하는 과학적 근거의 수준도 다양하다. 이러한 접근은 다음 세 가지 범주로 분류할 수 있다. ① 약물치료, ② 비약물적 치료, ③ 보완, 대체 및 통합 치료이다.

우선, 처방된 약물과 일반의약품(Over-The-Counter: OTC)을 포함하여 약물치료에 대해 소개할 것이다. 약물치료의 주요 이점은 수면 교란을 완화하는 데 즉각적인 효과가 있다는 것이지만 전반적으로 장단점을 따져 보았을 때 약물의존 문제와 부작용이 그 이점을 경감시킨다.

다음으로 비약물적 치료를 소개할 것이다. 비약물적 치료는 주로 행동 전문가가 시행하는 행동 및 인지치료 요법을 포함한다. 이 치료들은 내담자의 필요에 따라서 유연하게 실행될 수 있으며, 이 치료의 이점은 치료가 끝난 뒤에도 치료 효과가 유지된다는 것이다. 그러나 처방된 약물처럼 즉각적인 효과가 없고, 이 치료를 시행할 수 있는 전문 자격이 있는 전문가의 수가 제한적이다.

마지막으로, 보완 및 대체 의료 치료적 접근은 천연 식품, 신체 관련 개입 그리고 마음-신체 개입을 포함한다. 일반적으로 '자연스러운' 또는 '건강한' 삶의 방식을 선호하는 사람들이 이 접근을 선택한다. 그러나 일반적으로 효능성에 대한 과학적인 근거는 떨어진다. 그러므로 이 치료적 접근에 대한 임상적 가치는 불분명하다. 내담자들은 불면증을 위해 다양한 치료방법에 대한 비용과 이점에 대해 질문을 자주 하기 때문에 불면증을 위한 마음챙김 기반 치료(MBTI)의 치료자들은 내담자들에게 치료를 선택하는 데 있어 정보를 정확히 전달하여 올바른 의사결정을 할 수 있도록 돕는 것이 중요하다.

불면증을 위한 약물치료

수면을 촉진하기 위해서 수면제나 진정제를 먹는 것은 간단한 일인 것 같지만, 사람이 잠들 수 있도록 도와주는 수많은 약물은 결코 이 과정이 간단하지 않다는 것을 보여 준다. 이 절에서는 처방된 약물, 일반의약품 그리고 알코올을 포함하여 약물치료에 대한 근거를 개관할 것이다. 〈표 2-1〉은 불면증을 위한 약물치료를 제시한다.

신경전달물질인 감마아미노뷰티르산(gamma-aminobutyric acid: GABA)은 중추 신경계의 억제성 신경전달물질로 진정 기능과 관련

표 2-1 　불면증을 위한 약물치료(진정제 약물)

약품명	상표명	분류	작용 기제	작용기간
플루라제팜 (Flurazepam)	달마돔 (Dalmadorm)	벤조다이아제핀 (Benzodiazepine)	GABA$_A$ 작용제	장기
클로나제팜 (Clonazepam)	리보트릴 (Rivotril)	벤조다이아제핀 (Benzodiazepine)	GABA$_A$ 작용제	장기
쿠아제팜 (Quazepam)	도랄 (미국 상품명) (Doral)	벤조다이아제핀 (Benzodiazepine)	GABA$_A$ 작용제	장기
디아제팜 (Diazepam)	바리움 (Valium)	벤조다이아제핀 (Benzodiazepine)	GABA$_A$ 작용제	장기
에스타졸람 (Estazolam)	프로섬 (미국 상품명) (ProSom)	벤조다이아제핀 (Benzodiazepine)	GABA$_A$ 작용제	중간
로라제팜 (Lorazepam)	아티반 (Ativan)	벤조다이아제핀 (Benzodiazepine)	GABA$_A$ 작용제	중간
알프라졸람 (Alprazolam)	자낙스 (Xanax)	벤조다이아제핀 (Benzodiazepine)	GABA$_A$ 작용제	중간
테마제팜 (Temazepam)	레스토릴 (미국 상품명) (Restoril)	벤조다이아제핀 (Benzodiazepine)	GABA$_A$ 작용제	중간
트리아졸람 (Triazolam)	할시온 (Halcion)	벤조다이아제핀 (Benzodiazepine)	GABA$_A$ 작용제	단기
졸피뎀 (Zolpidem)	스틸녹스 (Stilnox)	비벤조다이아제핀 (Non-benzodiazepine)	GABA$_A$ 작용제	단기
잘레플론 (Zaleplon)	소나타 (미국 상품명) (Sonata)	비벤조다이아제핀 (Non-benzodiazepine)	GABA$_A$ 작용제	단기
에스조피클론 (Eszopiclone)	조피스타 (Zopista)	비벤조다이아제핀 (Non-benzodiazepine)	GABA$_A$ 작용제	단기

디펜히드라민 (Diphenhydramine)	슬리펠 (Sleepell)	항히스타민제 (Antihistamine)	H_1 길항제	단기
라멜테온 (Ramelteon)	로제렘 (미국 상품명) (Rozerem)	멜라토닌(Melatonin) 작용제	MT_1와 MT_2 작용제	단기
수보렉산트 (Suvorexant)	벨솜라 (미국 상품명) (Belsomra)	오렉신(Orexin) 길항제	OX_1와 OX_2 길항제	단기

* GABA=gamma-aminobutyric acid, H=histamine, MT=melatonin, OX=orexin

** 역주: 원서에 기입된 미국 상품명을 한국 상품명으로 바꾸었다. 그리고 현재 국내에 시판되고 있지 않거나 확인이 되지 않는 약물(2020. 4. 기준)은 쿠아제팜, 에스타졸람, 테마제팜, 잘레플론, 라멜테온, 수보렉산트이다.

이 있다. 그러므로 GABA 작용제 기능을 하는 약물은 수면을 촉진시키기 위해 사용되어 왔다. 이런 약물의 종류에는 클로나제팜, 로라제팜, 테마제팜, 트리아졸람과 같은 전통적인 벤조다이아제핀 약물과 졸피뎀, 에스조피클론, 잘레플론과 같은 새로운 비벤조다이아제핀 약물이 포함된다. 이름 때문에 z-약물이라고도 알려진 비벤조다이아제핀 약물은 GABA 작용제이지만 구조적으로 벤조다이아제핀과 다르다. 벤조다이아제핀과 z-약물은 둘 다 수면잠복기(SOL)를 감소시키고 총 수면 시간(Total Sleep Time: TST)을 증가시킬 수 있으며, 중간 효과크기부터 큰 효과크기까지 있다고 입증되었다. 벤조다이아제핀에 대한 메타분석에 의하면, 1~7일간의 사용을 객관적으로 측정했을 때 총 수면 시간이 62분 정도 증가하였고 수면잠복기는 4분 정도 감소하였다(Holbrook, Crowther, Lotter, Cheng, & King, 2000). 또 다른 메타분석에서 벤조다이아제핀과 2개의 z-약물(졸피뎀과 조피클론)을 조사한 결과, 총 수면 시간이 40분 정도 증가되었고 수면잠복기는 14분 정도 감소됐다는 것을 발견하였다(Smith et al., 2002). 에스조피클론과 플라시보를 비교한 대규모 연구에서 일주일 동안 에스조피클론을 사용한 환자들의 총 수면 시간이 70분 증가하였고, 수면잠복기가 42분 감소한 것을 발견하였다(Krystal et al., 2003). 이러한 연구들의 결과는 벤조다이아제핀과 z-약물들 모두 총 수면 시간을 증가시키고 수면잠복기를 감소시키는 데에 효과적이라는 것을 입증한다. 더불어 이런 효과는 약물 사용 첫 주 내에 상대적으로 빨리 나타난다.

이러한 수면제의 이점을 평가할 때에는 부작용을 고려해야 한다. 벤조다이아제핀과 z-약물의 단점 중 하나는 아침에 잔재하는 졸리고 비몽사몽한 상태이다. 그 결과, 어떤 사람들은 아침에 침대에서 나오는 것이 어렵거나 아침에 인지 기능 및 운동 기능의 저하를 보인다. 이는 반감기가 긴 벤조다이아제핀인 플루라제팜과 클로나조팜에서 더 두드러지게 나타나고, 반감기가 짧은 벤조다이아제핀과 z-약물에서는 그렇게 흔하지 않다. 또한 한밤중에 수면제를 섭취하거나 침대에서 충분한 시간을 보내지 못하는 것이 부작용의 위험성을 증가시킬 수 있다. 또한 벤조다이아제핀과 z-약물의 부작용으로 흔하게 보고된 것은 건망증 삽화이다. 이러한 건망증 삽화는 약물을 복용한 뒤 한 행동이나 개인이 한 행동에 대해 다음 날 어떠한 기억도 하지 못하는 것이다. 건망증 삽화에는 섭식 행동, 전화하기, 자동차 운전이 포함된다. 이와 같은 문제 때문에 광범위한 수면제 사용에 대한 우려의 목소리도 있다.

진정제로 사용되는 약물에는 멜라토닌 작용제도 있다. 멜라토닌은 송과선(pineal gland)이 분비하는 호르몬이며 일주기 리듬(Process C)의 타이밍을 조절한다. 불면증의 발병 원인이 일주기 리듬의 불일치라는 것을 고려해 보면, 멜라토닌 작용제는 신체의 내적 시계와 원하는 수면 시간대를 조정해 주는 데 도움을 준다. 성인 400명 이상을 대상으로 한 연구에서 라멜테온(ramelteon)은 플라시보와 비교하였을 때 수면잠복기를 감소시키고 총 수면 시간을 증가시켰다(Zammit et al., 2007). 라멜테온의 큰 장점 중 하나는 약물과 관련된 의존이나 남용이 일반적으로 없다는 것이다. 보고된 라멜테온의 부작용으로는 잔재된 주간 졸림, 어지러움 그리고 메스꺼움이 있고, 드물게 아나필락시스 반응(anaphylactic reaction)이 나타나며 이미 우울증 병력을 가지고 있는 사람이 자살하는 경우도 있다. 불면증을 위한 장기간 치료를 위해 멜라토닌 작용제 중에 라멜테온만이 유일하게 미국식품의약국(U.S. Food and Drug Administration: FDA)의 허가를 받았다.

진정제로 허가 받은 가장 최신 약물은 오렉신 길항제이다. 오렉신은 하이포크레틴이라고도 하며, 각성과 깨어 있는 것 그리고 식욕 등의 조절과 관련이 있는 신경전달물질이다. 수면장애의 맥락에서 오렉신의 부족은 기면증의 병인으로 밝혀졌으며(Nishino, Ripley, Overeem, Lammers, & Mignot, 2000), 깨어 있는 것을 유지하거나 피질 각성을 유지하는 데 실패하여 과도한 주간 졸림과 수면 발작을 초래한다. 수보렉산트라고 부르는 오렉신 길항제가 개발되어 오렉신 작용을 방해하고 졸림을 야기한다. 불면증이 환자들을 대상으로 수보렉산트가 미치는 영향을 알아보기 위해 수행된 이중맹검법 임상 실험에서 수보렉산트가 수면잠복기를 감소시키고 수면 효율성을 향상시킨다는 것을 발견하였다(Herring et al., 2012). 2014년 8월에 수보렉산트는 불면증 치료를 위해 FDA의 허가를 받았다. 최근에 허가를 받았기 때문에 장기적 사용에 대한 연구나 벤조다이아제핀, z-약물 그리고 멜라토닌 작용제와 비교한 연구는 아직 없다.

이런 진정제 약물과 더불어, 항우울제나 항정신증 약물로 분류된 약물은 불면증을 위해 사용되어 왔지만, FDA의 허가를 받지는 못했다. 불면증을 위해 사용되는 일반적인 항우울제는 아미트리프틸린(amitriptyline), 독세핀(doxepin), 트라조돈(trazodone), 미르타자핀(mirtazapine)을 포함한다. 정신건강의학과 의사들은 자주 이 약물들을 처방하지만, 이전에 소개한 약물들과 비교했을 때 효능성이나 부작용에 대한 증거 기반이 다소 부족하다. 쿠에티아핀(quetiapine)과 같은 비전형적인 항정신증 약물도 불면증 치료에 사용해 왔다. 항우울제처럼 항정신증 약물 사용에 대한 구체적인 증거는 아직 부족하다.

처방전 약물 외에 불면증의 자가 약물치료(self-medication)를 위해 사용되는 일반의약품이나 물질들이 있다. 내담자들은 전문가의 평가를 받기 전에 자주 일차적으로 복용하거나 처방된 약물과 함께 복용하는 경우가 많다. 일차 유효 성분(primary active ingredient)으로 디펜하이드라민(diphenhydramine)을 함유하고 있는 일반의약품이 불면증 치료를 위해 가장 흔하게 사용된다. 디펜하이드라민은 항히스타민제이며 부작용으로 졸림을 유발할 수 있다. 그러나 불면증을 치료하기 위해 사용될 때, 효능성을 지지할 수 있는 증거나 부작용에 대한 정보가 부족하다. 알코올은 흔히 수면을 촉진시키기 위해 환자들이 사용하는 물질이다. 알코올은 진정 효과가 있지만 수면 구조에 크게 부정적인 영향을 미친다. 구체적으로 알코올은 렘(Rapid Eye Movement: REM, 빠른 안구 운동) 수면을 강력하게 억제하며, 그보다는 덜 하지만 서파(slow wave) 수면도 억제할 수 있다. 렘 수면과 서파 수면은 수면에서 가장 중요한 2개의 단계이다. 더욱이 알코올은 호흡을 억제할 수 있는데, 불면증과 흔하게 공존하는 수면과 관련된 호흡장애(예: 폐쇄성 수면 무호흡증)를 악화시킨다.

미국수면학회(American Academy of Sleep Medicine: AASM)에서는 불면증의 약물치료에 대한 지침을 제공하고 있다(Schutte-Rodin, Broch, Buysse, Dorsey, & Sateia, 2008). 수면제를 선택하는 데 있어 임상적 정보와 환자와 관련된 요인들(예: 환자의 선호도, 목표, 비용)이 고려되어야 한다. 치료 순서로는 일차적으로 짧거나 중간 정도의 반감기를 가지고 있는 벤조다이아제핀, z-약물 그리고 라멜테온이 권장되고 있다. 만약 효과가 없다면, 진정성 항우울제가 고려되어야 하고, 이어서 일차적인 치료와 항우울제의 조합도 뒤따라 고려되어야 한다. 미국수면학회에서는 대부분의 사람에게 반감기가 짧은 약물치료를 권장하며, 반감기가 긴 약물치료는 만성 공존질환이 있는 사람들, 불면증 증상이 심각한 환자들 그리고 다른 치료에 반응하지 않은 저항적인 환자들에게만 처방할 것을 권장한다. 약물의존과 약물내성은 수면제의 장기적 사용에 대해 염려를 높이는 잠재적인 요인이다. 불면증의 경우, 잠을 자기 위해 약물이 필요하다는 신념 때문에 지속적으로 약물을 복용할 때 심리적 의존이 발생한다. 리바운드 불면증(rebound insomnia)은 불면증이 있는 사람들이 흔히 경험하며, 갑자기 수면제 사용을 중단한 이후 단기적으로 수면 악화를 경험하는 현상을 의미한다. 일반적으로 리바운드 불면증은 하루나 이틀 밤 정도만 처음 경험한 불면증보다 잠을 더 못 자는 증상을 경험하며, 짧거나 중간 정도의 반감기가 있는 약물에서 더 두드러지게 나타난다. 불행하게도, 리바운드 불면증을 경험하는 사람들은 수면을 취하기 위해 수면제가 필요하다는 신념이 강화된다. 약물내성은 약물을 반복적으로 복용한 후 약물에 대한 반응이 감소될 때 나타난다. 불면증 환자들에게 내성은 초저녁의 복용량을 증가시키거나, 한밤중에 약물을 추가적으로 복용하게 만든다. 후자의 경우에는 복용량의 증가와 더불어 다음 날 기능에 대한 우려도 생긴다. 두 가지 상황 모두 부작용을 경험할 위험성을 높일 수 있기 때문에 피해야 한다.

일반적으로 FDA의 승인을 받은 불면증 치료 약물은 야간 증상을 감소시키는 데 효과적일 수 있고, 효과는 약물을 복용한 며칠 이내로 나타날 수 있다. 그러나 이와 같은 이점은 부작용의 잠재적인 위험, 약물의존, 약물내성과 함께 고려되어야 한다. 다른 치료와 마찬가지로, 수면제는 많은 사람에게 도움을 주는 유용한 도구이며, 특히 단기적인 급성 불면증을 경험하는 사람들에게 도움이 된다. 그러나 수면제의 장기 복용은 경험이 많은 의사에 의해 신중하게 관리되어야 하고, 수면제 대신 부가적이거나 대체 치료로 비약물적인 치료법이 고려되어야 한다.

불면증을 위한 비약물적 치료

불면증을 위한 비약물적 치료는 기초 수면 과학에서의 수면 생리학과 응용심리 과학에서의 행동 및 인지 이론을 통합하여 개발되었다. 지난 40년 동안 비약물적인 치료는 인지행동치료의 진화와 나란히 단일 모듈 치료에서부터 여러 개의 모듈로 구성된 치료로 진화하였다. 불면증을 위한 행동치료는 행동 원리에 근거한 전략에서 시작되었다. 1장에서 논의한 것처럼, 불면증의 개념은 높아진 각성 수준으로 인한 수면 문제에 초점을 맞추었다. 그 결과, 불면증을 위한 초기 치료들은 점진적 근육 이완법(Jacobson, 1938)과 교감신경계에서 발생하는 생리적 각성을 감소시키는 것이 목적인 바이오피드백(Hauri, 1981)과 같은 이완 요법을 포함하였다. 수면과 불면증을 연구한 가장 영향력 있는 심리학자 중 1명인 Bootzin(1972)은 자극 조절(stimulus control)이라는 개념을 불면증 치료에 응용하였고, 침대와 잠을 자지 못하는 상태가 반복적으로 연합이 되면 침대가 조건화된 각성을 유발하는 자극이 된다는 것을 제안하였다. 이 연합을 깨고 침대가 수면을 취하기 위한 곳으로 다시 성립되기 위해서 불면증 환자에게 자극 조절이라고 불리는 지켜야 하는 몇 가지 행동지침을 제공한다. 자극 조절 요법은 잠을 이룰 수 없다면 침대에서 나오고, 졸릴 때만 다시 침대에 들어가도록(또는 한밤중에 침대로 되돌아가도록) 하는 지침이다. 더불어, 불면증 환자는 침대에서 다른 각성 활동을 피하고(예: 텔레비전 시청 금지, 독서 금지) 수면의 양과 상관없이 매일 아침 같은 시간에 기상하도록 지시한다. 시간이 나면서 이러한 지시들은 침대를 수면을 위한 자극으로 강화시키고, 이에 더해 각성을 감소시키고 수면을 개시하고 유지할 가능성을 더 높인다. Spielman, Saskin과 Thorpy(1987)는 수면 제한 요법(sleep restriction therapy)을 개발하였는데, 이 요법은 침대에 있는 시간을 제한하고 수면 욕구를 변화시키며 부족한 수면에 대한 보상 행동으로 침대에 더 오랜 시간을 보내는 것을 예방하는 행동치료 요법이다. 첫 단계로 환자들에게 현재 자고 있는 시간에 맞추어 침대에서 보내는 시간을 제한하라고 지시한다. 예를 들어, 내담자가 매일 밤 6시간을 잔다고 보고하면 침대에서 보내는 시간을 6시간으로 제한한다. 내담자는 각성 시간의 감소와 실제로 잔 시간 대비해서 침대에 누워 있는 시간의 비율로 계산되는 수면 효율성이 증가되면 침대에서 보내는 시간을 점진적으로 증가시킨다. 불면증 치료에 있어서 중요한 교육으로 알려진 수면 위생(sleep hygiene)은 Hauri(1977)에 의해 소개되었다. 수면 위생은 수면과 관련된 행동과 활동을 수정하라는 지침, 예를 들어 늦은 밤 운동 금지, 취침 시간 전에 알코올과 카페인 섭취 피하기 그리고 낮 동안 낮잠 자지 않기 등으로 구성되어 있다. 이러한 지침은 수면에 부정적인 영향을 미치는 것으로 밝혀진 환경적 및 행동적 요인에 대한 연구에 근거해 개발되었다.

안타깝게도 수면 위생이라는 용어는 더 일반화된 의미로 종종 잘못 사용되는 경우가 있다. Hauri가 추천하는 초기 지침 대신에, 많은 사람이 수면 위생이라는 용어를 수면 제한과 자극 조절과 같이 넓은 범위의 행동 권고사항으로 사용한다. 그렇지만 각 행동치료 요법은 각자만의 구분되는 독특한 이론, 논리와 전달법이 있기 때문에 수면 위생이라는 한 개의 통합된 항목으로 분류하는 것은 환자와 치료진에게 혼란을 야기할 수 있다. 더불어, 초기의 수면 위생 교육은 효과크기가 작은 것으로 밝혀졌으며, 불면증을 위한 효과적인 치료가 아니다(Stepanski & Wyatt, 2003). 수면 위생이라는 용어를 신중하게 사용하고 자극 조절과 수면 제한을 포함시키지 않는 요법이라는 인식이 필요하다.

Morin, Stone, Trinkle, Mercer와 Remsberg(1993)는 단일 요법으로 시행되던 행동치료를 인지치료와 통합하여 여러 개의 모듈로 구성된 불면증을 위한 인지행동치료(Cognitive Behavior Therapy for Insomnia: CBT-I)를 발전시켰다. 이 연구자들은 불면증이 있는 사람들이 수면에 대해 부적응적인 신념과 태도를 가지고 있다는 것을 발견하였다. 그 결과, 수면과 관련된 부적응적인 생각들을 수정하기 위해 Beck과 동료들(Beck, Rush, Shaw, & Emery, 1979)의 『우울증을 위한 인지치료(Cognitive Therapy for Depression)』에 소개된 치료기법을 적용시켰다. 이 치료기법들은 불면증 환자들이 가장 흔하게 사용하는 2개의 인지적 오류인 재앙화(catastrophizing)와 확률 과대 추정하기(probability overestimation)에 초점이 맞추어져 있었다(Morin, 1993). 예를 들어, 어떤 불면증 환자들은 원하는 시간만큼 잠을 자지 않는다면 다음 날 기능하지 못할 것이라는 신념을 고수한다. 물론 수면 박탈이 다음 날 기능에 영향을 미치는 것은 사실이지만, 적합한 수준으로 기능하는 것도 가능하다. 이러한 시나리오에서 인지 기법들은 환자들에게 가지고 있는 신념을 가설로 간주

표 2-2   불면증을 위한 비약물적 치료

치료	설명
이완 훈련	생리적 및 인지적 각성을 감소시키기 위한 이완 활동
자극 소절	침대를 수면 자극으로 재설정하기 위해 설계된 침실 관련 행동으로 구성된 교육
수면 제한	항상성 수면 욕구의 증가를 위하여 침대에 있는 시간을 감소시키는 데 사용되는 수면 스케줄. 이로 인해 수면 효율성이 증가함
수면 위생	수면에 대한 역기능적인 습관을 제거하기 위한 교육
인지 요법	수면과 낮 시간 기능을 방해하는 부적응적인 신념을 다루는 치료적인 기술
다중요소 행동치료	자극 조절, 수면 제한(핵심)과 선택적으로 이완 훈련과 수면 위생을 하는 치료 패키지. 인지 요법은 여기에 포함되지 않음
불면증을 위한 인지행동치료	자극 조절, 수면 제한, 인지 요법(핵심)과 선택적으로 이완 훈련, 수면 위생을 하는 치료 패키지

하고 가설을 검증할 수 있는 증거를 수집하게 하여 경직된 신념을 재구조화하는 데 도움을 줄 수 있다. 이 과정을 통해 확정적인 결과보다 다양한 가능성을 고려하게 된다. 이와 같은 인지 요법은 자극 조절, 수면 제한, 수면 위생과 함께 8주간 시행되며, 이 치료는 오늘날 CBT-I로 알려졌다. CBT-I의 중요한 이점 중 하나는 각 내담자의 특정한 요구에 맞춰서 치료 요법들을 다양하게 구성하는 것이 가능하다는 것이다. 〈표 2-2〉에 비약물적 치료를 제시하였다.

CBT-I와 인지 요법을 포함하지 않는 다중요소 행동치료 (multicomponent behavior therapy)와 같은 행동치료 패키지의 효능성을 지지하는 상당한 근거가 있다. 무선임상할당실험을 통해 이 치료들은 수면 지표에 대한 중간 효과크기부터 큰 효과크기까지 보고되었고, 정의된 진단기준을 적용하면 26~43% 정도의 내담자들이 불면증으로부터 완전한 관해를 나타낸 것으로 보고되었다 (Buysse et al., 2011; Edinger, Wohlgemuth, Radtke, Marsh, & Quillian, 2001; Epstein, Sidani, Bootzin, & Belyea, 2012; Jacobs, Pace-Schott, Stickgold, & Otto, 2004; Morin, Colecchi, Stone, Sood, & Brink, 1999; Sivertsen et al., 2006). 약물치료와 비교했을 때, CBT-I는 더 지속적인 치료 효과가 있는 것으로 나타났다(Morin et al., 1999). 메타분석과 리뷰논문에서 대략 70~80%의 내담자들은 CBT-I 치료를 통해 수면잠복기와 입면 후 각성 시간이 50%까지 감소되었고, 총 수면시간은 6.0시간에서 6.5시간까지 증가했다는 이점을 보고하였다. 현재 미국수면학회의 치료지침은 CBT-I와 인지치료를 포함하지 않는 다중요소 행동치료를 불면증을 위한 일차적 비약물적 치료로 권장하고 있다(Morgenthaler et al., 2006; Schutte-Rodin et al., 2008).

다른 심리치료와 마찬가지로, 이러한 행동치료 패키지에는 알려진 몇 개의 부작용이 있다. 한 가지 가능성 있는 부작용은 주간 졸림으로, 일반적으로 수면 제한 요법과 가장 흔하게 관련이 있다(Kyle, Morgan, Spiegelhalder, & Espie, 2011). 수면 제한이 침대에 있는 시간을 감소시키는 것이기 때문에, 수면 박탈은 일어날 수 있으며 주간 졸림증이 악화될 수 있다. 약물치료와 비교했을 때, CBT-I의 효과는 더 서서히 나타난다. 약물은 1주 내에 효과적인 경향이 있지만, CBT-I의 완전한 효과는 치료 시작 이후 4주에서 8주가 될 때쯤 나타난다. 또한 심리치료이기 때문에 CBT-I는 병원을 방문하고 치료 회기 사이에 집에서 치료 권고사항을 수행하는 시간과 노력이 필요하다. 어떤 내담자는 이 과정에 대해 충분한 시간과 에너지를 쏟지 못해서 이 치료적 접근에 대한 충분한 효과를 성취할 수 없다. 마지막으로 중요한 제한점은 CBT-I를 할 수 있는 자격이 있는 전문가의 수이다. 현재 행동수면의학 면허가 있는 전문가는 대략 250명이다. 시골에 살거나 외딴 지역에 살고 있는 내담자들은 CBT-I를 할 수 있도록 훈련 받은 전문가를 만나기 어려운 경우가 많다. 따라서 불면증 유병률을 고려했을 때 공급은 수요를 충족하지 못한다.

21세기 초에 행동수면의학(Behavioral Sleep Medicine: BSM)은 심리학과 행동의학에서 파생된 독립적인 영역으로 부상하였다. 심리학자, 의사, 간호사를 포함하는 다학제적인 분야는 행동 서비스를 향상시키고 수면과 관련된 행동 및 심리학적 연구를 촉진시키며 행동수면의학 임상가들의 훈련을 규제하기 위해 조직되었다. 2010년도에 Ponte Vedra consensus conference 후에 행동수면의학회(Society of Behavioral Sleep Medicine: SBSM)가 창립되었다(D. J. Taylor, Perlis, McCrae, & Smith, 2010). 그 이후 수면에 있어서 심리학자의 역할을 수립하고 정당화하기 위해 SBSM을 운영하고 있다. 2013년에 미국심리학회는 수면 심리학자를 공식적인 전문가로서 승인하였고, SBSM은 미국심리학 자격증 관련 전문 기관(American Board of Professional Psychology)과 함께 전문가 시험을 시행하는 것을 계획 중이다.

보완, 대체 및 통합 의학

많은 사람이 불면증을 치료하기 위해 통합 의학이라고 알려진 보완 및 대체 의학(Complementary and Alternative Medicine: CAM)치료법을 이용한다. 불면증의 경우 이러한 치료는 전통적인 치료를 대체하거나 이전에 설명했던 일차적인 치료를 보완하기 위해 사용되기도 한다. 불면증을 위한 CAM치료는 다양한 개입과 기술로 구성되며, 예를 들어 천연 식품, 신체 관련(또는 도수 요법) 개입, 마음-신체 개입이 있다. 2002년에 160만 명 이상의 미국인들이 불면증 증상을 치료하기 위해 CAM치료를 이용하였다(Bertisch, Wells, Smith, & McCarthy, 2012). 2007년도에는 불면증 증상이 있는 성인의 45%가 매년마다 CAM치료를 사용하고 있었다. 〈표 2-3〉에 불면증을 위한 보완, 대체 및 통합 의학 접근을 요약했다.

수면을 위한 천연 식품은 특히 교육 수준이 높은 젊은 여성들이 많이 사용한다(Pearson et al., 2006). 불면증을 위해 사용되는 가장 인기가 높은 천연 식품은 캐모마일, 발레리안, 세인트존스워트와 카바카바이다. 사람들은 천연 식품을 사용하는 것이 건강한 생활 방식을 반영한다고 일반적으로 지각하지만, 불면증에 있어서 천연

표 2-3   불면증을 위한 보안, 대체 및 통합 치료

종류	치료/기술	설명
천연 식품	• 캐모마일(Chamomile) • 발레리안(Valerian) • 세인트존스워트 (St. John's wort) • 카바카바(Kava kava)	처방전 없이 구매할 수 있는 허브 치료 또는 천연 식품. 효능성과 안전 문제에 대한 증거가 제한적이다.
신체 관련 개입	• 침술 • 마사지	침술에 대한 증거는 연구의 질이 좋지 않기 때문에 명백하지 않다. 마사지에 대한 무선임상할당실험 연구는 없다.
마음−신체 개입	• 명상 • 요가 • 태극권	마음과 신체의 자기조절을 목표로 하는 접근. 불면증을 위한 치료법으로 유망한 근거가 있다.

식품이 효과가 있다고 지지하는 근거가 매우 부족하고, 잠재적인 위험이 있다는 연구 보고도 있다. 더욱이 많은 나라에서 이러한 제품은 처방전이 필요한 약물들처럼 규제를 받지 않기 때문에 물질의 순도에 대한 의문점이 제기될 수 있다.

신체 관련 치료는 신체적인 시스템에 주의를 기울이고 뼈, 관절, 연골, 혈액순환과 같은 특정한 부위의 구조적인 조작을 통해 이루어진다. 침술과 마사지는 불면증을 치료하기 위해 사용되는 가장 흔한 신체 관련 치료이다. 불면증을 위한 침술 치료에 대한 체계적인 리뷰연구가 수행되었고, 이 연구들은 전통적인 중의학에 근거한 침술 자극은 수면 위생 치료, 위약군 침술보다 더 유의하게 효과적이고, 벤조다이아제핀의 효능성과 동등하거나 더 우세한 것으로 결론을 내렸다(Huang, Kutner, & Bliwise, 2009; Yeung, Chung,

Zhang, Yap, & Law, 2009). 그렇지만 이 연구들은 편향과 관련하여 상당한 문제가 있었고 연구의 질이 낮았다. 그러므로 불면증을 위한 침술 치료는 다소 촉망되는 치료 대안이지만 아직 효능성과 안전에 관한 명확한 결론을 내릴 수 없다. 마사지가 불면증에 미치는 효과는 무선임상할당실험 연구가 진행된 바가 없기 때문에 치료 효과를 알 수 없다.

마음-신체 개입은 특히 스트레스와 관련된 증상을 감소시키기 위해 마음과 몸을 자기조절하는 것을 목표로 하는 기법 또는 접근을 사용한다. 대부분의 원리나 기법은 동양의 전통 치유에 근거하고 있으며, 심신의 안정을 촉진시키기 위해 설계되었다. 전형적으로 이런 기법들은 지도자가 작은 집단으로 된 참가자들에게 여러 활동에 대해 안내하는 형식으로 진행된다. 요가는 이런 활동 중 하나이며, 일련의 요가 자세와 호흡 조절을 포함하는 활동이다. 특정한 요가 연습에 참여하는 것은 총 수면 시간의 증가, 그리고 침대에서의 각성 시간의 감소와 수면의 질 증가와 같은 불면증 증상을 개선시킬 수 있다고 보고되었다(Khalsa, 2004). 태극권은 중국무술의 형태로 자기조절을 통해 심신을 향상시키며 느린 움직임을 통해 진행된다. 태극권은 특히 노인에게 적합한 것으로 나타나며, 건강 관련 교육을 받은 통제집단과 비교했을 때 태극권을 한 집단은 자기보고한 수면의 질이 더 높다고 보고되었다(Irwin, Olmstead, & Motivala, 2008). 효능성 비교 연구에 의하면 태극권은 수면의 질, 피로감, 우울 증상의 향상과 관련이 있지만 CBT-I와 비교했을 때 불면증의 관해와는 관련이 없는 것으로 보고되었다(Irwin et al., 2014).

불면증을 위해 가장 가능성이 있는 마음-신체 개입은 명상일 것이다. 명상은 고요함을 경험하기 위해 어떤 개념이나 만트라에 대한 내성과 숙고를 하는 자기조절 연습이다. 그렇기 때문에 명상은 불면증과 관련이 깊은 각성 수준을 감소하는 개념적 모델에 적합하다. 그러나 약물치료처럼 수면을 즉각적으로 유도하기 위해 명상을 이용하는 것은 불면증 환자들에게 효과적이지 않다고 밝혀졌다. 그 대신 명상을 지속적으로 연습하는 것이 만성 불면장애의 증상을 감소시킬 수 있는 정신적 및 신체적 상태를 만들어 줄 수 있는 것으로 보인다. 다양한 명상 수행 유형 중에서 마음챙김 명상은 효과적인 명상 수행으로 호평을 얻고 있다. 이 책에서 나머지 장은 불면증을 위한 마음챙김 명상에 중점을 둘 것이다.

CHAPTER 03

마음챙김 명상: 더 나은 수면을 자각하기

이 장에서는 불면증을 위한 마음챙김 기반 치료(MBTI) 프로그램의 기본이 되는 마음챙김 명상과 마음챙김 원리에 대하여 개관한다. 이 장의 목표는 MBTI 치료자에게 이 책의 2부에서 설명될 마음챙김 기법의 역사적 및 철학적 배경을 제공하는 것이다. 이 장은 마음챙김의 원리 및 마음챙김 명상의 실습과 관련된 개념의 정의로 시작하며, 이후 마음챙김 명상이 자기조절의 수단으로 어떻게 적용될 수 있는지에 대하여 설명한다. 불교 철학에 뿌리를 두고 있는 마음챙김의 기원을 논의하고, 마음챙김과 제3의 물결이라 불리는 치료에 관한 역사적 맥락을 제공한다. 마음챙김, 명상 그리고 인지치료의 개념 간 구분을 통해 독자가 마음챙김 기반 치료(Mindfulness-Based Therapy: MBT), 전통적인 인지행동치료 그리고 제3의 물결이라 불리는 다른 행동치료 사이의 유사점과 차이점을 이해할 수 있도록 하였다. 마지막으로 다른 장애(예: 우울, 식이장애)에 적용된 MBT의 증거에 대해 간략히 개관하여 더 광범위한 맥락에서 다른 영역의 건강을 개선하기 위하여 마음챙김 명상이 어떻게 사용되었는지 설명한다.

마음챙김 명상이란 무엇인가

마음챙김의 개념은 불교 철학에 뿌리를 두고 있으며, 마음챙김이라는 용어는 '분별력을 가지다' 혹은 판단하지 않고 명확하게 현재의 순간을 보는 것을 의미한다. 불교에서의 마음챙김의 번역은 알아차림, 신중, 자기자비의 요소도 포함한다. 마음챙김의 의도는 특정한 이유 또는 결과와 관련 없이 현재 순간에 대한 알아차림을 기르는 것임에 주목하는 것이 중요하다. Kabat-Zinn(1990)은 목적을 달성하거나 상황을 분석하는 데 사용하는 주의를 기울이는 방법과 구분되는 특정한 방식으로 주의를 기울이는 것이 마음챙김이라고 설명했다. 이 책에서는 마음챙김을 결과에 집착하지 않고 현재 순간을 알아차리는 의도적인 행동으로 광범위하게 정의한다.

마음챙김을 행하는 동안 구현되는 몇 가지 원리와 특징이 있다(Kabat-Zinn, 1990). 이러한 원리는 비판단, 인내, 애쓰지 않기, 놓아주기, 초심, 신뢰를 포함한다. 비판단은 선호하는 것 없이 알아차리는 것이다. 즉, '좋고 나쁨' 또는 '옳고 그름'과 같은 사고에 대한 판단을 하지 않는 것이다. 마음챙김은 '좋은' 것에 집중하거나 '나쁜' 것을 피하려고 시도하지 않고 사고가 일어나는 그 순간에 있는 것이다. 인내와 애쓰지 않기 또한 강요되거나 서두르지 않는 행동이기 때문에 주요한 원리이다. 이와 비슷하게, 마음챙김에서 놓아주기는 자연스러운 상태 그대로 두는 것이다. 수용의 원리는 종종 포기하는 것과 혼동된다. 그렇지만 이러한 맥락에서 수용은 즉각적으로 문제를 해결하거나 더 나아지게 만들려고 노력하지 않고 현재 상태를 인정하는 것이다. 초심은 과거의 경험에 흐려지지 않고 새로운 관점에서 매 순간 접근하는 것을 의미한다. 마지막으로 신뢰는 자기의 중요성을 인식하고 자기를 위해 자비를 행하는 것을 포함한다. 이러한 원리는 매 순간 마음챙김을 실천하는 것이 핵심이다. 5장에서는 이러한 원리들을 더 자세하게 논의하고 각각의 원리가 불면증에 적용될 수 있는 방법에 대해 설명할 것이다.

사람들은 명상에 대해 가장 공통적으로 떠오르는 이미지로 어떤 사람이 눈을 감고 앉아서 특정 정신적 또는 육체적 활동에 정신을 집중하는 것을 연상한다. 이러한 활동은 만트라, 기도, 정신을 맑게 하거나 호흡에 집중하는 것일 수 있다. 이러한 명상의 목적은 종교적일 수 있고 변화의 과정일 수도 있다. 분명히 이러한 활동은 모두 명상에 포함되며, 실제로 명상을 실천하는 데 다양한 방법이 있다. 마음챙김의 맥락에서 명상은 주의, 알아차림과 자비를 실천하는 활동으로 볼 수 있다. 이전에 정의된 바와 같이 주의와 알아차림은 현재 순간을 향한다. 자비는 현재 순간에 호기심, 친절과 온화함으로 접근함으로써 길러진다. 이런 태도는 자기 자신을 향하여 자기자비를 실천할 수 있고, 타인을 향하여 공감과 연결을 실천할 수도 있다. 마음챙김 명상은 모든 것과 마찬가지로 연습이 필요하다. 따라서 마음챙김 명상을 알아차림, 자비 그리고 결과에 집착하지 않는 것에 대한 연습으로 정의할 수 있다.

마음챙김은 여러 가지 활동을 통해 연습할 수 있지만, 마음챙김 명상에 어떤 것이 포함되지 않는지 살펴볼 필요가 있다. 마음챙김 명상은 단순히 다른 유형의 이완 기법이 아니다. 물론 명상을 하면서 이완을 경험할 수도 있지만, 이완은 명상의 직접적인 목표는 아니다. 또한 마음챙김 명상은 긍정적으로 생각하는 것도 아니다. 비판단이 마음챙김의 중요한 원리라는 것을 상기해 보자. 즉, 마음챙김은 긍정적인 경험에 초점을 맞추고, 부정적인 경험을 회피하는 것이 아니다. 부정적인 경험을 제거하거나 회피하려는 시도 없이 존재하는 것이 무엇이든 마음챙김을 하는 것이 중요하다. 또한 마음챙김은 무아지경에 빠지거나 머릿속의 생각들을 모두 지우려고 하는 시도가 아니다. 마음챙김은 오히려 정반대이다. 현재 존재하는 모든 생각을 현재에 머무르게 하는 것이다. 그렇게 함으로써 어느 특정한 생각에 저항하거나 회피하지 않고 다른 정신상태로 들어가지 않는 것이 중요하다. 다른 철학적 원리를 바탕으로 하는 명상도 있다. 예를 들어, 초월주의 명상은 주체(명상자)와 객체의 구별이 정신에서 하나가 될 때까지 사물이나 단어에 주의를 집중하는 연습을 강조한다. 이와 달리 마음챙김 명상은 매 순간 몸과 마음에서 일어나는 알아차림에서 얻는 통찰을 강조한다. 모든 생각들을 머릿속에서 비우는 것이 아니라, 현재 머릿속에 존재하는 생각들을 다루는 방법을 연습하는 것이다. 앞에서 언급한 사항들은 MBTI에 대해 참가자들이 흔하게 가지고 있는 오해이므로 치료자들은 이를 숙지하고 참가자들과 논의할 수 있어야 한다.

왜 마음챙김 명상을 연습해야 하는가

전통 불교에서의 이 질문에 대한 답은 삶은 고통이라는 것이며,

이는 모든 생명체는 고통을 받는다는 기본적인 불교 교리에서 유래한다. 같은 맥락에서 고통의 원인은 결과에 대한 집착으로 본다. 즉, 어떤 결과를 성취하고자 하는 욕구나 갈망은 고통의 근원이다. 예를 들어, 우리는 매우 매력적인 직장에 지원할 수 있다. 그러나 그 결과를 통제할 수 있는 입장이 아니기 때문에 그 직장에 취업하고자 하는 욕구가 충족되지 못했을 때 스트레스, 불안 그리고 우울한 기분이 야기될 수 있다.

마음챙김 명상의 실천은 이 고통을 완화하는 방법을 제공한다. 마음챙김 명상을 연습함으로써 우리는 현재 순간의 경험에 주의를 기울이고, 인내하고, 애쓰지 않고, 결과(예: 취업에 성공하거나 실패하거나)를 수용하도록 한다. 이러한 원리들의 실천을 통해 정말 원하는 결과에 대한 집착을 놓을 수 있다. 마음챙김 명상의 장기적인 연습은 모든 것이 변화하는 자연의 무상함을 깨닫게 한다. 이러한 깨달음은 내적 및 외적 상태가 역동적이고 고정되어 있지 않다는 것을 이해하는 데 도움을 주며, 생각은 세상에 대한 사실이 아니라 단지 세상을 지각하는 것에 대한 생각인 것이다. 그러므로 우리가 원하는 직장에 취업을 하는 것으로 인해 경험하는 스트레스는 우리 자신이 선택할 수 있다! 우리는 특정한 결과에 대한 집착이나 욕구를 놓아주기로 선택할 수 있고, 이는 그 집착과 동반하는 스트레스를 완화시켜 줄 것이다. 우리의 생각과 욕구에 대한 알아차림과 재개념화의 과정은 우리가 결과에 대한 집착을 놓아주게 도와준다. 현재 순간에 주의를 기울이고 매 순간이 지나가는 것을 지켜보는 것은 우리가 상황이나 문제를 더 정확하게 볼 수 있게 해 주고 새로운 해결책을 더 '떠올릴' 수도 있게 해 준다. 애쓰지 않기, 인내, 수용 및 신뢰의 원리를 구체화함으로써 마음챙김 명상의 연습은 고통을 경험하지 않아도 되는 곳으로 마음을 이동시킬 수 있다. 이러한 이동은 자신을 고통으로부터 해방시키는 것이기 때문에 자기자비 행동으로 간주된다.

마음챙김 명상은 전문적인 훈련을 받아야 하는가

앞서 언급한 것처럼 사람들은 명상에 대해 결가부좌 자세로 조용히 앉아 있는 것을 가장 흔하게 연상한다. 물론 이것은 마음챙김 명상의 한 형태일 수 있지만, 마음챙김 연습에는 다양한 방법들이 있다. 좌식 명상 이외에도 누워서 신체의 여러 부위를 스캔하여 다양한 생각과 신체적 감각에 대한 알아차림을 통해 마음챙김 명상을 실천할 수 있다. 걷기 명상을 통해 움직임에 대한 알아차림을 실천하는 것도 가능하다. 요가와 태극권도 마음챙김 명상의 한 형태가 될 수 있다. 또한 마음챙김을 일상생활로 확장하여 자전거 타기, 운동하기 그리고 사람들과 상호작용하는 활동을 통해 연습할 수 있다. 이러한 명상은 지정된 시간에 하는 구조적인 명상과 달리 일상생활의 활동에 마음챙김 원리를 적용하기 때문에 비구조적인 명상으로 간주될 수 있다. 가장 중요한 것은 마음챙김 명상이 불교 승려들 또는 티베트에서 몇 달 동안 시간을 낼 수 있는 소수의 사람만 가능한 활동이 아니라는 것이다. 마음챙김 명상은 누구나 할 수 있다. 그렇지만 대부분의 사람은 구조적인 명상 연습을 형성하고, 특정 상황이나 상태에 명상의 원리를 적용하는 방법을 숙지하기 위해 강사의 도움을 필요로 할 것이다.

실제로 명상 연습은 마음챙김 기반 프로그램의 핵심이자 기본적인 '요소'이다. 명상 연습은 마음챙김의 원리를 성장시킬 수 있는 기회를 제공하고, 이러한 연습은 더 깊이 있는 자기자비와 자기안녕감을 경험하게 해 준다. 따라서 마음챙김 원리를 숙지하기 위해 지속적으로 명상 연습을 실천하고 유지하는 것이 중요하다. 이것은 MBTI 프로그램에 참여하는 사람들과 MBTI 치료자 모두에게 적용된다. 이후에 MBTI 치료자가 개인 명상 연습을 하는 것과 관련된 몇 가지 이슈에 대해 논의할 것이다.

서양 문화에서의 마음챙김 기반 치료의 등장

마음챙김 명상은 동양 철학에 기원을 두고 있지만, 이제는 마음챙김 기반 치료(MBT)로 알려진 프로그램을 통해 서양권 나라들에 전파되고 있다. 최초의 MBT는 Jon Kabat-Zinn에 의해 개발되었는데, 그는 미생물학자이기도 했지만 불교 명상에 대해 개인적 훈련을 받았다. Kabat-Zinn(1990)은 8주간 진행되는 마음챙김 기반 스트레스 감소(Mindfulness-Based Stress Reduction: MBSR) 프로그램을 개발하였다. 이 프로그램은 참가자들에게 신체질환과 관련된 스트레스 및 고통을 완화시키기 위해 개인적으로 마음챙김 명상 연습을 시작하고 유지하는 방법을 가르쳐 주는 프로그램이다. 이 프로그램은 집단 형식의 심리교육으로 설계되었다. 수년간 Kabat-Zinn과 동료들은 마음챙김 명상을 연습하는 것의 이점을 입증하는 MBSR에 대한 여러 연구를 수행해 왔다. 이러한 이점 중에는 건선성 병변의 개선(Kabat-Zinn et al., 1998), 불안 증상(Koszycki, Benger, Shlik, & Bradwejn, 2007), 고혈압(Hughes et al., 2013) 및 만성통증(Schmidt et al., 2011)이 포함된다. 특히 이러한 이점은 장기적으로 효과가 유지되는 것으로 나타났다(Kabat-Zinn, Lipworth, Burney, & Sellers, 1987).

MBSR의 성공으로 인해 더 많은 질환을 위한 맞춤형 MBT가 생겨났다. 마음챙김 기반 인지치료(Mindfulness-Based Cognitive Therapy: MBCT)는 Segal, Williams와 Teasdale(2002)에 의해 재발성 주요 우울장애가 있는 사람들의 우울증 재발을 예방하기 위한 프로그램으로 개발되었다. 첫 번째 무선임상할당실험에서 Segal과 동료들은 MBCT가 약물치료와 비교했을 때 과거에 세 번 이상의 우울증 삽화가 있는 사람들이 60주 동안 주요 우울 삽화의 재발 위험을 감소시키는 데 더 효과적이라는 사실을 발견했다. 두 번째 연구에서, Segal과 동료들(2010)은 MBCT가 약물 유지 치료와 비교했을 때 급성 우울증을 위한 치료를 받고 관해된 후에 18개월 동안 우울증의 재발을 감소시키는 데 비슷한 효과가 있다고 발견했다. 위약과 비교했을 때, MBCT는 74%까지 재발 위험율 감소시켰고 약물치료는 76%까지 재발 위험률을 감소시켰다. 또 다른 MBT의 종류인 마음챙김 기반 섭식 알아차림 치료(mindfulness-based eating awareness therapy)는 섭식장애가 있거나 체중 관리에 도움이 필요한 사람들을 위해 설계된 프로그램이다(Kristeller & Hallett, 1999). 또한 알코올과 물질 사용에서의 재발을 예방하기 위한 마음챙김 기반 프로그램도 있다(Witkiewitz, Marlatt, & Walker, 2005). MBT의 다른 유형들은 암(Carlson et al., 2013; Carlson & Speca, 2010), HIV/AIDS(Gonzalez-Garcia et al., 2013), 섬유근육통(Schmidt et al., 2011), 심장질환(Hughes et al., 2013; Parswani, Sharma, & Iyengar, 2013), 당뇨병(van Son et al., 2013), 과민성 대장 증후군(Zernicke et al., 2013)과 같은 만성질환을 가진 사람의 심리적인 증상을 완화하고 삶의 질을 향상시키기 위해 사용되어 왔다. 이러한 모든 MBT는 불교에 기반한 마음챙김 원리를 사용하며, 명상을 프로그램 내에서 핵심적인 요소로 가르친다. 최근 연구를 살펴보면 전 세계 500개 이상의 임상 현장에서 MBSR을 제공하는 것을 볼 수 있으며(Cullen, 2011), 체계적으로 연구한 리뷰에 의하면 2013년에 MBT에 대해 발표된 학술지 논문이 477개였다(Black, 2014).

MBT에 대한 많은 연구를 기반으로 치료의 효과성에 대한 몇 가지 리뷰와 메타분석을 통해 MBT는 위험성에 비해 이점이 더 많다고 밝혀졌다. Hofmann, Sawyer, Witt과 Oh(2010)는 전반적으로 불안(Hedge's g=0.63)과 우울(Hedge's g=0.59)에 대해 중간 정도의 사전-사후 효과크기를 보고하였으며, 임상군에서 더 큰 효과크기(불안은 Hedge's g=0.97, 우울은 Hedge's g=0.95)가 있다고 밝혔다. Khoury와 동료들(2013)은 다양한 연구 설계와 집단을 대상으로 효과크기를 검토한 결과, 사전-사후 설계(Hedge's g=0.55)에서 MBT 집단과 대기 통제집단의 비교(Hedge's g=0.53)와, MBT 집단과 심리교육 통제집단의 비교(Hedge's g=0.61)에서 모두 중간 효과크기가 있다는 것을 보고했다. MBT를 지지적인 치료(g=0.37), 심상 기술(g=0.27) 그리고 이완 기술(g=0.19)과 비교했을 때, 더 작은 효과크기가 보고되었다. MBT를 행동치료(g=-0.07) 또는 약물치료(g=0.13)과 비교했을 때, 유의한 차이가 없는 것으로 밝혀졌다. 마지막으로 최근 미국 보건의료연구품질 관리청(Agency for Healthcare Research and Quality; Goyal et al., 2014)이 지지하는 명상 프로그램에 대한 메타분석에서는 MBT가 치료 직후 불안(d=0.38)과 우울(d=0.30)을 완화하고, 3~6개월의 추적 조사에서도 개선시킨다는 증거(불안은 d=0.22, 우울은 d=0.23)가 보고되었다. 이러한 효과크기는 항우울제 처방(d=0.11~0.17)과 비슷하지만, MBT는 부작용이 더 적다는 점에 주목하는 것이 중요하다(Goyal et al., 2014). 종합하면, 이러한 근거를 토대로 MBT가 건강을 개선하는 데 효과적인 프로그램이라는 것을 보여 준다.

마음챙김 기반 치료는 심리치료인가, 대체의학인가

MBT의 이점에 대한 문헌 검토에서, 대부분의 연구가 정신건강과 웰빙에 대한 결과에 집중해 왔다. 앞에서 언급한 것과 같이 MBSR은 처음에는 심리교육 강의로서 개발이 되었고, 심리치료나 정신건강 관리를 대체하는 것이 목적은 아니었다. 처음부터 Kabat-Zinn과 동료들은 강의를 하면서 이런 의도를 참가자들에게 명확히 밝혔다. 외상 후 스트레스 장애 또는 양극성 우울과 같은 중증 정신질환이 있는 사람들은 안정적이고, 징신건강 선문가의 치료를 받고 있을 때 혹은 두 가지 모두에 해당하였을 때 참가를 허용했다. 다른 MBT들이 개발되면서 우울이나 섭식장애가 있는 사람들처럼 특정한 임상집단을 위한 맞춤형 치료가 개발되었다. 따라서 임상집단을 위한 치료들이 증가하면서 MBT가 심리치료의 또 다른 형태인지 혹은 대체의학인지에 대한 의문점을 제기할 수 있다.

개념적인 수준에서 마음챙김 원리는 현대 심리학적 이론과 많은 유사점을 공유하며, 특히 인지행동 이론과 많은 유사점을 가진다. 정신 활동이 정서적 스트레스의 원인이 된다는 것에 집중하는 것은 우울(Beck, Rush, Shaw, & Emery, 1979) 혹은 불안(Barlow, 2004)

의 인지 이론과 유사하다. 예를 들어, 자신 또는 외부 세상에 대한 반추와 부정적 사고는 우울증의 핵심 인지적 특성이다. 불안의 경우 미래 또는 특정한 상황에 대한 걱정을 통제하기 어렵고, 이것은 파국적 사고 및 기대를 초래한다. 흥미롭게도 우울과 불안 둘 다 현재가 아닌 과거나 미래에 사고가 머물러 있다.

이와 유사하게, 마음챙김의 원리는 불안과 우울을 야기할 수 있는 사고에 대해 작업한다. 마음챙김은 사고의 내용에 집중하기보다는 나와 사고와의 관계에 집중한다. 마음챙김 접근은 사고가 좋거나 나쁜지, 합리적인지 비합리적인지 판단하기보다 그 사고가 현재 있다는 것을 인정하고, 사고를 변화시키려고 하기보다 그 사고를 분산시킬 수 있는지, 다르게 생각할 수 있는지 혹은 생각 자체를 바꾸기보다는 생각과의 관계를 바꿀 수 있는지를 결정한다.

MBT와 심리치료의 또 다른 차이점은 치료 내용에 있다. MBT와 인지행동치료(Cognitive Behavior Therapy: CBT)에서 배우는 기법들은 우선 현재 상황 평가를 하고 나서, 정서적 고통을 완화(정서 중심 대처)하거나 행동을 변화(문제 중심 대처)시키기 위해 평가를 사용한다는 점에서 비슷하다. 인지행동치료적 관점에서 정서 중심 대처는 사회적 지지 추구하기, 표현적인 글쓰기 또는 감정 표현과 같은 기법을 포함한다. 이러한 기법은 인지적인 수준에서도 변화를 주기 때문에 마음챙김과 유사하거나 더 나아가서는 마음챙김 행위로 여겨질 수 있다.

MBT와 CBT 기법의 차이는 명상에서 시작한다. MBT는 명상을 기반으로 두고 있으며, 명상은 마음챙김 원리를 연습하고 구체화하기 위한 핵심 역할을 한다. CBT에서는 흔히 회기 내에서 배운 내용을 강화하기 위해 과제를 내주지만 특별히 명상에 집중하지는 않는다. 둘째, MBT와 CBT 모두 정서적 고통을 완화하는 것이 목표이지만 이것을 성취하는 방법은 다르다. MBT에서는 고통스러운 생각과의 관계를 변화시키는 것이다. 어떤 맥락에서는 인지보다 메타인지를 변화하는 것이 목표로 간주되기도 한다. 이와 반대로 전통적인 CBT에서는 부적응적인 사고를 인식하고 소크라테스식 질문법을 통해 바로잡는 것을 시도한다. 이는 일련의 문답(예: "이 생각은 현실적인가요?" "증거가 있나요?")을 통해 사고에 도전하고, 이는 보통 사고가 '합리적'인지 또는 '비합리적'인지 판단하게 된다. 이 접근은 모든 사고에 대해 비판단적 접근을 통해 마음챙김을 하는 것과 다르다. 두 번째 차이점은 바디 스캔(조용한 명상) 대 점진적 근육 이완(Progressive Muscle Relaxation: PMR)과 같이 특정 기법에서의 차이로 볼 수 있다. 바디 스캔의 목적은 조용한 명상을 하면서 순간 떠오르는 생각이나 신체의 감각에 대한 알아차림을 기르고 현재에 머무르는 것이다. 이와 반대로 PMR의 목적은 깊은 호흡과 의도적으로 근육에 힘을 주었다가 이완하는 것을 통해 이완 반응을 이끌어 내는 것이다. 그러므로 PMR은 특성한 복표가 있는 반면에 바디 스캔 명상은 그렇지 않다. 세 번째 차이점은 정보 전달에 대한 전반적인 접근으로 볼 수 있다. 여러 치료적 접근을 통합함으로써 CBT는 교육적이고 목표 지향적인 경향이 있으며, 특정한 증상이나 행동을 감소시키는 구체적인 목표를 가지고 진행사항을 추적(예: 사건 일지)하고 결과를 평가하기 위해 사용되는 다양한 기법이 있다. 대조적으로 MBT는 경험적이고 과정 지향적인 경향이 있으며, 증상 감소에 집중하기보다는 명상 연습을 통해 스스로 발견하거나 통찰하는 것에 초점을 맞춘다. 〈표 3-1〉은 각 기법의 차이에 대해 요약하고 있다.

표 3-1   MBT와 CBT의 비교

치료 구성요소	MBT	CBT
치료 대상	생각과 감정의 관계 변화(목표 대상=메타인지)	부적응적인 사고와 행동을 확인하고 도전하기(목표 대상=인지/행동)
치료 활동의 의도	알아차림을 기르고 현재 떠오르는 생각이나 신체 감각이 무엇이든지 현재에 머무르기(예: 바디 스캔)	의도적으로 정신적 및 신체적 이완을 유도하기(예: 점진적 근육 이완)
치료 전달	경험적 및 과정 지향	교육적 및 결과 지향

* MBT=마음챙김 기반 치료, CBT=인지행동치료

또 다른 차이는 치료자에게 있다. 전통적인 CBT는 주로 심리학자, 정신건강의학과 의사, 임상 사회복지사 또는 정신건강의학과 간호사와 같이 훈련된 정신건강 전문가가 제공하였다. 어느 정도의 훈련과 전문지식이 필요한지는 대체적으로 임상 현장과 내담자 상태의 특성에 따라 좌우된다. MBT에서 치료자는 심리학자, 간호사, 사회복지사 또는 의사일 수 있지만 필수적인 전제조건으로 치료자는 MBT를 진행하는 중에 충분히 마음챙김을 구체화하기 위해 개인적인 명상 연습을 하는 것이 필요하다. 또한 치료 제공자와 관련하여 CBT는 의료보험 중에서 정신건강을 지원하는 보험에 의해 보장되지만 MBTI는 명확하지 않다. 누가 MBTI를 제공할 권리가 있고, 누가 MBTI를 접근할 권리가 있는지는 복잡하고, 이 논쟁은 이후 10장에서 이어 논의할 것이다.

요약하자면, MBT와 CBT는 개념, 기법, 치료자에 있어 공통점과 차이점이 있다. 이렇게 비교를 하는 이유는 한 치료가 다른 치료보다 우월하다고 주장하기 위해서가 아니라 각 치료가 가진 독특한 요소를 명시하기 위해서이다. MBT의 어떤 요소는 CBT와 중첩되지만, MBT는 특정한 개념적인 접근과 치료기법에서 CBT와 구분된다. 어떤 이들은 MBT를 행동치료의 계보에서 인지행동치료로 발전한 것으로서 보기도 하고, 수용 및 전념 치료, 변증법적 행동치료 그리고 다른 메타인지치료를 포함하는 제3의 물결 치료 중 하나로 떠오르고 있다고도 여긴다. 여기서 중요한 요점을 요약했지만, 이 주제에 대한 추후 논의를 위해 독자들은 다른 문헌들도 참고할 것을 제안한다(Hayes, 2004; Hofmann, Sawyer, & Fang, 2010).

MBT는 통합 의학 또는 통합적 건강 관리 개입의 한 형태라고 제안한다. 통합 의학은 '최상의 건강과 치유를 달성하기 위해 의사와 내담자 간 관계의 중요성을 재확인하고, 전인적 인간에 초점을 맞추며, 근거에 의해 제공되고, 모든 적절한 치료적 접근 및 건강 관리 전문가와 모든 학문적 방법을 사용하는' 의학 접근으로서 정의할 수 있다(Consortium of Academic Health Centers for Integrative Medicine, 2015). MBT는 '전통 의학'과 '대체 의학'의 구분을 피하면서 더 포괄적인 정의를 구체화하기 때문에 이 정의가 나음챙김 원리에 더 적합하다. MBT의 대부분은 마음챙김 명상 훈련과 함께 건강심리학 또는 의학에서 사용되는 최신 이론에서 파생된 개념을 가르치기 때문에 이러한 접근의 조합은 통합 의학의 정의에 더 적합한 것으로 보인다. 2015년 1월에 미국 보건복지부(National Institutes of Health)는 미국 보완 및 대체 의학을 위한 국립센터(National Center for Complementary and Alternative Medicine)를 미국 보완 및 통합 의학을 위한 국립센터(National Center for Complementary and Integrative Health)로 바꾸었고, 이곳은 마음챙김 명상과 건강에 대한 많은 연구를 후원하고 있다는 점이 주목할 만하다.

PART 2
MBTI의 원리와 실제

Mindfulness-Based Therapy for Insomnia

CHAPTER 04

MBTI를 위한 이론적 기초와 준비

이 장은 앞부분에 소개했던 개념을 통합하여 불면증을 위한 마음챙김 기반 치료(MBTI)를 넘어서는 이론과 개념을 설명하고자 한다. 독자들은 복습을 위해 이전 장에서 관련된 부분을 참고하기를 권장한다. 이 장은 치료자가 MBTI를 시행하기 전에 준비 사항인 훈련, 모집, 참가자 평가와 관련된 이슈들을 논의할 것이다.

MBTI의 이론적 기초

행동수면의학의 원리와 실제

MBTI는 불면장애를 위한 치료로 개발됐기 때문에 MBTI를 시행하고자 하는 임상가는 수면과 불면증에 대한 핵심적인 이론적 모델과 개념에 친숙해야 한다. 1장에서 언급한 것처럼, 이 개념들은 급성 수면 교란과 몇 달에 걸쳐 발달하는 만성 불면장애를 구분하는 것과 관련이 있다. 급성 수면 교란을 유발하는 촉발 요인들은 주로 수면, 스트레스 혹은 두 요인 모두를 조절하는 시스템의 조절 실패와 관련이 있다는 것을 기억해 보자. 급성 수면 교란이 불면증 장애로 이환되는 것은 수면 관련 행동과 인지의 변화로 인해 몇 주 혹은 몇 달에 걸쳐 수면 교란과 주간 기능 이상을 지속시키는 것과 관련이 있다. 다음 단락에서 이러한 개념과 모델을 마음챙김 원리에 적용하는 것을 검토할 것이다.

수면 조절의 2요인 모델과 마음챙김 원리 연결하기

1장에서 수면 조절의 2요인 모델(Borbély, 1982; Borbély & Achermann, 1999)을 소개하였고, 이 모델은 인간의 수면-각성 조절을 이해하기 위한 대표 모델이다. 이 모델은 뇌가 특정 각성 행동에 의해 유발되는 급성 수면 교란에 어떻게 반응하고 시간이 지나면서 자동적으로 조절하는 방법을 이해하기 위한 기반을 제공한다. 이 모델과 MBTI 간의 중요한 연결 고리는 뇌가 자연스럽게 수면을 조절할 수 있다는 개념이다. 수면을 취하기 위해 적극적인 노력을 하거나 애쓰는 것은 역효과를 낳고 뇌의 시스템을 방해할 수 있다. 이 개념은 호흡과 비슷한데, 그 이유로 뇌는 상황에 맞춰 호흡의 깊이와 속도를 조절하기 때문이다. 일반적인 활동을 할 때 호흡은 규칙적이며 일관된 속도를 보인다. 운동처럼 높은 수준의 활동이 필요한 상황에서 호흡의 속도는 증가하고 숨은 짧아진다. 그러나 불안한 상황에서 과호흡을 하는 것과 같이 호흡을 의식적으로 통제하려고 한다면 때때로 역효과를 낳을 수 있다. 2요인 모델은 MBTI를 넘어서서 내용이 복잡하지만, MBTI 치료자는 내담자에게 이해시키기 위해 Process S와 Process C의 기본적인 개념을 이해하는 것이 중요하다. 뇌가 스스로 수면을 조절할 수 있는 능력을 가지고 있다는 것을 아는 것 또한 수면에 대한 불안을 감소시키는 것을 도와줄 수 있다.

내담자에게 Process S를 식욕에 비유해 설명할 수 있다. 내담자에게 마지막으로 언제 식사를 했는지 물어보고, 일반적인 상황하에 시간이 지남에 따라서 음식을 먹지 않으면 내담자의 식욕(배고픔)이 증가한다고 설명한다. 사실 음식을 먹지 않고 시간을 보내는 것이 배고픔이라는 물리적인 상태를 증가시킬 수 있는 유일한 행동적 방법이다. 그리고 나서 이 비유를 활용하여 우리가 얼마나 '수면 욕구'(즉, Process S)가 있으며, (일반적인 상황하에서) 잠을 안 자는 것만이 졸림이라는 물리적인 상태를 증가시킬 수 있는 유일한 행동 방법이라고 설명한다. 한 가지 차이점은 충분한 식욕을 발생시키기 위해 필요한 시간과 비교했을 때 하룻밤의 충분한 수면을 취하기 위해 수면 욕구를 축적하는 데에 더 오랜 시간이 걸린다는 것이다. 수면 욕구는 16시간에서 18시간의 지속적인 각성 상태에 있을 때 축적된다. 반면, 한 끼 식사를 먹기 위한 충분한 식욕을 발생시키는 것은 4~6시간밖에 걸리지 않는다. 그러므로 내담자에게 전달해야 하는 핵심 개념은 Process S는 밤새 충분한 수면 욕구를 발생시키기 위해 지속적으로 깨어 있는 시간이 필요하다는 것이다. 달리 말하자면, 기회만 되면 자려고 하는 시도나 오랜 시간을 침대에서 보내는 것은 실체로 수면 교란 가능성을 높이는 역기능적인 행동이다. MBTI에서는 이 행동을 '각성 피하기'로 보는데, 그

것은 침대에서 더 많은 시간을 보내려고 하는 것이 각성 상태를 벗어나거나 피하는 방법이기 때문이다.

만약 Process S가 수면과 각성을 통제하는 유일한 기제라면, 수면 주기는 깨어 있는 시간의 양에만 의존하며 수면과 각성의 타이밍이 언제 발생하는지는 상관이 없을 것이다. 그렇지만 사람은 밝은 낮보다 어두운 밤에 잠을 더 잘 잔다. Process C는 수면 주기의 타이밍을 조절하고 밤에는 잠을, 낮에는 활동을 촉진시킨다는 것을 상기해 보자. Process C와 관련이 있는 강조점이 두 가지 있다. 첫째, 기상 시간(하루를 시작하기 위해 침대에서 일어나는 시간)은 일주기 리듬의 타이밍을 설정하는 데 가장 중요하다. 대부분의 사람은 취침 시간이 가장 중요하다고 생각하지만 뇌의 내재된 시간 관리자는 일어난 직후 노출되는 빛과 함께 여러 날에 걸쳐 일어나는 시간이 일정해야 가장 효율적으로 작동한다. 그렇기 때문에 밀린 잠을 자기 위해 '늦잠 자는' 것(특정한 시간에 일어나야 할 필요성이 없을 때 기상 시간을 지연하는 것)은 결국 더 많은 잠을 자기 위한 시도이기는 하지만 Process C를 방해하기 때문에 이후 규칙적으로 자기 더 어렵게 만드는 역효과를 낳는다. 둘째, 규칙적인 취침 시간의 1~2시간 전에 어두운 빛(dim light)이 존재할 때만 조건적으로 멜라토닌이 분비된다는 점이다. 멜라토닌 분비는 각성을 촉진하는 시스템을 끄도록 뇌에 신호를 보내고 수면을 준비한다는 것을 언급한 1장을 기억해 보자. 그 결과, 밝은 빛에 노출되는 것은 멜라토닌 방출을 억제하고 뇌가 각성 모드를 계속 유지하도록 촉진시킬 수 있다. 그렇기 때문에 우리 행동의 타이밍에 주의를 기울이고 아침과 저녁에 규칙적인 일상생활을 하는 것이 Process C를 최적으로 기능하도록 돕는다.

두 가지 수면-각성 과정이 어떻게 작동하는지 요약하면서 몇 가지 마음챙김 원리가 수면 조절과 어떻게 연결되는지 알아보는 것이 도움이 된다. 뒤척이는 밤이 있어도 MBTI 치료자는 내담자에게 뇌의 자기조절 능력을 신뢰하고, 수면이 스스로 발생하도록 인내심을 가지며, 급성 수면 교란을 해결하기 위한 노력을 피하도록 격려해야 한다. 치료자가 내담자에게 전해야 하는 가장 중요한 메시지는 우리의 뇌는 우리가 굳이 간섭하지 않아도 수면을 조절할 능력이 있다는 것이다. 이는 또한 불면장애를 치료하는 것은 해결이 가능한 문제라는 신념을 강화하지만, 어느 날 갑자기 잠을 설치는 것을 우리가 항상 통제하기가 어렵다는 것이다. 이는 즉각적인 이득을 얻기 위해 해결책을 찾으려고 하는 집착 대신에 밤새도록 수면 조절과 낮 시간 기능에 집중하는 것으로 주의를 돌리게 해 준다. 이런 메시지를 전달하는 구체적인 활동은 다음 장에서 설명한다.

만성 불면증 모델과 마음챙김 원리 연결하기

급성 수면 교란에서 만성 불면증으로 전환되는 것을 이해하기 위해서는 불면장애가 어떻게 유발되고 지속되는지 이해할 필요가 있다. 1장에서 몇 가지 영향력 있는 만성 불면증 모델(Espie, 2002; Harvey, 2002; Morin, 1993; Perlis, Giles, Mendelson, Bootzin, & Wyatt, 1997; Spielman, Caruso, & Glovinsky, 1987)을 검토했으며, MBTI 치료자는 이러한 모델이 불면증을 어떻게 개념화하는지 잘 숙지하고 있어야 한다. 여러 모델에서 공통적으로 언급되는 한 가지 주제는 수면 노력(즉, 수면을 개선하려는 노력)이 시간이 경과됨에 따라 불면증을 유발하고 지속하는 데 중요한 역할을 한다는 것이다. 3-P 모델(Spielman et al., 1987)에서 수면 노력은 침대에 머물러 있거나 자주 낮잠을 자는 것과 같이 지속 요인과 관련이 있다. Espie(2002)의 정신생물학적 억제 모델에서는 수면 노력으로 인해 수면에 대한 선택적 주의와 수면을 취하기 위해 각성을 감소시키는 적절한 단서를 인식하지 못하게 된다고 하였다. MBTI에서 수면 노력은 개인의 삶에서 수면의 가치가 왜곡된 것으로 간주된다. 불면증을 위한 인지행동치료(CBT-I)와 같은 다른 심리치료는 인지 또는 행동을 직접적으로 수정하여 수면 노력을 줄이려고 노력한다. 반면, MBTI는 내담자가 수면 노력을 관찰하고 수면 노력에 대한 변화를 알아차리게 한 다음에 수면을 강제로 취하려고 하는 것이 아닌 뇌의 수면 조절 시스템이 수면을 자연스럽게 회복할 수 있게 하여 간접적으로 문제를 해결하게 한다. 대부분의 이론적 모델은 시간이 지나면서 수면 교란을 지속하는 주요 병인으로 과다각성(hyperarousal)을 강조한다(Espie, 2002; Morin, 1993; Perlis et al., 1997; Spielman et al., 1987). MBTI는 불면증이 있는 사람들이 수면 전 각성을 악화시키는 수면 문제를 빨리 해결하고자 하는 욕구와 같은 반응적 경향을 해결하기 위해 알아차림을 통해 문제를 다룬다. MBTI는 사고(예: 부적응적인 인지에 도전하기) 또는 행동(예: 점진적 근육 이완법을 사용하기)을 직접 변화시키려고 하기보다는 생각 또는 행동과의 관계를 변화시키는 데에 목적을 두고 있다.

　　MBTI는 불면증을 24시간의 문제로 개념화한 모델을 기반으로 하므로, 치료를 하면서 수면 증상과 더불어 주간의 기능장애를 다루는 도구도 포함되어 있다. MBTI의 핵심 주제 중 하나는 수면 문제뿐만 아니라 다른 여러 영역을 포괄하는 상태로써 불면증을 개념화하는 것이다. 불면증 영역은 불면증이 영향을 미치는 광범위한 영역을 강조하기 위해 사용되는 용어이다. 수면 개시 및 유지 곤란과 같은 야간 증상 외에도, 불면증 영역에는 불면증이 주간 행동, 수면에 대한 사고와 태도, 수면과 관련된 메타인지(이 장의 뒷부분에서 논의)에 미치는 영향이 포함된다. 즉, 불면증의 임상 기준을 넘어서며, 만성 불면증의 과정에서 발생할 수 있는 행동적 · 인지적 · 메타인지적 측면을 포함한다. 7장에서는 이 넓은 '영역'을 포함하는 것이 주의가 필요한 특정 영역을 포괄적으로 식별하는 데 얼마나 도움을 주는지 추가적인 설명을 읽을 수 있다.

마음챙김 명상과 제3의 물결 행동치료의 원리와 실습

불교 철학의 개념

마음챙김 기반 치료로서 MBTI는 3장에서 제시된 불교 철학과 마음챙김 명상의 원리에 근거하고, 불면증의 문제를 해결하기 위해 이런 개념들을 적용한다. 마음챙김은 비판단적인 방식으로 현재의 순간에 의도적으로 주의를 기울이는 상태이며(Kabat-Zinn, 1990), 이 상태는 초심, 애쓰지 않기, 놓아주기, 비판단, 수용, 신뢰 및 인내라는 일곱 가지 원리의 구현을 포함한다는 것을 상기시켜 보자. 수면을 개선시키려는 대부분의 노력이 역효과를 낳고, 실제로 문제를 지속시키는 이유를 설명하기 위해 신뢰, 인내, 애쓰지 않기의 원리가 사용될 수 있는 방법을 앞서 논의했다. 초심의 원리는 전날 밤 뒤척이면서 보낸 것이 사실 오늘 밤 수면에 오히려 긍정적인 영향을 미칠 가능성이 높은데도 오늘 밤의 수면에 필연적으로 부정적인 영향을 미칠 것이라는 함정을 피하기 위해 중요하다. 놓아주기, 비판단, 수용의 원리는 편견 없이 문제에 대한 알아차림을 키우고 반응적인 방법으로 문제를 해결하고자 하는 경향성을 최소화함으로써 수면 관련 각성을 줄이기 위해 중요하다. 마음챙김은 일상생활의 다양한 상황에서 마음챙김 기술을 연습할 때 생성되는 자기자비와도 연관이 있다. 마음챙김 명상은 분별력을 가지고 마음의 생각을 관찰하는 데 있다. 이런 훈련을 통해 의도적으로 주의를 현재에 완전히 머무르게 하는 연습을 하는 것이다. 그러므로 마음챙김은 모든 인간이 가지고 있는 고유한 능력이지만, 이 능력을 보유하려면 연습이 필요하다. MBTI는 이러한 원리와 기술을 배우고 실천하고자 하는 사람들을 돕기 위해 고안되었다.

모든 세속적인 것은 영원한 것이 없고, 원하는 결과에 대한 집착이 정서적인 스트레스의 근본 원인이라는 점에서 무상함은 불교의 핵심 주제인 것을 상기해 보자. MBTI의 맥락에서 잠을 못 자는 상태는 일시적이며 좋은 수면에 대한 집착은 불면장애에서 수면 관련 스트레스의 근본 원인이 된다. 이런 집착은 수면 교란에 대해 경직되고 제한된 반응을 하게 만든다. MBTI에서의 명상 연습은 불면증을 지속시키는 경직되고 비효율적인 방식으로 반응하기보다 불면증과 관련이 있는 정서적 및 신체적 상태에 더 광범위한 옵션을 통해 대처할 수 있는 능력을 향상시키기 위해 고안되었다. MBTI는 분별없이 자동적으로 마음챙김 없이 반응하기보다는 다른 마음챙김 기반 치료처럼 현재 순간에 대한 의도적인 알아차림을 양성하고, 자기자비, 결과에 대해 집착하지 않음을 키워 현재 상태를 수용하며 정신적 및 신체적 스트레스를 완화하여 의도와 마음챙김을 가지고 반응한다는 생각에 기반한다(Kabat-Zinn, 1990). 환경이나 스트레스원을 변화시키는 대신, 마음챙김 명상은 스트레스에 대한 개인의 관계를 변화시키는 것을 촉진한다. 이러한 방식을 통해 결과 지향적 접근법(스트레스를 완화하고자 하는 행위)에서 메타인지에 초점을 맞춘 과정 지향적 접근법(스트레스가 존재함을 관찰하기)으로 전환된다.

마음챙김 원리와 현대 심리학의 통합

현대 심리학은 불교로부터 마음챙김의 많은 원리를 기반으로 스트레스와 정신병리를 설명하는 기존의 이론적 틀 내에서 이를 재개념화했다. 기분장애 연구로 유명한 Teasdale(1999)은 메타인지적 통찰력이 우울증의 재발을 예방하는 데 어떻게 사용될 수 있는지 설명했다. 생각은 사실이 아니라 마음의 사건이라는 견해를 가르침으로써, 마음챙김 연습은 재발성 우울 삽화를 경험하는 경향이 있는 사람들이 메타인지적 통찰력을 얻을 수 있음을 설명하였다. Teasdale과 동료들은 자신의 즉각적인 경험에서 '벗어나' 그 경험의 본질을 바꿀 수 있는 능력으로 정의되는 탈중심화(decentering)라는 개념을 도입했다(Segal, Williams, & Teasdale, 2002). 탈중심화는 사고 자체를 변화하는 것이 아니라 경험을 변화한다는 점에서 메타인지적 변화를 의미한다. 이 중요한 특징은 Teasdale의 접근법이 Beck의 접근법과 같은 다른 유형의 인지치료와 구분되는 측면이다(Beck, Rush, Shaw, & Emery, 1979).

Shapiro와 동료들은 더 광범위하게 적용되는 비슷한 모델인 IAA 모델을 제안하였다. 이 모델은 서로 얽혀 있는 의도(intention), 주의(attention), 태도(attitude), 즉 IAA를 통해 경험을 '재인식'하는 과정이다(Shapiro, Carlson, Astin, & Freedman, 2006). Garland, Gaylord와 Park(2009)도 스트레스 평가와 대처에 있어서 메타인지의 역할을 검토하는 유사한 모델을 제안했다. Lazarus와 Folkman(1984)의 스트레스 및 대처 모형에 메타인지 개념을 적용하면서, Garland와 동료들(2009)은 마음챙김을 실천하는 것이 스트레스의 일차적 평가로부터 탈중심화하게 해 주며, 이것은 재평가를 활성화하여 다른 관점에서 더 긍정적인 특성을 볼 수 있게 향상시켜 준다고 제안했다. 새로운 마음챙김을 통한 재평가는 부정적 감정을 억제하기보다는 스트레스 반응(예: 시상하부 뇌하수체 부신축 활성화)을 완화하고 긍정적 감정을 활성화한다고 가정하였다. 그러므로 마음챙김은 능동적인 대처 전략으로 긍정적인 재평가 능력을 지속시킬 수 있다.

이런 이론적 모델들은 인지와 행동들을 다루는 현대 심리학 이론들과 마음챙김 원리를 어떻게 통합할 수 있는지 설명한다. 이 모델들은 생각의 내용이나 행동을 직접적으로 바꾸는 데 초점을 맞춘다기보다는 정신적 과정을 변화시키는 것에 초점을 둔다. 이 관점(자세)의 변화는 부적응적인 스트레스 반응보다 자기조절 능력을 향상시키고 적응적인 반응(행위)를 촉진시킨다. 사고 그 자체를 변화시키는 것이 목표가 아니라 이러한 사고와의 관계를 변화시키는 것이 목표이기 때문에 정신적인 기능 변화에 대해 더 광범위하고 맥락적인 접근을 취한다.

불면증의 메타인지적 모델

나와 나의 동료인 Rachel Manber와 Christi Ulmer는 행동수면의학(Behavioral Sleep Medicine: BSM)과 마음챙김 명상에서 나온 개념을 토대로 불면증의 개념적 모델을 개발했는데, 불면증의 메타인지적 모델이라고 부른다(Ong, Ulmer, & Manber, 2012). 이 모델은 기존 모델에서 제안해 온 불면증의 인지적·행동적·생리적 단계에 메

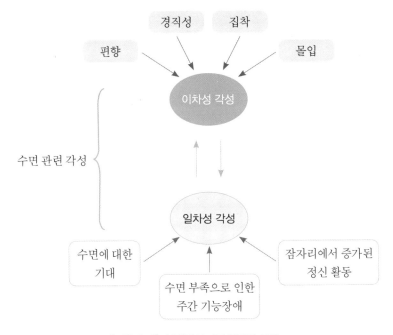

[그림 4-1] 불면증의 메타인지적 모델

출처: Improving Sleep With Mindfulness and Acceptance: A Metacognitive Model of
Insomnia, by J. C. Ong, C. S. Ulmer, and R. Manber, 2012, *Behaviour Research
and Therapy*, 50, p. 653. Copyright 2012 by Elsevier. 허락을 받아서 사용

타인지적 단계를 추가할 것을 제안했다([그림 4-1] 참조).

우리는 메타인지를 인지와 구분하였는데, 전자는 수면 관련 인지
적 각성의 두 단계로 구성되어 있고, 후자는 하나의 일차성 각성을
사용한다. 일차성 각성(primary arousal)은 잠을 잘 수 없는 것에 대해
직접적으로 관련된 인지적 활동을 의미한다. 이는 수면을 방해하
는 사고와 부족하거나 불충분한 수면이 주간에 초래할 결과에 대
한 신념을 포함한다. 일차성 각성은 수면에 대해 갖는 부적응적 신
념 혹은 태도(Morin, Stone, Trinkle, Mercer, & Remsberg, 1993)와 수
면을 방해하는 생각들(Lundh & Broman, 2000)을 포함한다. 일차성

각성 외에도 우리는 이차성 각성(secondary arousal)이라고 하는 새로운 단계를 제안하며, 이차성 각성은 수면과 관련된 생각과 어떤 관계를 가지는지로 구성된다. 이는 이런 생각에 부여하는 정서적 방향성, 집착의 정도 그리고 이런 생각들이 내 가치를 고려했을 때 가지는 의미와 해석을 포함한다. 그러므로 이차성 각성은 수면 욕구를 충족시키기 위한 집착과 갈망에서 비롯된 부정적 메타인지를 포함하며, 일차적인 수준에서 부정적인 정서를 확대하거나 수면과 관련된 생각에 대해 주의 혹은 지각을 편향시키는 경향이 있다. 예를 들어, '내일 잘 지내려면 8시간은 자야 해'와 같은 생각은 개인이 침대에서 잠들지 못하고 누워 있을 때 일차성 각성을 야기할 수 있다. 이 생각에 대한 경직된 집착과 대안적인 신념을 고려하거나 수용하는 것에 대해 거부하는 것은 관련된 부정적인 정서를 증폭시키고 이로 인해 이차성 각성이 생성될 수 있다. 생각을 사실로 받아들이는 정도에 따라 이러한 사고에 대한 정서적 방향성이 결정된다. 대립되는 사고를 고려하는 유연성이 없다면(예: '만약 8시간보다 적게 잔다면 대처할 수 있는 다른 방법을 찾을 수 있어'), 이차성 각성이 기제가 되어 불면증이 지속된다. 메타인지적 모델은 일차성 및 이차성 각성 모두 낮과 밤에 불면장애를 촉진하고 지속시키는 요인으로 가정한다.

메타인지적 과정은 불면증의 다른 모델들에도 내재되어 있다. Espie(2002)가 제안하는 자동성의 손실, Harvey(2002)가 제안하는 수면에 대한 선택적 주의력 그리고 Morin(1993)의 모델에서 논의된 부정적인 신념과 태도의 해석적 가치에 모두 포함된다. 우리가 제안한 메타인지적 모델은 Lundh와 Broman(2000)이 제안한 수면 해석 과정과 유사하며, 불면증을 통해 경험하는 즉각적인 사고와 기분의 해석을 반영한다. 그러나 기존 모델들은 메타인지적 과정들을 다른 인지적 과정과 구분해서 개념화하지 않았다. 우리는 메타인지와 이차성 각성의 구성 개념이 만성 불면증의 지속성을 더 구체적으로 설명할 수 있다고 생각한다. 또한 메타인지의 개념도 치료의 목표를 확인하는 데 사용될 수 있다.

MBTI에서 메타인지적 모델의 응용

　MBTI 치료 모델은 불면증의 메타인지적 모델을 활용하여 수면과 관련된 인지적 과다각성과 각성을 감소시키지 못하는 과정을 불면증의 유발과 지속의 핵심 과정으로 개념화한다. 일차성 및 이차성 각성의 개념을 사용하여 MBTI 프로그램에서는 불면증 경험이 두 단계의 디스트레스 수준으로 재개념화된다. 일차 순위 디스트레스(first-order distress)는 수면 부족의 실제적인 영향과 관련이 있으며, 인지 기능의 손상 혹은 졸림의 증가와 같은 증상을 포함한다. 이차 순위 디스트레스(second-order distress)는 수면 욕구를 만족시키고자 하는 집착과 열망에서 발생하며, 수면으로 인한 스트레스에 대한 지각을 변화시키고 일차 순위 디스트레스를 증폭시키는 경향이 있다. 일차 순위 디스트레스와 이차 순위 디스트레스 모두 불면장애를 유발하고 지속시키는 요인이다. MBTI에서는 이차 순위 디스트레스의 변화를 통해 수면과 관련 있는 디스트레스를 감소시킴으로써 메타인지의 변화를 치료를 위한 주요 목표로 잡는다.

　이차 순위의 변화의 과정은 메타인지적 변화 혹은 전환으로 간주될 수 있다. 특히 마음챙김 명상은 불면증 증상을 경험하고 있을 때 정신적 및 신체적 상태에 대한 알아차림을 증가시키고, 정신적 과정을 변화시켜 이런 증상에 대한 본인의 반응을 적응적으로 변화시키는 방법을 배우는 것이 목적이다. 이 태도는 수면에 대한 기대와 주간 기능장애의 원인에 대한 균형 잡힌 시각, 불면증 증상에 접근하는 데 있어 인지적 유연성의 증가, 수면과 관련된 결과에 대해 집착하지 않는 것, 개인에게 중요한 가치에 다시 충실해지는 것이 특징이다. 이 새로운 태도는 각성을 줄이고 만성 불면증을 자극하는 부정적인 감정과 행동이 지속되는 것을 예방한다고 가정한다. 메타인지적 변형 과정은 다음 단락들에서 설명한다.

메타인지적 알아차림

불면증 삽화를 경험하는 동안에는 수면에 대한 강한 집착과 수면 박탈이 수반하는 기능장애로 인해 극심한 절망감이 들 수 있다. 내담자는 일반적으로 수면에 대한 스스로의 부적응적인 생각, 정서와 행동 반응을 인식하지 못한다. 나는 종종 내담자들로부터 "내가 원하는 것은 그저 자는 것이에요!"라는 말을 듣는다. 이러한 반응은 과거 지향적 사고(예: '내가 더 잘 자기 위해서 무엇을 했어야 했을까?') 또는 미래 지향적 사고(예: '오늘 밤 잠을 자지 못한다면 내가 어떻게 다음 날 기능할 수 있을까?')를 야기하는 졸림의 결과에 대한 절망적인 집착을 가진 마음챙김이 결여된 상태를 반영한다. 잠을 자지 못해서 생길 수 있는 잠재된 단기적인 부정적 결과에 강하게 집중하여 이러한 결과를 피하는 것이 목표가 되어 반응한다. 자는 것에 대해 강하게 집착하여 생긴 부정적 감정은 상황을 해석하는 것을 편향시킬 수 있다. 선행 연구에서 불면증이 있는 사람들은 실제로 잔 시간을 과소평가하는 경향이 있다고 발견하였으며(Manconi et al., 2010; Tang & Harvey, 2005), 이 결함은 일반적으로 시간을 측정하는 능력이 감소해서 생긴 것은 아닌 것으로 보인다(Fichten, Creti, Amsel, Bailes, & Libman, 2005; Tang & Harvey, 2005). 초기 분류 시스템들은 수면에 대한 주관적인 지각(예: 자기보고식 자료)와 수면에 대한 객관적인 측정(예: 수면다원검사를 통해 하룻밤 동안의 수면의 측정) 간의 불일치를 주요 특징으로 가진 불면증 하위집단을 설명하는 수면-상태 오지각(sleep-state misperception), 그리고 이후에 역설적 불면증(paradoxical insomnia)이라고 불린 불면증의 하위유형을 포함했다. 가장 중요한 것은 많은 내담자가 "어떻게 잠에 드는지 잊어버린 것 같아요."라고 호소하는데, 이것은 본인의 몸이 보내는 졸림의 신호를 더 이상 인식할 수 없다는 것을 의미한다. 대신에 그들은 규칙에 근거하여 침대에 가거나(예: '자정이 되기 전에 침대로 가야 돼') 정신적 및 신체적 피로를 줄이기 위해 잠자리에 들기를 결정한다. 종합적으로 보아 정신적 및 신체적 상태를 알아차리지 못하는 것은 수면 노력의 증가, 수면 교란에 대한 반응성 증가 그리고 즉각적인 수면 욕구를 만족시키려는 집착을 초래한다.

MBTI의 첫 번째 목표 중 하나는 개인 명상 연습을 습관화하는 것이다. 그 이유는 마음챙김 원리들을 향상시켜 불면증에 대한 더 많은 알아차림을 증가시키는 것이다. 메타인지를 포함하여 알아차림을 확대함으로써 불면증 환자는 이차성 각성이 불면증 문제에 어떻게 기여했는지 그리고 잠을 더 잘 자려고 하는 집착이 이차 순위 디스트레스를 어떻게 야기했는지에 대한 깨달음을 얻을 수 있다. 마음챙김의 함양은 잠을 자려는 욕구와 노력에 의해 흐려지지 않은 맑은 렌즈로 불면증 문제를 볼 수 있게 함으로써 메타인지적 알아차림을 향상시킨다. 내담자들은 종종 그들이 그동안 얼마나 잠을 못 잤는지에 대해 반응했는지 그리고 이러한 반응들이 얼마나 자동적이고 마음챙김이 결여됐는지에 대한 깨달음을 얻고 언급할 때가 있다. 그러므로 메타인지적 알아차림은 마음챙김이 결여된 자동적인 반응을 통해 문제를 지속시키기보다는 개인이 수면 관련 경험에 대해 '깨어나' 문제에 대한 통찰력을 갖게 해 주는 수단을 제공해 준다. 메타인지적 알아차림을 향상할 수 있는 능력을 바탕으로 자동적인 반응 상태를 유지하는 것과 달리 의도적이고 마음챙김 행위를 취하는 기반이 된다.

메타인지적 변화

내담자들이 메타인지적 알아차림을 기른 후, 마음챙김의 원리에 대한 연습을 통해 문제에 대한 자기중심적 관점을 벗어나 거리를 두고 객관적인 관점을 취하도록 도전하게 해 준다. 잠을 자고 싶어 하는 욕구에서 벗어나 객관적인 관점으로 이동함으로써 잠을 자지 못하는 경험(일차성 각성)을 잠을 청하고자 하는 감정적 집착(이차성 각성)과 분리할 수 있게 된다. 메타인지적 변화는 사고의 내용이 변화하는 것이 아니라 사고와의 관계가 변화하는 것이다. 생각이 얼마나 현실적이고 고수할 가치가 있는지 여부를 판단하는 대신에 마음챙김에서 알아차림을 성취하는 것은 생각 자체에 대해 더 객관적이고 비판단적인 입장을 가지면서 메타인지적 변화를 촉진한다. 이것은 정신적 사건을 수정하려는 시도보다 정신적 사건을 관찰할 수 있는 기반을 마련해 준다.

MBTI에서 메타인지적 변화는 이차적 수준에서의 각성을 감소시키는 것으로 구성되며 이는 수면과 관련된 생각(즉, 수면의 의미나 가치에 대해 부여한 중요성의 정도)과의 관계를 변화시켜서 이루어진다. 이는 CBT-I에서 일반적으로 행해지는 바와 같이 관련 있는 행동이나 사고를 직접 변화시키는 것과는 다르다. 이러한 변화는 불면증을 경험하는 과정에서 발생하는 정신적 및 신체적 상태에 대한 통찰을 제공할 수 있다. 예를 들어, 단순히 잠을 자지 못하는 것 자체(일차성 각성)보다 자고 싶을 때 못 자는 것에 대한 좌절에 몰두하는 것(이차성 각성)이 수면 관련 스트레스의 근원이라는 통찰을 이끌어 낼 수 있다. 이러한 변화는 메타인지적 알아차림에서 얻은 통찰력에서 나오며, 원치 않는 것을 즉시 변경하려는 시도보다 문제에 대해 더 큰 평정심 또는 균형 잡힌 정서적 견해를 가질 수 있게 한다.

새로운 메타인지적 입장

메타인지적 알아차림과 변화는 새로운 메타인지적인 입장을 채

표 4-1 불면증을 위한 메타인지치료 모델

이차성 각성의 요소	적응적인 입장으로의 변화	이차성 각성의 감소
잠을 자기 위해 노력하기 혹은 수면에 대한 부정적인 생각과 행동에 대한 주의 혹은 정서적 편향	균형	졸린 상태가 수면 관련 행동을 유도할 수 있게 허용하기
수면과 관련된 행동과 신념의 경직성	유연성	변화하는 상황에 대해 의도적으로 적응하기
수면과 관련된 욕구와 기대에 대한 집착	평정심	잠을 자기 위해 애쓰지 않기와 인내에서 나오는 평온함
수면 문제를 해결하기 위해 몰입	가치에 대한 전념	넓은 범위의 사고와 감정의 맥락에서 삶의 가치 추구하기

출처: Improving Sleep With Mindfulness and Acceptance: A Metacognitive Model of Insomnia, by J. C. Ong, C. S. Ulmer, and R. Manber, 2012, *Behaviour Research and Therapy*, 50, p. 655. Copyright 2012 by Elsevier. 허락을 받아서 사용

택하는 것으로 이어진다. 이런 새로운 태도는 마음챙김의 원리를 담은 균형, 유연성, 평정심 그리고 가치에 대한 전념이 특징이다. 이러한 태도는 상당한 노력이 필요한 적응 과정이다. 이 과정은 일반적으로 반복적이며, 알아차림, 변화 그리고 새로운 입장 채택하기 사이에서 빈번한 상호작용을 포함한다. 적응적인 입장의 주요 요소는 〈표 4-1〉에 요약하였으며 다음 단락에서 자세히 설명할 것이다.

균형(balance)

균형 잡힌 메타인지적 태도는 수면에 대한 매력과 혐오를 관리하는 것과 관련이 있다. 불면증이 있는 사람들의 대다수는 '수면 추구자'로, 잠을 자려고 애쓰거나 더 많은 잠을 자려는 희망을 가지고 침대에 '매달려서' 수면을 취하고자 하는 생각과 행동에 불균형이 있다. 수면과 관련된 생각과 행동에 대한 균형을 유지하는 것은 졸림과 관련된 신체적 단서들에 집중을 할 수 있게 도움을 줘서, 언제 자고 일어나야 하는지에 대한 지침으로 사용할 수 있다. 이것은 수면 관련 행동을 졸림의 내적 단서와 일치시킴으로써 자기효능감을 향상시킬 수 있다.

유연성(flexibility)

불면증이 있는 사람들은 수면과 관련된 신념과 수면과 관련된 습관이 경직된 경향이 있다. 예를 들어, 불면증이 있는 사람들은 그들이 필요한 수면의 양과 충분한 수면을 취하지 않을 때 발생할 수 있는 결과에 대한 확고한 신념을 가지고 있다(Morin et al., 1993). 그들에게는 그 어떤 대안적 결과를 배제한 인과적 관계가 존재한다.

행동적으로 불면증이 있는 사람들은 종종 잠들기 위해 해야만 하는 특정한 습관이나 의식이 있다. Harvey(2002)는 이런 행동을 안전행동이라고 묘사하는데, 강박장애 환자들이 불편함에 대처하기 위한 수단으로 안전행동을 하는 것과 유사하다고 설명하였다. 예를 들어, 불면증이 있는 사람이 하는 안전행동에는 불면증을 유발한다는 믿음 때문에 밤에 사회 활동을 하는 것을 피하는 행동을 들 수 있다. 이러한 경직된 생각과 행동은 잠을 못 자고 그 결과를 받아들이지 않으려는 태도를 반영한다.

대조적으로 유연한 메타인지적 입장은 현재 순간에 일어나는 일에 대해 열린 태도를 가지고, 초심으로 돌아가려는 의지 그리고 다양한 인지 및 정서적 현상에 대한 수용을 특징으로 한다. 초심을 가지고 낮과 밤 시간에 접근하는 것은 기대(예: 전날 밤의 수면 또는 다음 날에 대한 걱정)로 인해 생기는 결과를 놓아주는 것을 요구하며 오늘 밤(혹은 낮)이 자연스럽게 펼쳐질 수 있게 허용하는 것이다. 유연성은 결과와 융합된 경직된 습관 또는 사고를 놓아주는 능력을 증가시키고 이차성 각성을 줄일 수 있게 도와준다.

평정심(equanimity)

평정심은 수면과 수면 관련 자극에 대한 침착성과 정서적 중심성을 갖춘 메타인지적 태도를 의미한다. 평정심은 원하는 대로 수면이 이루어지지 않아도 유지하는 평온함이다. 이와 반대로 불면증이 있는 사람들은 수면 관련 자극에 대한 평가 및 인식에 대한 강한 정서적 편향을 갖는 경향이 있다. 우리 팀에서 수행한 연구에 의하면, 수면을 잘 취하는 사람과 대조적으로 그렇지 못한 사람들은 주간과 야간에 모두 더 부정적인 정서적 방향성을 보고하였고, 밤에는 더 각성되지만 낮에는 그렇지 않음을 발견하였다(Ong, Cardé, Gross, & Manber, 2011). 불면증이 있는 사람들은 스트레스 사건의 빈도에서는 유의한 차이가 없는데도 불구하고 스트레스 사건을 더 부정적으로 평가할 가능성이 크다(Friedman, Brooks, Bliwise, Yesavage, & Wicks, 1995; Morin, Rodrigue, & Ivers, 2003).

평정심과 더불어, 수면이 부족하고 피곤해도 애쓰기 않기, 침착함과 인내하는 태도를 통해 정서 조절을 촉진할 수 있다. 이러한 태도는 일정량의 수면을 취하고자 하는 욕구를 능동적으로 놓아주고, 수면이 주간 기능에 미치는 강한 믿음을 놓아줌으로써, 불면증의 과정에서 발생하는 정서적 편향을 줄이는 데 도움을 줄 수 있다. 이 변화는 적극적인 전략이며 생각을 억제하는 것이 아니라는 점에 유의하는 것이 중요하다. 이러한 관점에 집착하지 않는 것은 정서나 감정의 결핍을 의미하는 것이 아니며, 오히려 자극과 자극에 대한 반응 사이에 거리를 두는 것이다. 예를 들어, 매일 밤 8시간을 자야 한다는 욕구를 놓아주는 것은 더 이상 수면 욕구에 대한 생각을 하지 말아야 한다는 것을 의미하지 않는다. 오히려 이러한 생각은 현재의 순간에 대한 느낌으로 바뀌고, 수면에 대한 생각은 단지 수면에 대한 생각뿐이라고 인지하여 이차성 각성이 사라지도록 한다. 평정심의 태도를 취하는 것은 결과(수면)에서 과정(현재 순간의 정신적 및 신체적 감각)으로 인식이 변화하는 것이며, 잠들기까지의 과정을 조절하는 데 도움을 준다.

가치에 대한 전념(commitment to values)
만성 불면증을 경험하는 사람들은 잠을 통제하는 데 집중하기 때문에 삶의 가치를 잊어버릴 수 있다. 이 사람들은 수면에 대한 불안이 높아지면서 증상 관리를 위해 그들의 가치를 희생한다. 예를 들어, 건강을 중시하는 사람이 밤에 잠을 잘 자지 못하면 수면을 보상하기 위해 다음 날 늦잠을 자며 아침 운동을 포기할 수 있다. MBTI에서는 수면과 관련 없는 가치에 대한 인식을 높이는 것이 매일 같은 시간에 기상하고, 불면증에 대처하는 비효율적이고 부적응적 전략(예: 경직된 사고와 행동)을 놓아주는 것과 같이 수면을 개선할 수 있는 행동 권고사항을 더 잘 따르도록 도와줄 수 있다. 가치에 대한 알아차림은 가치에 부합하는 목표를 개발하고 개인의 행동이 가치와 일치하는지를 결정하는 기준이 될 수 있다. 그렇기 때문에 MBTI는 밤에 제대로 자지 못하더라도 가치에 전념할 수 있는 행동을 하도록 사람들을 격려하는 가치에 기반한 접근을 취한다. 이 방법을 통해 특정한 밤에 '싸움에 지는 것'(즉, 이상적인 수면보다 적은 수면을 취함)에도 불구하고 '큰 그림'(즉, 그들의 삶에서 가치에 전념하는 결정을 내리기)을 볼 수 있게 도와준다.

MBTI를 위한 준비

MBTI 진행에는 가장 도움이 될 수 있는 임상가가 되기 위해 특정한 수준의 준비와 훈련이 필요하다. 이 장의 시작은 MBTI의 개념적인 측면에 집중한 반면에 다음에는 MBTI 치료자가 되고 MBTI를 진행하기 위해 준비해야 하는 실제적인 측면에 대해 논의하고자 한다.

MBTI 진행을 위한 개인적인 훈련

MBTI는 새로운 프로그램이기 때문에 현재 이것을 가르치기 위한 훈련에 대한 특정한 지침서는 없다. 그러나 MBTI를 진행하길 원하는 임상가들이 갖춰야 하는 가장 중요한 두 가지 자격이 있다고 생각한다. 첫째, MBTI 치료자는 개인적으로 명상을 규칙적으로 해야 한다. 마음챙김 기반 스트레스 감소(MBSR) 프로그램, 마음챙김 기반 인지치료(MBCT) 그리고 대부분의 다른 마음챙김 기반 치료를 가르치는 치료자들에게 요구되는 전제조건으로 MBTI도 이를 따라야 한다고 생각한다. 이 전제조건을 강조하는 이유는 마음챙김 원리의 경우 본인의 명상 경험을 통해 가장 잘 학습되기 때문이다. 치료자가 개인적으로 명상을 할 때, 일상생활과 MBTI 교육에서 이 원리를 실현하는 것이 더 진정성이 있다. 마음챙김 원리는 MBTI 동안 스위치처럼 켜지고, 회기가 끝난 후에 끌 수 있는 것이 아니다. 개인적인 명상 연습을 하는 것은 치료자가 단순히 가르칠 때만이 아니라 그들의 삶의 전반적인 측면에서 살아 있는 마음챙김 원리를 명심하도록 돕는다. 마음챙김 명상을 실천하는 치료자는 마음챙김 원리를 이용한 삶에 대한 좋은 모범이 되고 가치에 부합하는 행동을 하며, 내담자들에게도 이런 원리와 실천을 연결시킬 수 있도록 도와준다. 마음챙김 명상을 처음 접하는 독자들은 명상 수련 또는 전문적인 명상 워크숍에 참여하는 것을 고려할 수 있다. 이에 대한 논의는 10장에서 다룬다.

이전에 어떻게 나의 개인적인 경험을 통해 개인적으로 명상을 지속하는 것이 얼마나 중요한지 깨닫게 되는 계기가 됐다고 설명하였다. Segal, Williams와 Teasdale(2002)도 MBCT를 개발할 때 비숫한 깨달음을 얻었다. 그들은 마음챙김이 인지치료와 처음 접목할 수 있는 방법에 대해 설명했다. 그러나 Kabat-Zinn과 Santorelli가 가르치는 MBSR 강의를 두 번 참관한 후 마음챙김을 가르치는 것은 인지행동치료에서 전형적으로 발견되는, 협력적으로 환자의 문제를 해결하는 '치료 모드'와 꽤 다르다는 것을 깨닫게 되었다. 문제를 해결하는 대신에 MBSR 치료자는 환자들이 그들의 문제에 대해 더 '허용하는' 또는 '환영하는' 입장을 취하도록 하고 무슨 일이 일어나는지 관찰하도록 하였다. MBSR 치료자가 이러한 문제를 다루는 방법은 명상을 실천하는 방법과 일치하였고, 치료자와 내담자 간의 상호작용은 마음챙김 원리를 구체화하고 연습하는 또 다른 기회가 되었다. 따라서 Segal, Williams과 Teasdale의 마음챙김 개념은 처음 생각했던 것에 비해 최종적으로 MBCT 프로그램에서 소개한 개념과 꽤 차이가 있었다.

MBTI를 가르치는 두 번째 자격은 행동수면의학에 대한 배경 또는 훈련을 갖는 것이다. 특정한 기관 수료증, 프로그램 또는 과정이 필요한 것은 아니다. 이 책에서 얻는 정보는 행동수면의학에 대한 출발 시점이 될 수 있고, 추가적인 코스, 워크숍, 교육 활동을 받는 것이 유용할 수 있다(10장의 자원 참조). 이 자격조건에 대한 이유는 수면 생리학과 수면에 효과적이고 역효과적인 행동과 조건에 대한 견고한 이해를 통해 우리가 인내심을 가지도록 돕고, 우리가 허용하는 한 수면이 이루어질 것이며 뇌가 수면을 조절할 능력이 있다는 것을 믿도록 돕기 위해서이다. 이 과정을 내담자와 효율적으로 의사소통하기 위해 MBTI 치료자가 이해하는 것은 중요하다.

MBTI는 불면증이 있는 사람들을 돕기 위해 특별히 설계되었기 때문에 치료자들은 임상집단을 다루기 위한 적절한 자격증을 가져야 한다. 이상적으로 관련 분야에서 석사학위 혹은 박사학위 취득 후 정신건강을 관리하거나 또는 진료를 할 수 있는 전문적인 자격증을 포함한다. MBSR과 같은 어떤 마음챙김 기반 프로그램은 덜 제한적이고 자격증 혹은 면허가 없는 치료자들이 진행하기도 한다. 3장에서 논의한 것처럼 MBSR은 일반적인 심리교육 프로그램이지만, MBTI는 임상집단을 위한 특화된 프로그램이다. 그렇기 때문에 MBTI를 진행하는 심리학자들은 임상 실습을 위한 표준을 확립한 미국심리학회(American Psychological Association, 2010)의 「심리학자에 대한 윤리규정과 행동강령」을 따라야 한다. 다른 전문가들은 임상 서비스를 제공할 때 그들이 속한 전문적인 집단의 윤리강령을 따라야만 한다. 유능성에 대한 부분은 이후 10장에서 다루도록 하겠다.

MBTI를 진행하기 위한 준비물과 자료

훈련 배경과 더불어, MBTI 치료자는 필요한 준비물과 자료가 구비가 되어 있는지 확인을 해야 한다. 다음은 필요한 기초적인 준비물이다.

- 요가매트: 참가자들에게 요가매트를 제공하는 것은 MBTI 회기를 위해 매트를 가져오는 부담을 줄여 준다. 어떤 참가자들은 이미 요가매트를 소유하고 있고 자신의 것을 가져오는 것을 선호할 수 있다.
- 명상 차임벨, 종 또는 좌종: 명상의 종료를 알리기 위해 치료자가 사용하는 것이다.

- 계산기: 계산기는 수면 통합 프로그램의 일부분으로서 수면 효율성을 계산하기 위해 4~8회기에서 사용한다.
- 유인물: 유인물은 마음챙김 원리와 과제 연습을 강화할 수 있도록 돕는다. 각 회기 이전에 준비되어야 한다. 부록에서 샘플 유인물을 제공한다.
- 집에서 하는 명상 연습을 위한 자료: 참가자들이 집에서 명상 연습을 형성하고 유지하도록 돕기 위해 길잡이식 명상이 있는 디지털 미디어(예: CD, 다운로드를 받을 수 있는 파일)와 같은 자료를 제공하는 것이 중요하다. 어떤 치료자들은 자기 자신의 길잡이식 명상을 선택하고, 다른 치료자들은 Kabat-Zinn의 길잡이식 명상과 같은 잘 알려진 명상을 사용한다.
- 음식 또는 물: 이것은 선택적이고 MBTI 집단이 만나는 시간에 달려 있다. 일반적으로 저녁에 진행되는 집단 회기는 더 많은 참가자를 수용할 수 있다. 만약 MBTI 집단이 저녁식사 시간에 열린다면, 참가자들이 배고플 가능성이 높을 때 가벼운 간식을 먹는 것은 도움이 될 것이다. 계획된 간식 시간은 마음챙김 먹기를 연습할 수 있는 기회를 제공할 수 있다.

이러한 준비물과 더불어, MBTI를 실행하기 위해 커다란 방이 필요하다. 방의 크기는 수업의 참가자 수에 달려 있다. 공간은 필요에 따라 변형될 수 있으며, 가구는 재배치되어 참가자들이 요가를 하거나 걷기 명상을 할 때 충분한 공간을 마련할 수 있도록 하는 것이 이상적이다. 접이식 의자가 있는 큰 강의실은 좋은 공간이 될 수 있지만, 큰 탁자가 있는 회의실은 사용하기에 더 불편할 수 있다.

내담자를 선택하고 모집하기 위한 고려사항

MBTI의 사전 평가 수행하기

MBTI가 수행되는 다양한 맥락을 고려했을 때 어떤 내담자들은 종합적인 수면 평가를 받은 후에 MBTI 프로그램에 의뢰가 될 수 있는 반면에 어떤 내담자들은 수면장애나 다른 의학 및 정신질환에 대한 어떠한 선별 없이 MBTI를 하러 올 것이다. 또한 수면장애 또는 정신건강 클리닉에서 근무하는 MBTI 치료자는 독립적으로 불면증을 위한 평가를 수행하는 것이 가능할 것이다. 다른 MBTI 치료자는 전문 클리닉으로부터 의뢰를 받기 때문에 의뢰 기관이 불면증에 대한 평가를 수행하는 것에 의존할 것이다. 불면증과 다른 수면장애에 대한 종합적인 평가는 이 책의 범위를 넘어서지만 MBTI 치료자는 MBTI에 참여하는 것에 대한 적합성을 결정하기 위해 모든 참가자들을 위한 기초적인 사전 선별을 수행해야만 한다. MBTI에 대한 사전 평가는 적어도 다음 두 가지 임상 영역을 고심해야 한다.

첫째, 환자의 수면 패턴과 주간 기능에 대한 평가는 그 내담자가 불면장애 기준을 충족하는지 결정하기 위해 수행되어야 한다. 야간 불면 증상, 야간 증상으로 인한 주간 기능 영향, 수면 패턴의 과거력(예: 과거의 불면증 삽화의 수, 증상 패턴의 빈도)에 대한 질문을 해야 한다. 불면증을 위한 진단기준을 복습하기 위해 1장을 검토하기 바란다. 상기하자면 MBTI는 만성 불면증을 경험하고 있는 사람과 특히 수면 교란과 연합되어 있는 조건화된 각성 증상을 보이는 사람을 위해 설계되었다. 그러므로 가끔 수면 교란을 경험하는 사람들 또는 급성 불면증 기준에 충족되는 사람들은 불면증을 위한 단기 행동치료 또는 약물치료와 같이 다른 치료 대안을 고려하는 것이 더 적합할 수 있다.

둘째, 긴급한 상황이나 치료가 필요한 심각한 공존질환이 있는지 확인하기 위해 MBTI를 진행하기 전에 다른 치료가 필요한 것은 아닌지 평가를 해야 한다. 불면증 증상에 대한 평가 외에도 다른 정신질환 및 신체질환에 대한 질문을 평가에 포함해야 한다. 공존질환 상태의 핵심 증상을 포함하고 있는 증상진단검사 체크리스트 질문지는 평가도구로 효율적일 수 있다. 이전에 언급한 것처럼 가장 일반적인 공존질환은 기분장애 및 불안장애이다. 공존하는 기분장애가 있다면 증상의 심각성과 강도를 평가하여 내담자가 현재 MBTI에 참여할 수 있는지 혹은 참여 전에 기분장애를 치료해야 하는지에 초점을 맞춰야 한다. 이와 비슷하게 만약 다른 공존질환이 있다면, MBTI 치료자는 증상의 심각도와 질환이 내담자가 MBTI에 참여할 수 있는 능력에 미치는 잠재적 영향을 평가해야 한다. 특히 폐쇄성 수면 무호흡증과 일주기 리듬 수면장애와 같은 다른 수면장애는 불면증 증상이 주호소 문제로 나타날 수 있다. 폐쇄성 수면 무호흡증은 일반적으로 코골이, 목격된 호흡 정지, 아침 기상 시 입마름과 같은 증상을 통해 알 수 있고, 체질량 지수가 증가된 것과 같은 위험 요인을 수반한다. 만약 내담자가 이러한 증상을 보고한다면, 수면장애 클리닉으로 의뢰하여 폐쇄성 수면 무호흡증을 감별진단하는 깃이 필요할 수 있다. 1~2주 동안의 수면 일지를 사용하여 종단적 수면 패턴의 검토를 통해 수면–각성 패턴이 심화된 또는 지연된 수면위상장애에 해당되는지 확인할 수 있다.

대부분의 경우 MBTI 진행 전 사전 평가는 임상면담만으로 충분하다. 추가적으로 신체 및 정신 상태의 공존질환을 평가하는 수면 일지와 다른 질문지를 임상면담의 보조자료로 사용될 수 있다. 예를 들어, 환자가 MBTI에 참여하기 위한 사전 평가를 수행하기 1~2주 전에 수면 일지를 작성하도록 하는 것은 수면 패턴이 만성 불면증의 기준을 충족하는지 결정할 수 있도록 돕는다. 또한 내담자에게 증상진단검사 체크리스트를 작성하게 하여 이를 공존질환 상태 평가의 일부분으로서 사용할 수 있다. 추가적인 평가도구가 필요한지 여부는 임상집단의 특징이나 환경에 따라 달라질 수 있다.

이후 9장에서 다루겠지만 우리 연구는 다른 수면장애, 치료받고 있지 않는 정신질환 또는 신체질환을 가지고 있지 않는 사람들만을 대상으로 수행되었다. 또한 우리는 수면제를 복용하는 사람들을 대상으로 MBTI를 아직 검증하지 않았다. 이런 특성의 사람들이 MBTI에 적절하지 않다는 의미가 아니라 이와 같은 고려사항을 지닌 개인들을 위해 진행하는 MBTI의 이점이나 위험성에 대한 근거가 아직 없다는 것이다. MBTI를 받기 적합한지에 대한 여부와 관련하여 경험적인 근거가 없다면, 치료자들은 본인의 능력, 경험, 및 전문지식을 활용하여 판단을 내리길 권장한다. 예를 들어, 면허가 있는 임상심리학자 또는 임상 사회복지사는 불면증과 공존질환이 있는 정신질환자들을 대상으로 치료할 수 있을 것이다. 간호사 또는 의사들은 신체질환이 공존하거나 수면제를 복용하는 내담자들을 다룰 수 있을 것이다. 불면증의 평가를 수행하는 것에 대해 더 배우길 희망하는 독자들은 종합적인 평가를 수행하기 위한 추가 지침서와 자료를 참고하기를 권장한다(Buysse, Ancoli-Israel, Edinger, Lichstein, & Morin, 2006; Wyatt, Cvengros, & Ong, 2012).

MBTI 집단 크기

치료자는 MBTI를 위한 집단 크기에 대해 고려할 필요도 있다. 일 반적으로 6~8명의 집단 크기는 대인관계와 관련된 고려사항, 집 단 역동의 관리 그리고 공간과 시간 관리를 고려했을 때 가장 적합 하다. 집단 크기가 4명보다 더 적다면 집단의 역동은 2명 혹은 3명 이 결석하거나 프로그램을 중단하는 경우 크게 영향을 받을 수 있 다. 10명보다 큰 집단은 시간을 관리하기 힘들고 어떤 참가자들은 자신의 문제가 충분하게 다루어지지 않았다고 느낄 수 있을 것이 다. 이러한 지침은 다른 형태의 집단치료에서 고려되는 것과 유사 하다. 적당한 집단 크기를 결정하기 위해 치료자는 집단 관리 기술, 능력 그리고 자원을 고려하여 판단을 내리기 바란다.

CHAPTER **05**

MBTI 시작하기

불면증을 위한 마음챙김 기반 치료(MBTI) 초반에 대부분의 참가자는 명상에 대해 눈을 감고 단순한 생각으로 주의를 기울이거나 머릿속의 생각을 비우는 조용한 활동으로 묘사한다. 어떤 사람들은 이것을 행복이나 평온과 같은 긍정적인 정서를 증가시키는 방법이라고 설명한다. 또한 많은 사람은 기도나 종교 의식처럼 연습을 하기 위해 별도의 시간이 요구되는 특별한 활동이라고 말한다. 물론 명상은 이런 특징들을 가지고 있지만, 마음챙김 명상은 MBTI에서 특정한 의도와 목적을 가지고 있다.

MBTI는 마음챙김 명상이 특별한 활동이라기보다는 삶의 방식이라는 것을 설명하기 위해서 경험적 활동을 통해 마음챙김 개념을 소개하는 것으로 시작한다. 이 프로그램은 먹기나 숨쉬기처럼 일상적인 활동에서 어떻게 마음챙김 명상이 가능한지 설명하는 짧고 비구조적인 명상으로 시작된다. 은유법을 활용하여 개념적인 주제를 설명하고 이를 실제 생활에서 하는 활동들과 연결한다. 또한 이 접근이 '잠들기 위한 명상'이 아니라는 것을 강조한다. 많은 사람은 그들이 머리를 비우고 이완하거나, 평화롭게 잠에 빠질 수 있는 방법을 배울 것이라고 기대하며 프로그램을 시작한다. 사실 그들은 마음챙김 명상이 간단한 개념이지만 상당한 노력이 요구된다는 것을 알고 꽤 놀란다. 그들은 명상을 통해 잠을 자게 하는 것이 아니라, 현재 삶에서 일반적인 마음챙김이 없는 상태로부터 깨어나게 된다는 점에서 오히려 더욱 놀란다. MBTI 프로그램이 끝날 때 즈음에 대부분의 사람은 "내가 기대했던 것과 다른데."라고 말한다.

이 장에서는 MBTI의 첫 두 회기를 진행하는 방법을 설명한다. 첫 두 회기의 목표는 다음과 같다. ① MBTI의 원리 소개, 마음챙김 명상의 목적 및 만성 불면증과 급성 수면 교란을 구분하는 방법에 대한 소개, ② 명상을 연습할 수 있게 지침서를 제공, ③ 불면증을 경험하는 과정에서 발생하는 정신적 및 신체적 상태에 대해 알아차리는 것을 포함한다. 명상 연습, 은유법, 불면증에 대한 논의 그리고 매일의 수면과 각성 활동의 모니터링을 통해 알아차림을 기르게 된다. 특히 졸림, 피로, 과다각성을 포함하여 만성 불면증을 경험하는 과정 동안 발생하는 정신 및 신체 상태에 마음챙김을 활용하여 주의를 기울이게 한다. 내담자들에게 이런 상태들을 즉각적으로 고치지 않고 마음챙김을 통해 관찰하도록 지시한다. 명상 연습을 규칙적으로 실천하는 것은 수면과 관련된 행동들(취침 시간, 기상 시간, 침대에서의 활동)과 수면과 관련된 생각(충분한 수면을 취하지 못했다는 것에 대한 걱정)에 대해 더 큰 알아차림을 발달시키는 데 핵심이다. 이러한 행동과 생각에 대한 알아차림은 MBTI 프로그램에서 수면 관련 행동(6장)과 그 이후 수면과 관련된 메타인지(7장)에 대해 새로운 선택을 하는 데 사용된다. 각 회기의 주제와

첨부자료 5-1 MBTI 주제와 회기별 주요 활동

회기	주제	주요 활동
1	프로그램 소개 및 개관	프로그램의 개관 및 내담자들이 기대할 수 있는 효과를 설명한다. 마음챙김의 개념과 불면증의 모델을 소개한다. 첫 번째 공식 마음챙김 명상 연습을 통해 참가자들을 이끈다.
2	오토파일럿에서 벗어나기	공식 명상과 질문으로 시작한다. 불면증에 대한 명상의 관련성에 대해 논의한다. 수면 위생에 대한 지침을 논의한다.
3	졸림 및 각성에 집중하기	공식 명상과 질문으로 시작한다. 졸음, 피로 및 각성에 관해 논의한다. 수면 통합에 대한 지침을 제공한다.
4	밤에 잠을 못 자는 것을 다루기	공식 명상과 질문으로 시작한다. 수면 제한에 관하여 논의하고 조정한다. 수면 재조건화를 위한 지침을 제공한다.
5	불면증 영역	공식 명상과 질문으로 시작한다. 불면증(주간 및 야간 증상 모두)을 소개하고 모델에 대해 논의한다.
6	수용 및 놓아주기	공식 명상과 질문으로 시작한다. 불면증 영역에서 생각과 감정을 다룰 때 수용과 놓아주기의 관련성을 설명한다.
7	수면과의 관계 재조명하기	공식 명상과 질문으로 시작한다. 참가자와 수면과의 관계(잠을 잘 자고 못 잔 날의 반응)에 대해 논의한다. 일상생활에서 쉽게 할 수 있는 명상에 대해 논의한다.
8	MBTI 이후 마음챙김의 삶	공식 명상과 질문으로 시작한다. 미래의 불면증 삽화를 위한 실행계획을 세운다. 프로그램 이후 명상을 계속하는 방법에 대해 논의한다.

출처: A Mindfulness–Based Approach to the Treatment of Insomnia, by. J. Ong and D. Sholtes, 2010, *Journal of Clinical Psychology*, 66, p. 1179. Copyright 2010 by Wiley. 허락을 받아서 사용

핵심 활동의 전반적인 개관은 〈첨부자료 5-1〉에 제시되어 있다.

1회기: 프로그램 소개 및 개관

MBTI 소개하기: 개관과 기대

MBTI 첫 회기 동안에는 마음챙김의 원리와 메타인지적 유연성을 소개하고, 명상에 대해 가지고 있는 잘못된 인식을 수정하고, MBTI 프로그램에 대해 기대되는 효과를 설명하는 것이 중요하다. 각 회기 동안 집단 토론 시 규칙을 설정하고, 집에서 명상 연습을 규칙적으로 실천하는 것의 중요성을 강조하고, 결과에 대해 집착하지 않는 것에 대한 개념을 강화하는 것도 중요하다. 내담자들에게 회기별 계획서를 제공하여 앞으로의 일정과 매주 다루는 주제들에 대해 알려 줄 수 있고, 치료 효과에 대해 기대할 수 있는 바를 명확히 할 수 있게 해 준다(부록에 예시로 회기별 계획서가 제공되어 있다). 1회기의 개요는 〈첨부자료 5-2〉에서 확인할 수 있다.

첨부자료 5-2 1회기 개요

주제: 프로그램 소개 및 개관

목표

1. 프로그램 개관 및 내담자들이 기대할 수 있는 효과 설명하기

2. 마음챙김의 개념을 소개하여 명상 연습 시작하기

3. 불면증 모델 소개하기

활동

1. MBTI 프로그램 소개 및 개요

   a. 회기별 계획서를 배포하고 검토하기

   b. 기본 규칙 및 기대사항 논의하기

   c. 참가자들을 소개한다.

   요점: 참가자들에게 프로그램의 기본 규칙 및 기대사항을 설명한다. 치료자 및 집단원을 소개한다.

2. 명상과 토론

   a. 마음챙김 명상 소개

   b. 마음챙김 먹기(명상)

   c. 마음챙김 먹기(명상)에 대한 질문과 토론

   d. 앉기 명상

   e. 필요에 따른 은유 소개(기차 관찰, 구름 명상)

   요점: 건포도 활동은 마음챙김 먹기의 예로 소개되며 일상생활을 할 때 한 박자 느리게 주의를 기울이는 것만으로도 변화가 일어날 수 있음을 보여 준다. 앉기 명상은 내담자들에게 호흡에 주의를 기울일 수 있게 도와준다. 이는 현재 순간에 집중할 수 있는 닻의 역할을 한다.

3. 불면증 교육 및 전략

   a. 불면증의 3-P 모델에 대한 논의

   요점: 프로그램에 사용될 불면증 모델을 소개한다.

1회기 과제

1. 수면 일지와 명상 일지 작성하기

2. 매일 적어도 한 끼 또는 간식을 먹을 때 마음챙김 명상 연습하기

3. 호흡 명상으로 최소 15분, 6일 동안 연습하기

사람들은 종종 첫 회기에서 그들의 수면을 빠르고 영구적으로 개선하기를 기대하고 온다. 오랫동안 불면증으로 인해 고통을 받아 왔기 때문에 이런 기대를 이해할 수 있다. 소개해야 할 첫 번째 개념은 MBTI는 더 나은 수면에 대한 집착을 포함하여 결과에 대해 집착하지 않는 것이 중요하다고 설명하는 것이다. 내담자들에게 프로그램에 참여하는 동안 수면을 향상시키려는 시도에 대한 어떤 목표나 의도를 잠시 보류하도록 안내한다. MBTI 치료자는 잠시 멈추고, 내담자들에게 수면을 개선하기 위한 노력을 놓아주는 기회를 가지게 한다. 어떤 내담자들은 왜 그래야 하는지 묻거나, 수면이 개선되는 것을 포기해야 하는 이유 또는 염려를 표현할 것이다. 다른 사람들은 MBTI가 자신에게 효과적이지 않다면 어떻게 해야 하는지에 대해 비관적인 생각 또는 걱정을 표현한다. 이 맥락에서 우리는 '건강한 회의론'은 환영하지만, 내담자들에게 우선은 지금 '한번 해 보는 거야'와 같은 개방적인 태도로 임하고, 프로그램이 종료된 후에 소감을 재평가하는 시간을 갖도록 격려한다. 때로는 이전의 내담자들이 비슷한 회의적인 태도를 가지고 프로그램을 시작했지만, 프로그램이 끝날 때에는 성공적으로 치료 효과를 봤다고 이야기해 줄 수 있다. 다음 문장들은 "만약 이 프로그램을 고려하고 있는 사람이 있다면, 어떤 조언을 하고 싶으신가요?"라는 질문에 응답해 준 과거 참가자들의 말을 인용한 것이다.

- "열린 마음으로 참여하세요."
- "전념하는 것이 중요합니다."
- "결과는 이 프로그램에 참여하면서 당신이 얼마나 노력하는지에 달려 있습니다."

• "당신이 효과를 보지 못하더라도 명상 연습을 계속 하는 것은 중요합니다. 갑작스러운 호전은 생깁니다!"

만약 필요하다면, MBTI 치료자는 수면을 개선하기 위한 노력을 놓아주는 것의 목적은 마음챙김과 자기자비의 맥락에서 논의가 될 것이라고 설명할 수 있다. 프로그램이 종료된 후에 모든 내담자들은 스스로 경과를 재평가하는 기회를 가지게 될 것이다.

소개의 일부분으로서 내담자들을 위해 치료 과정 동안 마음챙김을 활용하여 스스로 탐색하고 발견할 수 있게 안전한 공간을 만들어 주는 것이 중요하다. 치료자는 집단 토론을 하는 동안 내담자들이 따라야 하는 기본 규칙을 확립해야 한다. MBTI는 마음챙김 기반 스트레스 감소(MBSR) 프로그램의 규칙을 따라 다른 내담자들에게 조언을 하거나, 다른 내담자가 얼마나 잘 하고 있는지에 대한 언급을 하지 않도록 한다. 그 이유는 한 내담자가 다른 내담자보다 잘한다는 판단으로 여길 수 있기 때문이다. 조언을 하고 싶다는 욕구가 들거나 도움이 될 수 있다고 생각할 수 있지만, MBTI는 불면증을 위한 지지 집단을 제공하는 것이 목적이 아니다. 대신에 이 프로그램은 마음챙김 듣기, 비판단, 문제 해결을 하려고 시도하지 않고 현재에 존재하기를 가르친다. 집단 토론 동안, MBTI 치료자의 역할은 '가르치려 하거나' 인지적 재구조화를 하는 것이 아니라 명상을 하는 동안 새로 발견한 부분이나 도전에 대한 대화를 활성화시키는 것이다. 이를 숙달하기 위해서는 경험과 연습이 필요한 어려운 기술이고 개인적인 마음챙김 명상 연습을 갖는 것이 이런 측면에서 도움이 된다.

마음챙김 원리와 실습의 소개

대부분의 내담자는 처음으로 마음챙김 명상에 대한 공식적인 훈련을 받게 될 것이다. 어떤 이들은 마음챙김 명상에 대해 친구로부터 들었거나 신문 또는 잡지에서 접해 봤을 수 있지만 대부분은 실제로 무엇을 하게 될지에 대해 궁금해할 것이다. 처음 시작은 마음챙김 명상의 불교 기원을 포함하여 이에 대한 역사적인 배경을 제공하는 것이 좋다. 또한 MBTI에서 마음챙김 명상은 종교적인 의식으로 하는 것이 아니라는 것을 강조하는 것이 좋다. 대신에 불교 철학과 과학에 근거를 두는 원리이고 많은 사람이 어떤 종교적 배경을 가지고 있어도 무관하다는 것을 설명한다. 또한 명상을 하는 것이 마음챙김을 발견하는 핵심적인 요소라는 것을 설명하는 것도 중요하다. 이런 설명을 하면서 명상과 관련된 잘못된 생각을 바로잡는 것이 도움이 된다. 명상이 특별한 활동이거나 의식의 변화를 촉진하는 것이라는 오해가 여기에 포함된다. 그 반대가 오히려 진실이다. 마음챙김 명상은 일상생활 활동으로 연습될 수 있고 의식을 더 맑은 상태로 만들 수 있다.

다음으로 마음챙김에 기반한 치료의 핵심적인 마음챙김 원리를 논의한다. 이 원리들은 MBSR에서 이용하는 것과 동일하지만(Kabat-Zinn, 1990), MBTI를 위해 수면에 적용되었다(부록의 유인물 1 참조). 이 원리들은 매 순간 마음챙김을 적용하게 해 주는 핵심이며, 삶에서 마음챙김을 실천하면서 살 수 있는 지침이 될 수 있다. MBTI에서는 내담자들에게 마음챙김 명상을 통해 마음챙김을 함양하여 이러한 원리들을 일상생활에서 적용하라고 요청한다. 이런 원리들을 활용하여 내담자들에게 메타인지를 가르치기 시작하며, 이를 통해 수면과의 관계에 대한 변화뿐만 아니라 수면도 변화할 수 있게 도와준다. 다음은 일곱 가지 원리이다.

- 초심(beginner's mind): 초심은 과거의 경험, 특히 과거의 부정적인 경험에 연연해하지 않고 어떤 상황이나 문제를 새로운 마음으로 접근하는 태도를 의미한다. 불면증의 경우 많은 내담자들은 어젯밤에 어떻게 잤는지에 따라 오늘 밤의 수면이 결정될 것이라고 생각하거나 매일 밤 똑같이 잠을 못 잘 것이라고 걱정한다.
- 애쓰지 않기(nonstriving): 불면증을 경험하는 동안 많은 사람은 잠을 자기 위해 노력하며, 수면이 노력한다고 강제로 되는 과정이 아니라 자연스럽게 이루어져야 하는 것이라는 사실을 잊는다. 애쓰지 않기의 태도를 연습하는 것은 자고 싶은 욕구와 자연스럽게 수면이 이루어질 수 있게 허용하는 것의 균형을 잡게 도와준다.
- 놓아주기(letting go): 애쓰지 않기와 비슷하게, 잠을 자고 싶은 욕구나 일정한 시간의 수면을 취하는 것에 대한 집착은 문제를 해결하기보다는 더 악화시킨다. 놓아주기는 포기하는 것과 다르다. 문제를 해결할 수 있다는 희망을 버리는 것이 아니라 문제에 대한 집착을 의도적으로 놓아주는 것이다. 어떤 MBSR 치료자들은 사동적으로 해결하려는 것 없이 현재 순간을 허용하는 것이라는 점을 강조하기 위해 놓아두기(letting be)라는 용어를 선호하기도 한다.
- 비판단(nonjudging): 대부분의 사람은 문제를 해결하기 위해 문제를 분석하고 판단하도록 훈련을 받는다. 그러나 판단은 때

때로 역효과를 낳을 수 있고, 불면증의 경우 깨어 있는 것을 자동적으로 부정적이고 혐오스러운 상태로 판단하여 부정적 에너지로 이어질 수 있고 궁극적으로는 수면의 과정을 방해할 수 있다. 문제에서 한 발짝 떨어져서 판단 없이 그저 관찰하는 것은 메타인지적 변화를 향한 첫 걸음이다.

- 수용(acceptance): 많은 사람에게 수용은 포기하는 것처럼 들리고 불면증 앞에서 속수무책인 것처럼 들린다. 놓아주기처럼 수용은 수면 문제를 해결할 수 없다는 것을 의미하는 것이 아니다. 대신에 수면을 직접적으로 통제할 수 없고 잠을 자려는 노력은 일반적으로 효과적이지 않다는 것을 의미한다. 이는 능동적인 선택이며 가치에 부합하는 의사결정을 할 수 있는 기회를 제공해 준다. 어떤 MBSR 치료자들은 수용보다는 인정(acknowledgment)이라는 용어를 선호하는데, 그 이유는 현재를 인정하는 것이 수용처럼 부정적인 함축을 갖지 않기 때문이다.

- 신뢰(trust): 불면증의 맥락에서 신뢰는 우리의 몸과 마음이 특별히 노력하지 않아도 자기조절할 수 있는 능력이 있다고 믿는 것이다. 수면 생리학과 불면증의 원인에 대해 아는 것은 '뇌가 고장 난 것이 아니다'라는 자신감을 갖게 도와준다.

- 인내(patience): 수면의 생리가 작용하여 자기조절을 하기 위해서는 인내심도 필요하다. 만약 결과가 즉시 나타나지 않더라도(대체적으로 시간이 걸린다), 수면의 결과보다는 과정을 인내하는 것이, 잠을 못 자는 것에 대해 반응하고 수면과 관련된 불안을 감소시켜 준다.

MBTI 치료자는 이러한 원리가 즉시 실행되기 쉽지 않다는 것을 염두에 두어야 한다. 놓아주기와 수용은 특히 습득하기 어려운 원리이며, 마음챙김을 처음 접하는 대부분의 사람은 이런 원리들을 능숙하게 적용할 준비가 되지 않아 불면증 증상에 적용하지 못한다. MBTI의 초기 단계에서 치료자는 각 원리에 대해 명확한 설명을 제공하고 내담자들에게 그 원리들이 본인의 삶에 어떻게 적용될 수 있는지 살펴보라고 격려하는 것이 중요하다. 내담자들이 몇 주간 명상 연습에 참여한 후에는 수용과 놓아주기에 대한 더 깊은 토론이 MBTI 후반에 준비되어 있다(7장 참조).

마음챙김 배경과 원리를 설명한 후에 명상 연습을 시작하는 시간을 갖는다. 첫 번째 명상을 선택할 때, MBTI 치료자는 마음챙김을 실천할 수 있는 일상의 규칙적인 행동을 선택하는 것이 중요하다. 이는 명상에 대한 오해를 없애고 마음챙김 명상을 일상의 활동에 적용할 수 있는 방법에 대해 토론할 기회를 제공해 준다. MBSR의 전통을 따라, 마음챙김 먹기 활동은 MBTI에서 훌륭한 첫 번째 명상이 될 수 있다. 이 활동은 마음챙김을 하면서 먹을 수 있는 방법의 예시로 소개되고, 이는 우리가 일반적으로 일상생활에서 얼마나 마음챙김을 적게 하는지 보여 줄 수 있는 좋은 예시이다. 또한 이런 활동들 자체에 변화를 주기보다는 조금만 느리게 행하여 주의를 기울이는 것이 얼마나 큰 변화를 가져올 수 있는지를 보여 줄 수 있다. 이 활동은 마음챙김 명상이 단순히 구조적인 앉기 명상만 있는 것이 아니라는 예시를 제공한다. 마음챙김 먹기 활동을 위한 지침은 〈첨부자료 5-3〉을 참고하면 된다.

마음챙김 먹기

주의: 다음 훈련은 완료되는 데 10분 정도 걸리며 마음챙김 명상의 첫 번째 체험이 된다. 치료자는 내담자가 신중한 태도로 모든 감각을 동원해 마음챙김의 태도로 음식(예: 건포도)을 하나씩 먹도록 안내한다.

지침

1. 음식은 흔하고 비교적 작은 것을 선택한다. 건포도나 견과는 훌륭한 선택이다. 각 내담자들에게 그들 앞에 음식 2조각이나 3조각을 가져다 놓도록 알려준다.

2. 음식을 경험하기 위해 내담자들에게 모든 감각을 천천히 사용하라고 안내한다. 처음에는 시각을 활용하여 음식을 관찰해 보라고 지시하고, 색깔, 질감, 광택과 같은 부분을 주의 깊게 살피도록 지시한다. 그다음, 내담자들에게 손가락 하나를 이용하여 음식을 만지도록 하고 질감, 끈적함, 부드러움 또는 꺼칠꺼칠함과 같은 감각을 주의 깊게 살피게 한다. 그 이후, 내담자들에게 물체를 귀까지 들어 올려 음식의 소리를 듣도록 한다. 사람들은 가끔 '음식의 소리를 듣는 것'이 어처구니없다고 생각하여 웃기도 한다. 소리가 나지 않는 경우, 우리가 침묵이나 감각의 부재에 주의를 기울일 수 있다는 것을 상기하자. 그다음에는 내담자들에게 음식을 코로 가져가 냄새를 맡도록 하면서 향기 또는 악취(좋거나 나쁜 냄새)에 주의를 기울인다. 미지막으로, 내담자들에게 입에 음식을 넣으라고 말한다. 첫째로, 입에 음식을 넣었을 때 무의식적으로 삼키고 싶은 욕구가 있는지 물어보고 주의를 기울이도록 한다. 둘째로, 내담자들에게 입안에 느껴지는 다양한 맛에 대해 주의를 기울이고, 혀의 어느 부분에서 이런 맛이 느껴지는지 주의를 기울이도록 한다(혀의 부위에 따라 느껴지는 맛이 다르다). 마지막으로, 내담자들이 음식을 삼키고 먹는 과정을 되돌아보도록 한다.

3. 잠시 방금 전의 경험에 대해 심사숙고한 후에 앞에서 설명한 것과 같은 방식으로 내담자들이 남아 있는 음식을 먹도록 지시한다. 치료자는 내담자들과 함께 마음챙김 먹기에 참여하거나 활동에 참여한 내담자들을 관찰할 수 있다.

4. 필요 시 내담자들에게 건포도에 대해 떠오르는 생각, 예를 들어 건포도에 대한 선호도, 향, 맛, 질감 등과 같은 부분에 대해 주의를 기울이도록 한다.
5. 이 명상을 한 후에 일상적으로 먹었을 때와 어떻게 다른지에 대한 토론으로 이어진다. 더불어 마음챙김이 일상생활에서 흔히 하는 활동에 어떻게 적용될 수 있는지에 대한 예시로 소개가 되며, 명상이 특별한 활동이라는 오해를 없애 준다.

마음챙김 먹기 명상을 내담자들에게 안내한 후, MBTI 치료자는 내담자들이 이 체험을 소화할 수 있도록 하기 위해 질문과 토론 시간을 갖는다. 종종 내담자들은 스스로 "바보 같다."고 느끼거나 "건포도가 싫다."와 같이 즉각적인 판단을 표현할 것이다. 여기서 MBTI 치료자가 비판단의 원리를 실천하여 내담자들에게 정답을 이야기하는 것보다는 스스로 그들이 이 경험을 통해 발견한 것들을 나누는 시간을 가지는 것의 중요성을 강조한다. 치료자는 내담자들에게 자동적으로 긍정적이고 부정적인 특징(예: "내가 얼마나 건포도를 싫어하는지 다시 알게 되었다.")을 부여하려고 하는 마음의 경향에 주목할 수 있다고 알려 줄 수 있다. 그렇지만 치료자는 사고를 수정하고 다른 사고로 대체하거나 긍정적인 사고를 선호하는 것과 같은 모든 인지 재구조화를 자제해야 한다. 이 과정은 알아차림을 발전시키는 중요한 첫 단계로 내담자들이 수정 없이 반응을 솔직하게 공유할 수 있도록 해 준다.

비구조적 명상 다음에 내담자들에게 첫 번째 명상인 앉기 명상을 소개한다. 이 명상은 호흡에 집중하며, 앉기와 호흡을 관찰하는 것이 어떻게 다른 명상의 기초가 될 수 있는지 설명한다. 전달해야 하는 한 가지 중요한 메시지는 호흡은 뇌가 자동적으로 조절할 수 있기도 하지만 의식적으로 통제할 수도 있는 생리적 활동이라는 점이다. 우리는 호흡하기 위해 노력을 하지 않아도 되지만 의도를 가지고 특정한 방법으로 숨을 쉴 수 있고, 그것을 유도하도록 호흡 과정에 능동적으로 주의를 기울일 수 있다. 이 첫 번째 호흡 명상에서 내담자들에게 이 과정을 관찰하면서 느껴지는 신체적 감각, 근육 긴장도의 변화, 코끝의 간지러움과 같은 감각을 알아차리도록 격려한다. 때때로 내담자들은 제대로 하고 있지 않은 것 같다고 언급할 수 있지만, 지금 이 순간 일어나는 것이 무엇인지 알아차리고 그 감각을 설명할 수 있다면 그들은 마음챙김을 연습하고 있는 것이다. 마음챙김 명상의 첫 번째 핵심은 이 과정에 대해서 의도적으로 알아차림을 실천하고 있다면 명상을 하는 데 있어서 잘못된 방법은 없다는 것이다! 전형적으로 첫 번째 길잡이식 앉기 명상은 10분에서 15분간 지속하고, 이후에 질문 및 논의 시간을 갖는다. 앉기 명상을 위한 지침서는 〈첨부자료 5-4〉를 참고하면 된다.

첨부자료 5-4 앉기 명상
- -

주의: 이 명상은 의자에 앉거나 바닥에 앉아서 할 수 있다. 첫 명상에서 치료자는 내담자들에게 호흡에 주의를 기울이는 과정을 안내할 수 있게 더 자세한 사항을 알려 줘야 한다. MBTI 회기 후반에 치료자들은 지침을 줄이고 내담자들에게 더 많이 탐색할 기회를 줄 수 있다. 전형적으로 20~30분 정도 소요된다.

지침

1. 내담자들이 편안한 자세로 앉도록 하고(의자 또는 바닥), 그들의 자세에 대한 알아차림을 가져오면서 시작한다.

2. 내담자들이 눈을 감도록 한다. 눈을 뜨고 명상을 할 수도 있다.

3. 내담자들이 현재 상태에 도달한 것을 환영하고, 현재 느껴지는 생각, 감정과 감각에 주목하도록 한다.

4. 다음 숨을 들이쉴 때 내담자들이 들숨 중에 발생하는 신체 감각에 특히 신경을 쓰도록 하면서 느리고 긴 호흡을 하도록 한다. 복부의 움직임, 가슴의 확장 또는 콧구멍으로 들어오는 공기의 움직임과 같은 변화를 포함할 수 있다.

5. 다음 숨을 내쉴 때에 코나 입으로 공기를 천천히 내보내라고 안내하고, 숨을 내쉬는 과정 중에 발생하는 몸의 감각에 특별히 주의를 기울이게 한다. 복부가 가라앉고, 어깨가 쳐지며 콧구멍 또는 입에서 공기가 나가는 것을 포함할 수 있다.

6. 호흡을 할 때마다 내담자들에게 호흡의 과정에 대해 온전히 알아차림을 가져올 것을 상기시킨다. 공기가 들어왔다가 나가면서 신체의 감각에 주목한다.

7. 내담자들에게 입, 콧구멍 또는 복부처럼 특정한 부위에 집중하고 호흡을 들이쉬고 내쉬면서 그 신체 부위의 감각에 집중하도록 한다. 내담자들에게 스스로 느끼는 감각을 탐색할 수 있는 시간을 준다.

8. 몇 분 후에 내담자들에게 생각이 다른 곳으로 흘러갔는지 관찰하라고 한다. 생각은 산만해지는 경향이 있기 때문에 만약 현재에 집중하지 못하고 다른 생각을 하고 있었다면 잘못한 것이 아니라고 안심시킨다. 단순히 잠시 다른 생각을 한 것을 알아차리고, 천천히 자비로운 자세로 다시 호흡에 집중하도록 안내한다.

9. 치료자들은 호흡에 집중하는 것을 확장하여 신체, 주변에서 나는 소리, 신체에서 나는 소리와 생각을 포함시킬 수 있다.

10. 만약 알아차림이 확장되었다면 몇 분 동안 다시 호흡에 집중하도록 한다.

11. 차임벨이나 종을 울려서 명상을 종료한다.

구조적 명상과 더불어 은유법은 호흡에 집중하는 것 또는 '머리에서 생기고 사라지는 것에 주목하는 것'과 같은 활동이 너무 모호하거나 구조화되지 않았다고 생각하는 내담자들을 위해 유용하게 사용될 수 있다. 예를 들어, 기차 관찰 은유법(trainspotting metaphor; 〈첨부자료 5-5〉참조)은 기차가 역을 통과하는 것처럼 머리에서 생각이 생겼다가 사라지는 명상을 사용한다. 이 은유법에서 우리는 보통 승객이 되어 기차를 타고 이 역에서부터 다른 역으로 이동하듯이 이 생각 저 생각을 한다. 이러한 생각이 어디로 향하는지 모른 채 알아차림 없이 이리 저리 옮겨 다닌다. 이와 반대로 마음챙김 알아차림은 우리 생각에서 탈중심화될 수 있도록 하며, 생각을 정신 활동으로서 관찰하게 한다. 이 은유법에서 기차 관찰자(trainspotter)는 기차 그 자체에 대한 호기심과 흥미 때문에 기차가 지나가는 것을 관찰하기 좋아하는 사람들이다. 이 사람들은 대중교통으로 기차를 이용하지 않고 기차의 종류, 얼마나 빨리 지나가는지, 얼마나 많은 사람을 태웠는지 등과 기차의 목적지가 아니라 기차 그 자체의 특징에 흥미를 가지고 관찰한다. 승객들이 기차에서 승강장에 내려 기차가 지나가는 것을 보는 것처럼 생각의 목적지를 따라가지 않고 생각이 지나가는 것을 관찰하는 것이 가능하다. 이것은 결과 지향적 양식(즉, 문제 해결을 야기하는 생각)에서 과정 지향적 양식(즉, 생각 그 자체를 관찰하기)으로 이동하는 메타인지적 변화이다. 치료자는 사고에 관여하지 않고 지켜보는 방법을 설명하기 위해 기차 관찰 은유법을 사용할 수 있다. '기차에서 내리기'와 '기차 관찰자가 되기'는 결과에 집착하지 않고 생각을 관찰하기 위한 훈련을 하기 위해 내담자들이 사용할 수 있는 유용한 문구가 될 수 있다.

기차 관찰 은유법

주의: 기차 관찰 은유법은 생각이 떠오르는 것을 관찰하는 것과 생각에 관여하는 것의 차이를 설명하는 방법으로 사용된다. 구조적 명상은 아니지만 은유법으로 설명하거나 떠오르는 생각에 집중하고 관찰하는 앉기 명상으로 사용될 수 있다.

명상에서 기차 관찰을 사용하기 위한 지침

1. 내담자들에게 이완된 자세로 눕거나 앉아서 눈을 감도록 요청하고, 느리고 긴 호흡을 여러 번 하며 호흡에 전념하도록 한다.

2. 내담자들이 외부로부터 주의를 돌리고 내면의 세계에 집중하도록 한다. 그리고 기차역의 승강장에 서 있다고 상상하도록 한다. 이 기차역 주변을 보라고 요청하고, 자신의 생각을 기차라고 상상하며, 기차가 기차역을 한 대씩 지나가는 상상을 하라고 한다.

3. 내담자들에게 머리에 떠오르는 것이 무엇이든 생각을 관찰하도록 격려한다. 옳은 생각이나 그른 생각은 없다. 어떤 생각은 빨리 지나가고 어떤 것은 느리게 머무를 것이다. 생각에 집중하고 그 생각의 목적지가 어디로 가는지(기차에 타는 것)를 생각하지 말고, 내담자들에게 거리를 두고 생각을 관찰하라고 상기시킨다. "생각은 어디에서 왔나요?" "긍정적인가요, 부정적인가요?" "어디로 가고 있나요?"와 같은 유도 질문을 하는 것이 도움이 될 수 있다.

4. 이 은유법에서 특정 생각에 빠지거나 '기차에 올라타기'를 할 가능성이 있다는 것을 인정할 수 있도록 안내한다. 내담자들이 '기차에 올라타기'를 했다는 것이 관찰됐을 때, 다시 승강장으로 천천히 돌아오면 된다고 상기시킨다. 생각에 잠시 빠져도 괜찮다고 인정을 하며 자기자비를 실천하고, 다시 기차 관찰자로 승강장에 돌아가면 된다고 격려한다. 내담자들이 더 이상 기차를 관찰하고 있지 않다는 것을 알아차릴 때마다 똑같은 과정을 반복해야 한다고 알려준다.

5. 내담자들에게 다시 호흡으로 주의를 돌리도록 지시한다. 차임벨이나 종을 울림으로써 명상을 종료한다.

구름 은유법도 마음챙김 원리를 설명할 수 있는 유용한 방법이다. 이 활동의 목적은 생각이 마치 하늘에 있는 구름인 것처럼 관찰하는 것이다. 이 방법은 생각을 통제하려고 노력하거나 특정한 생각을 안 하려고 노력하는 것이 무용하다는 것을 알아차리기 위한 은유법으로 사용할 수 있다. 기차 관찰 은유법처럼 구름 은유법은 생각을 해석하거나 행동으로 옮기지 않고 생각을 관찰하는 연습을 할 수 있는 기회를 제공해 준다. 이 명상은 생각이 판단과 성과를 거두기 위한 집착 없이 그저 생각으로만 머무를 수 있는, 생각에 대한 탈중심화를 하는 메타인지적 기술을 향상시킨다. 날씨를 은유법으로 사용하여 머리에서 떠오르는 생각을 낮 동안 구름이 뭉게뭉게 지나가는 것처럼 관찰할 수 있다. 구름을 면밀히 관찰하면 구름은 나타났다가 사라진다는 것을 알 수 있다. 어떤 구름은 오랜 시간 동안 주위를 맴돌기도 하고, 어떤 구름은 빨리 지나가기도 한다. 날씨는 항상 변하고 우리가 이것을 통제할 수 없다는 것을 주목한다. 구름을 관찰하여 날씨가 어떨 것인지 예측하고 무엇을 준비해야 할지 도와줄 수 있지만, 우리는 날씨를 변화시키기 위해 아무것도 할 수 없다. 구름 은유법은 내담자들이 생각을 관찰할 수 있도록 돕는 길잡이식 명상으로 사용할 수 있다. 〈첨부자료 5-6〉은 치료자들이 명상을 통해 구름 은유법을 할 수 있는 지침을 제공한다.

구름 은유법

주의: 구름 은유법은 생각을 통제하거나 특정 생각이 떠오르는 것을 막으려고 시도하는 것이 얼마나 소용없는지 보여 준다. 기차 관찰 은유법처럼 은유법으로 이것을 설명하거나 앉기 명상에서 생각에 집중할 때 사용할 수 있다.

명상에서 구름을 사용하기 위한 지침

1. 내담자들에게 편안한 자세로 눕거나 앉은 후 눈을 감으라고 요청하고 호흡에 전념할 수 있도록 느리고 깊은 호흡을 하게 한다.

2. 내담자들이 외부로부터 주의를 돌리고 내면의 세계에 집중하도록 한다. 하늘을 보고 있다고 상상하라고 요청한다. 생각이 구름이 되어, 하늘에 떠 있다고 상상해 보도록 한다.

3. 내담자들에게 구름을 관찰하도록 지시하고 구름의 색깔, 모양, 유형을 주목하도록 한다. 어떤 구름은 하얗고 솜털 같으며, 또 어떤 구름은 회색일 것이다. 어떤 구름은 바람이 불어 빠르게 날아갈 것이고, 어떤 구름은 오래 머무를 것이다. 내담자들이 구름이 무슨 의미인지, 무엇을 예측하는지 분석하기보다 그저 구름을 관찰하도록 한다.

4. 구름을 일정 기간 관찰하다 보면 우리는 비슷한 패턴을 관찰할 수 있다고 소개한다. 이런 방식으로 우리의 생각은 특정한 주제나 힘들어하는 문제를 반영할 수 있다. 만약 관찰했다면, 그 생각에 빠지지 말고 관찰만 한다. 내담자들에게 이 명상은 문제를 해결하는 것이 목적이 아니고, 날씨의 패턴을 관찰하는 것뿐이라고 상기시킨다. 마음챙김을 기반으로 한 행동으로 옮기는 것은 이 명상이 끝난 후에 할 수 있다.

5. 내담자들의 주의를 호흡으로 돌린다. 차임벨 또는 종을 울려 명상을 마친다.

6. 명상을 마친 후에, 논의 시간에는 관찰한 '날씨 양상'에 대한 논의를 할 수 있다. 구름이 날씨의 변화나 폭풍우에 대한 암시일 수 있고, 이것은 정서적 스트레스를 상징할 수 있다. 이것은 미해결된 갈등 또는 스트레스가 있다는 것을 의미할 수 있다. 어떻게 마음챙김 알아차림이 마음챙김을 기반으로 한 행동으로 이어질 수 있는지에 대한 예시로 논의될 수 있다.

길잡이식 명상 지도를 위한 지침

길잡이식 명상을 지도하는 것에는 경험이 필요하고 개인적인 명상 연습을 가지는 것이 상당히 도움이 된다. 치료자들이 길잡이식 명상을 지도할 때 마음에 새겨야 할 몇 가지 중요한 요점들이 있다. 첫째, MBTI 치료자들은 단순히 대본을 읽기보다는 명상을 지도하는 도중에도 마음챙김 원리를 연습하는 것이 중요하다. MBTI 치료자로서 마음챙김 원리를 구현하고 순간 일어나고 있는 것에 대한 진정성을 향상시키는 것이 중요하다. 같은 맥락에서 치료자들은 자신의 목소리의 음량을 확인하고 모든 내담자가 자신의 목소리를 들을 수 있는지를 확인해야 한다. 둘째, 단순한 언어를 사용하고 현재분사를 사용하는 것이 중요하다. 현재분사를 사용하는 것은 마음챙김에 대한 지금 이 순간의 집중을 강화시켜 주고, 단순한 언어를 선호하는 것은 내담자들이 지침에 대해 너무 깊이 생각하지 않게 하기 위해서이다. 또한 내담자들이 명상하는 중에 경험을 온전히 느끼고 지금 이 순간 일어나는 것을 발견하도록 하기 위해서 치료자들은 지침을 제공하는 중간에 멈추며 시간을 주는 것이 중요하다. 명상의 속도는 중간 정도로 맞추어, 내담자들이 탐색할 수 있도록 지침 중간에 충분한 시간을 주되, 무엇을 해야 하는지 길을 잃을 정도로 시간이 길지 않아야 한다. 첫 명상을 하는 동안에는 더 많은 지침을 제공하고, 프로그램이 진전되고 내담자들이 명상에 더 익숙해질수록 지침을 줄이는 것이 도움이 될 수 있다.

길잡이식 명상 후, 거의 대부분의 내담자는 명상을 하는 동안에 잡념이 떠오르거나 집중하는 것이 어려웠다는 것을 언급할 것이다. MBTI 치료자들은 명상을 하는 중에 잡념이 생기는 것의 보편성에 대해 알리고, 이는 명상하는 동안에 예상할 수 있는 것이며 정상화하는 것이 필수적이다. 치료자들은 내담자들에게 몽상이 나타나거나 주의가 흐트러졌다는 것을 인식하고, 호흡과 같은 관심의 대상으로 주의를 다시 가져오도록 지도한다. 그렇게 함으로써 치료자들은 명상을 하기 위한 '옳은 방법' 또는 '틀린 방법'이 없는 것과 명상을 하는 동안에 몽상을 제거하는 것을 선호하는 것이 아니라는 사실을 강화할 수 있다. 치료자들은 프로그램 초기에 비판단적 수용의 개념을 명확하게 전달해야 한다. 다른 명상의 관습을 따라서 MBTI에서 명상은 일반적으로 종이나 차임벨을 울리며 종료한다.

24시간의 문제로서 불면증 소개하기

MBTI는 불면증이 24시간의 문제이며 단순히 밤에만 발생하는 문제가 아니라는 개념을 토대로 한다. 1장에서 불면증의 3-P 모델(Spielman, Caruso, & Glovinsky, 1987)은 불면증의 개념화에 매우 영향력을 끼쳐 왔다는 것을 기억해 보자. 상기시키자면, 3-P 모델은 소인적 요인, 유발 요인, 지속 요인으로 불면증의 발달과 유지를 설명한다. 이 모델은 스트레스가 신체에 미치는 영향을 설명하는 가장 영향력 있는 모델 중 하나인 취약성-스트레스 모델을 수면과 각성의 알려진 기제에 적용하기 때문에 유용하다. 또한 지속 요인의 새로운 점은 수면 교란에 반응하거나 잠을 자기 위한 노력을 증가시키는 것이 불면증의 원인에 중요한 역할을 한다는 것을 강조한다. 불면증이 지속되는 것은 만성 불면증이 있는 사람들에게 두드러지게 나타나는 각성의 증가 또는 과다각성 때문이다(Bonnet &

Arand, 2010; Riemann et al., 2010). 불면증이 있는 사람이 과다각성 상태에 있을 때, 그들은 간절히 잠을 자기 원하는데도 불구하고 지속적으로 '피곤하지만 긴장한' 상태인 것처럼 느끼고 이완하거나 각성을 놓아주는 데 어려움을 느낀다. 예를 들어, 불면증을 경험하는 사람들은 그들의 침대를 '적'이라고 묘사하고, 취침 시간을 '전쟁터'라고 묘사하여, 만약 그들이 '전투'에서 진다면 다음 날 그 대가를 지불해야만 한다고 느낀다. 다른 이들은 그들의 수면 문제를 해결하기 위해 너무 많은 시간을 보낸 나머지, 실제로 잠을 자는 시간보다 수면에 대해 생각하는 시간을 더 많이 소요한다.

첫 회기에 내담자들에게 3-P 모델을 설명하는 것은 만성 불면증에 기여하는 요인이 무엇이고, 모든 사람이 가끔 경험하는 수면 교란과 어떻게 다른지 명확한 이해를 제공하기 때문에 중요하다. 이러한 설명은 수면을 직접적으로 늘릴 수는 없지만 직접적으로 다뤄질 수 있는 요인이 있다는 점에서 희망을 제공한다. 구체적으로 이 모델은 내담자들이 스스로에 대한 이해(즉, 소인적 요인)를 통해 불면증 발달 가능성에 기여하였고, 스트레스가 수면 교란을 촉발했을 가능성(즉, 유발 요인)이 있다는 것을 이해할 수 있도록 돕는다. 그러나 수면에 대한 반응성과 잠을 자기 위해 노력을 증가시키는 것(즉, 지속 요인)은 과다각성 상태를 만들고, 이것은 만성 불면증의 악순환으로 이어진다. 다행히도 수면에 대한 반응성과 수면 노력을 다루는 것이 가능한데, 이는 MBTI가 불면증을 단순히 밤에 발생하는 문제로만 보는 것이 아니라 24시간 문제로 접근하는 이유이다. 3-P 모델은 그들의 불면증 증상에 대해 다른 관점에서 생각하도록 돕고, 결국에 뒤에 MBTI에서 논의될 불면증 영역의 개념에 반영된다.

1회기 과제

첫 회기를 마무리하며, 내담자들이 마음챙김 원리를 연습하는 과제를 해 올 것과 불면증의 개념을 소화할 것에 대한 기대를 소통하는 것이 중요하다. 전형적으로 집에서 해 오는 과제는 수면 관련 행동에 변화를 주고 명상 연습을 하는 것이다. 치료자들은 마음챙김과 불면증에 대한 책의 챕터 혹은 기사를 보조자료로 읽어 오라고 과제로 내줄 수 있다.

명상 연습

1회기에서 주요 목표는 내담자들이 스스로 명상 연습을 시작하는 것과 언제, 어디서, 어떻게 명상 연습을 규칙적으로 할 것인지에 대해 정하는 것이다. 이런 사항에 대해 자세한 지침 또는 안내를 주기보다 치료자들은 내담자들이 다양한 시간과 장소에서 연습하는 것을 시도하도록 하여 본인에게 가장 잘 맞는 명상 연습을 할 수 있게 격려하는 것이 좋다. 불가피하게 각 집단에서 몇몇의 내담자는 어려움을 경험하게 될 것이다. 이런 어려움을 부정적으로 보기보다, 치료자는 이것을 2회기에서 논의하면서, 마음챙김 명상을 연습하면서 누구나 어려움을 경험할 수 있고 집단의 동질감을 촉진시키기 위한 기회로 사용할 수 있다.

과제를 위해서 내담자들은 매일 한 끼 식사나 간식을 마음챙김 먹기로 실천하여, 일상생활 활동에서 마음챙김의 특성을 적용할 수 있도록 한다. 내담자들은 또한 돌아오는 주에 최소한 15분 정도, 주 6일 동안 앉기 명상 연습을 하도록 한다. 명상의 횟수나 지속 시간에 특별한 이유는 없다. 이러한 지침은 내담자를 위해 가장 현실적인 수준이 무엇인지 나의 개인적인 관찰과 일반적으로 MBSR이나 마음챙김 기반 인지치료 프로그램을 토대로 적용되었다. 치료자들은 본인의 경험이나 집단에 참여하는 내담자의 특성에 따라 조정할 수 있다. 명상 일지는 내담자들이 명상 횟수, 각 명상 회기의 지속 시간, 명상의 종류를 추적할 수 있기 때문에 제공되어야 한다(예시는 부록 참조).

수면 일지

명상 일지와 더불어 수면 일지는 MBTI에서 중요한 자가 모니터링 도구이다. 첫 회기에서 수면을 모니터링하는 것이 낮과 밤에 걸친 수면과 주간의 패턴에 대한 알아차림을 기르는 데 사용되는 기초적인 도구임을 설명하는 것이 중요하다. 전향적 일지를 완수하는 것이(회고적 회상과 반대로) 수면 관련 행동을 조사하고 시간에 따른 수면의 변화를 모니터링하는 데 중요하다. 수면 일지는 수면-각성 패턴과 수면 관련 행동에 대한 큰 알아차림을 개발하는 데 중요한 정보를 제공해 준다. MBTI 치료자와 연구자는 MBTI를 완료한 내담자의 치료 경과와 결과를 평가하는 데 수면 일지를 사용할 수 있다. MBTI 후반부에는 수면 일지로부터 얻은 정보를 취침 및 기상 시간을 설정하는 데 사용할 것이다(6장 참조).

수면 일지는 다양한 형태를 가질 수 있고, 제공되는 형태에 따라 장점과 단점이 있다. 최근에 작성을 어떻게 해야 하는지 지침이 포함된 표준화된 수면 일지가 출판되었으며, 핵심 수면 일지와 추가 자료를 수집할 수 있는 확장판으로 분리되어 제공될 수 있다(Carney et al., 2012). MBTI를 위해 수집되어야 하는 수면-각성 변수는 불을 끈 시간(즉, 밤에 침대에 들어간 시간), 수면잠복기

(SOL), 잠든 후 각성 횟수(Number of Awakenings: NWAK), 입면 후 각성 시간(Wake After Sleep Onset: WASO), 조기 증상(Early Morning Awakenings: EMA), 아침에 불을 켠 시간(예: 기상 시간), 수면의 질 평정이 포함된다. 이러한 변수로부터 총 깨어 있는 시간(Total Wake Time: TWT), 총 수면 시간(TST), 수면 효율성(Sleep Efficiency: SE)이 계산될 수 있다. 밤에 측정되는 변수와 같이 낮 시간 졸림/각성 및 피로/에너지에 대한 평정은 낮 시간의 기능 변화를 평가하는 데 유용할 수 있다. 치료자들은 수면 일지를 검토하고 내담자들이 목적과 지침을 확실히 이해할 수 있도록 시간을 가져야 한다. 표준화된 수면 일지는 좋은 출발점이 될 수 있지만, MBTI 치료자들은 필요한 경우 수정하거나 추가할 수 있다. 수면 변수의 계산과 수집된 자료를 어떻게 특정한 행동 요법에 사용할 수 있는지는 6장 후반에 논의된다. 부록에서 유인물 3은 수면 일지의 예시이다.

2회기: 오토파일럿에서 벗어나기

2회기의 주제는 오토파일럿에서 벗어나기로, 단지 형식적으로 움직이는 것이 아니라 완전히 그리고 의도적으로 현재 순간을 경험하기의 개념을 의미한다. 1회기에서는 마음챙김의 개념과 실습의 소개를 다졌다면, 2회기에서는 현재 순간에 떠오르는 생각, 감정, 감각에 대한 알아차림과 의도를 기르고 심도 있는 마음챙김 연습을 공고하게 하는 것에 집중한다. 이 실습은 우리가 오토파일럿에서 나오게 도와준다. 이 주제를 다루면서 내담자들과 수면 위생에 대한 행동지침을 소개하고 검토한다. 2회기의 개요를 위해

주제: 오토파일럿에서 벗어나기

목표

1. 내담자의 명상 연습 설정하기
2. 오토파일럿에서 벗어나 마음과 신체의 알아차림을 가져오는 방법 설명하기
3. 수면 위생을 위한 지침 제공하기

활동

1. 명상 연습 및 질문 시간

   a. 앉기 명상

   b. 바디 스캔 명상

   요점: 앉기 명상과 바디 스캔 명상은 호흡과 특정한 신체 영역에 의도적으로 알아차림을 가져오게 해서 오토파일럿(즉, 습관적인 신체적 및 정서적 반응적인 패턴을 알아차리지 못하는 상태)에서 벗어날 수 있게 해 준다.

2. 불면증 교육 및 전략

   a. 수면 위생에 대한 논의

   요점: 수면을 방해하는 행동 또는 활동에 주목하는 방법으로 수면 위생을 논의한다. 수면을 촉진시키기 위해 우리가 하는(혹은 하고 있지 않은) 것에 대한 알아차림을 가져온다.

2회기 과제

1. 수면 일지와 명상 일지 작성하기
2. CD를 사용하여 바디 스캔 명상 연습하기(적어도 6일 동안 각 회기마다 30분)
3. 이번 주 동안 수면 위생 지침 따르기

〈첨부자료 5-7〉을 참고하면 된다.

MBTI 회기의 일반적인 구조는 2회기에서 형성되기 시작한다.

첫 한 시간 동안 두 가지 길잡이식 명상(각각 20~30분)에 이어 질문과 논의 시간(10~15분)을 갖는다. 질문 시간은 회기 내에서 하는 명상 연습에 대한 논의, 집에서 명상을 연습하면서 발견한 것들과 내담자들의 삶 속에서 마음챙김 원리를 어떻게 적용하고 있는지에 대해 논의하는 시간을 갖게 해 준다. 이 시간을 어떻게 구조화하는지는 다음 단락에서 제공된다. 10분에서 15분 정도 짧은 휴식 후에 불면증과 관련된 수면교육이나 지침을 한 시간 동안 다루게 된다. 여기에는 이 장의 후반과 6, 7장에서 논의되는 행동 요법과 메타인지적 전략이 포함된다.

마음챙김 실습 시작하기와 질문과 논의 시간 가지기

각 회기를 명상으로 시작하는 구조화를 위해 치료자들은 2회기부터 20~30분 정도 앉기 명상으로 시작하면 좋다(〈첨부자료 5-4〉참조). 이 명상은 1회기에 소개가 되었으며, 2회기에서 다시 명상으로 시작하는 것은 내담자들에게 명상에 대한 연습을 상기시켜 줄수 있고, 명상을 하는 시간을 늘리면서 마음챙김 명상에 대한 경험의 깊이를 더할 수 있다. 명상을 하는 동안 치료자는 조심스럽고 부드럽게 내담자들을 지도하고 안전한 공간을 만들도록 도와주며, 명상하는 방법에는 옳고 그른 것이 없다는 것을 강조해야 한다. 앉기 명상 실습을 다 한 후에 치료자는 질문과 논의 시간을 가지도록 한다. 질문 시간은 불교 전통을 기반으로 하며 학생들에게 명상 실습에 대해서 솔직하게 질문을 하고 논의할 수 있는 기회를 준다. 첫 질문은 막 끝난 명상에 대한 것이다. 치료자는 내담자들에게 명상을 하는 동안 관찰한 바를 물으면서 대화를 시작할 수 있다. 내담자들은 질문 시간에 마음챙김의 원리들을 유지하며 비판단적인 방식으로 명상 동안 떠오른 어떠한 경험이라도 묘사하도록 독려되어야 한다. 그 경험은 꼭 흥미롭거나 심오한 경험일 필요가 없으며 치료자는 어떻게 내담자들의 경험에 반응을 하는지 주의해야 한다. 치료자는 내담자들에게 무엇을 경험해야 하는지 또는 배워야 하는지 지시하는 것이 아니라, 내담자들이 스스로의 경험을 관찰하고 마음챙김을 하면서 타인의 경험을 경청하도록 안내하는 것이다. 치료자는 내담자의 경험 중 중요한 부분을 강조할 수 있지만, 어떤 경험이 좋거나 나쁜지 또는 더 흥미가 있는지 판단하는 것을 피해야 하고, 더 과격한 경험을 한 내담자에게 더 관심을 기울여서는 안 된다. 이는 치료자도 마음챙김 연습을 요한다는 것을 의미한다. 인지행동치료 훈련을 받은 치료자들은 교육하는 방식으로 진행하고 싶어 하는 유혹에 빠지기 쉽다. 그렇지만 MBTI에서는 명상 연습이 주된 선생님이다.

질문의 두 번째 부분은 집에서 하는 명상 연습과 전반적인 안녕감과의 관계에 대한 것을 다뤄 줘야 한다. 이것은 불면증 증상, 주간 기능, 삶의 질과 관련되는 다른 영역에서의 변화에 주목하는 것을 포함한다. 이 시간은 명상 연습을 위한 과제를 복습하는 시간이 될 수도 있고, 내담자들이 집에서 하는 명상 연습에서 관찰된 바를 논의하는 시간이 될 수 있다. 두 번째 회기에서 내담자들은 마음챙김 실습을 시작한 지 일주일밖에 되지 않았기 때문에 모든 내담자는 연습을 규칙적으로 하는 것에 대해 어려움과 도전을 보고할 것이다. 일반적으로 시간 부족, 공간 부족과 사생활의 부족 또는 집중하는 것에 대한 어려움을 이야기한다. 이러한 어려움이 있다는 것을 인정하고, 마음챙김 명상을 규칙적으로 하기 위해 지속적으로 전념하도록 격려하며 명상을 실천하는 것을 어렵게 만드는 장애물들을 극복하기 위해 창의적인 해결책을 찾는 것을 도와주어야 한다. 만약 필요하다면, 내담자들에게 마음챙김 실습의 원리와 개념을 상기시키는 것이 도움이 될 수 있다. 논의하는 중에 내담자들이 다른 사람들이 고려하지 못한 해결책을 제시할 수 있기 때문에 논의를 통해 집단 전체가 혜택을 받을 수 있다. 집단 형식으로 질문 시간을 갖는 중요한 이유 중 하나이다.

바디 스캔 명상

질문과 논의 시간 후에 두 번째 구조적 명상인 바디 스캔이 소개된다. 바디 스캔 명상은 신체의 특정한 부위에 의도적으로 집중을 하며, 그 무엇도 바꾸려고 하지 않고 감각들을 관찰한 다음, 놓아주고 다른 신체 부위에 집중을 하게 된다. 이 명상은 개인이 습관적으로 가지고 있는 신체적인 또는 정서적인 반응패턴을 인식하지 못하는 마음챙김이 결여된 상태에서 벗어나는 것을 강조한다. 특히 바디 스캔 명상은 신체의 각 부분을 더 인식하면서 신체에 대해 가지고 있는 연결성을 더 깊어지게 한다. 이는 특히 발바닥이나 머리 꼭대기와 같이 평소에 의식적으로 주의를 기울이지 않는 영역에 대해 중요하다. 바디 스캔 명상은 30분 정도 지속이 되기 때문에 일정 기간 지속적이고 집중된 주의력을 연습할 수 있게 도와주며 주의가 흐트러졌을 때 주의를 다시 신체로 가져오는 방법을 학습할 수 있게 도와준다. 주의와 의도에 대한 이 연습은 마음챙김 명상 실습의 핵심이다. 바디 스캔은 알아차림 활동으로 소개되고 내담자들에게 명상을 하는 동안 온화하고 비판단적인 알아차림을 유지하며 신체에서 경험하는 것들에 대해 주의를 기울이도록 한다.

신체적인 알아차림과 함께 바디 스캔 명상은 또한 정서적 알아차림을 개발할 수 있도록 도와주며, 조용함과 평온함을 경험하게 될 수 있다. 이는 지금 이 순간 일어나는 신체의 감각들에 대한 부드럽고 호기심 어린 알아차림을 연습할 수 있는 기회를 제공한다. 신체에 대한 알아차림은 정서 조절을 효과적으로 하는 방법을 학습하는 데 중요하다. 가슴이 답답하거나 어깨에서 느껴지는 긴장감은 의식하지는 못하지만 신체화된 강한 감정의 존재에 대한 신호일 수 있다. 몸이 어떻게 느끼는지에 대한 피드백은 정서와 스트레스를 더 잘 관리할 수 있는 방법을 배우는 데 중요하다.

바디 스캔이 신체적 및 정신적 이완의 깊은 상태를 경험할 수 있는 기회를 제공하지만 MBTI 치료자들은 명상 연습을 통해 직접 잠들게 도와주는 것은 아니라는 것을 확실히 해야 한다. 내담자들에게 그 의도는 '잠들기 위해 명상한다'는 것이 아니라 알아차림을 기를 수 있는 활동으로 사용한다는 것을 상기시키는 것이 도움이 될 것이다. 바디 스캔 명상은 결국 내담자들이 잠이 들도록 도와줄 수 있지만, 불면증을 개선하려고 하는 시도를 하지 않고 신체 감각에 대한 알아차림을 기르는 목적으로 연습하는 것이 중요하다. 연습을 통해 이 기법을 숙달한 뒤에 바디 스캔은 밤에 졸림을 촉진시키는 데 사용될 수 있다. 만약 내담자들이 의도치 않게 잠든다면, MBTI 치료자는 내담자들이 잠들었다는 것에 대한 죄책감을 느끼지 않도록 비판단적 태도를 실천하는 것이 중요하다. 만약 내담자가 잠이 든다면, 치료자는 바디 스캔 명상이 끝난 후에 내담자를 부드럽게 깨울 수 있다. 때때로 이는 잠을 자기 위한 노력을 하지 않았을 때 수면이 자연스럽게 발생된다는 논의를 할 수 있는 기회가 제공한다. 바디 스캔 명상을 이끌기 위한 지침은 〈첨부자료 5-8〉을 참고하면 된다.

첨부자료 5-8 **바디 스캔 명상**

주의: 바디 스캔 명상은 특정한 신체 부위에 의도적으로 집중하며 어떤 것을 변화시키기 위한 시도 없이 감각에 주목한 이후, 놓아주며, 신체의 다른 부위로 주의를 집중하는 것을 연습하는 중요한 명상이다. 이 명상은 내담자들이 요가 매트에 누워서 진행한다. 만약 원한다면 조명을 어둡게 할 수 있다. 바디 스캔은 신체적 및 정신적으로 깊은 이완 상태에 들어갈 수 있는 기회를 주지만, 치료자는 이 명상은 잠들게 하려는 의도가 있는 것이 아니라는 점을 명확하게 해야 한다. 바디 스캔은 보통 30분 정도 걸린다.

지침
1. 내담자들에게 눈을 감고 눕게 하도록 한다.
2. 이 공간에 내담자들이 온 것을 환영하고, 이 순간 관찰되는 생각, 감정, 감각에 주목하게 한다.
3. 느리고 깊은 호흡을 취하면서 호흡에 집중을 한다. 숨을 들이쉬고 내쉴 때 몸에서 느껴지는 감각들에 특별히 주의를 기울인다. 배꼽의 움직임, 가슴의 팽창 또는 콧구멍으로 들어오는 공기의 이동과 같은 감각들을 포함한다.
4. 몇 번의 호흡을 통해 마음챙김 알아차림을 가져온 다음에 내담자들에게 간지러움, 긴장감, 가슴 답답함, 통증 또는 중립적인 느낌과 같은 신체적 감각에 주의를 집중하도록 지도하면서 바디 스캔 명상을 하기 위해 준비하도록 한다. 만약 통증 또는 가슴 답답함이 존재한다면, 내담자가 이를 완화시키거나 놓아줄 수 있도록 격려한다. 그렇게 하는 것이 가능하지 않다면, 통증을 없애려고 하지 말고 통증에 알아차림을 가져오는 시도를 하게 한다.
5. 왼쪽 발에서 바디 스캔을 시작한다. 이 신체 부위에 충분한 알아차림을 가져오고 판단하지 않고 존재하는 모든 감각에 주목한다. 내담자들이 1분에서 2분 정도 탐색하도록 한다.

6. 마음챙김 호흡을 한 후에 왼쪽 발에 집중하는 것을 멈추고 왼쪽 발목과 아래쪽 다리로 알아차림을 옮겨 간다. 다시 한 번 이 신체 부위에 대해 충분한 알아차림을 가져온다. 판단하지 않고 존재하는 모든 감각에 주목한다. 내담자들이 1분에서 2분 정도 탐색하도록 한다.

7. 신체의 각 부위에 집중하는 것을 통해 왼쪽 다리의 아랫부분에서 위로 올라가고, 오른쪽 발로 옮겨 가고, 오른쪽 다리로 올라간다. 거기에서 등, 몸통, 어깨, 양쪽 팔, 마지막으로 머리로 옮겨 간다.

8. 주기적으로 내담자들에게 생각이 다른 곳으로 흘러갔는지 확인한다. 만약 주의가 다른 곳으로 흐트러졌다면 잠시 다른 생각을 했다는 것을 관찰하고, 주의를 다시 바디 스캔을 하고 있는 부위로 부드럽게 가져오도록 격려한다. 이렇게 하는 것은 주의를 강요하거나 머리를 비우는 것과는 다르다.

9. 머리로 알아차림을 가져온 후에 몸 전체에 집중하도록 한다. 신체의 각기 다른 부위들이 서로 어떻게 연결이 되어 있는지 주목한다.

10. 한 번 또는 두 번의 호흡을 통해 주의를 다시 호흡으로 가져온다.

11. 차임벨 또는 종을 울려서 명상을 종료한다.

앉기 명상에서와 마찬가지로, 바디 스캔을 한 후에 질문과 논의 시간을 가져서 바디 스캔에 대한 내담자들의 첫 경험에 대한 대화를 촉진시킨다. 어떤 내담자들은 이완 또는 졸림을 보고하고, 어떤 내담자들은 안절부절못했다고 묘사한다. 대부분 내담자는 한 신체 부위에서 다른 신체 부위로의 진전이 너무 느려서 어렵거나 짜증이 난다고 말한다. 여기서 다시 한 번 치료자는 마음챙김 원리를 강화해야 하고, 연습은 서두르며 문제 해결을 하려는 마음가짐에서 벗어나 인내심을 가지고 마음챙김의 마음가짐으로 전환해 주는 중요한 수단이라고 설명한다. 대화를 더 촉진시키기 위해, 치료자는 다음 질문 중 한 가지 이상을 물어볼 수 있다.

1. 당신의 몸에 대해 평소와 다르다고 느낀 점이 있었나요?
2. 잠든 사람이 있었나요?
3. 바디 스캔이 불면증을 개선하는 데 어떤 도움을 줄 것이라고 생각하나요?

　이러한 질문은 내담자들이 명상 연습을 하는 동안 길러지는 마음챙김의 관점과 이러한 관점을 이용해 불면증 증상을 개선하는 방법과 연결을 지을 수 있게 도와준다. 내담자들이 마음챙김의 원리를 이해하기 시작하고 연습하는 동안 메타인지적 변화에 대한 발견을 보고하면서, MBTI 치료자는 내담자들이 불면증 증상이 존재할 때 이러한 변화를 연습하기 위한 기회로 고려할 수 있도록 세 번째 질문을 하는 것이 좋다. 겉으로는 이 질문은 결과 지향적인 사고를 촉진시키는 것처럼 보이지만, 사실 마음챙김과 불면증 증상의 경험 간의 균형에 대한 논의로 이어질 수 있다. 또한 내담자들에게 고통의 원인은 결과를 인정해서 생기는 것이 아니라 결과에 집착했을 때 생기는 것이라는 점을 상기시켜 준다. 잠을 더 잘 자고 싶다는 생각을 억누르는 것은 이런 생각을 놓아주는 것과 다르다. 마음챙김의 관점은 결과에 대한 회피를 의미하지 않는다. 대신, 생각 자체를 놓아주는 것이다. 여기에서 치료자들은 내담자들에게 놓아주기 원리에 대해 상기시켜 주고, 6회기에서 놓아주기 원리를 직장과 수면 관련 사고에 적용하는 것을 더 자세하게 다룰 것이라고 알려 주면 좋다(7장 참조).

불면증을 개선하는 데 알아차림이 왜 중요한가

MBTI 치료의 이 시점에서 내담자들은 2개의 기초적인 명상을 경험했을 것이다. 그들은 집에서도 명상 연습을 시작했을 것이다. 내담자들은 MBTI를 조금 경험했기 때문에 그들이 명상을 하는 노력이 불면증을 개선하는 데 어떻게 직접적으로 영향을 주는지 궁금해할 것이다. 특히 아직까지 아무런 변화가 없었다면 더 그럴 것이다. 2회기의 불면증 관련 교육은 이 질문에 대한 답을 제공하면서 시작한다. 여기서 마음챙김 명상을 통해서 알아차림을 기르는 것이 불면증에 미치는 잠재적인 효과에 대한 근거를 내담자들에게 제공하는 것의 목표이다. 이것은 수면과 졸림에 대한 습관적인 반응이 불면증 문제에 어떻게 기여하는지 강조할 수 있는 또 다른 기회이기도 하다.

이 교육을 이끌기 위한 특정한 지침을 제공하기보다, MBTI 치료자는 자신만의 스타일을 개발해야 하고 집단 토론에서 나온 이야기나 본인의 경험을 예시로 사용하여 메시지를 전달하는 것이 좋다. 이 연결성을 내담자들에게 설명하면서 꼭 짚어 줘야 하는 두 가지 핵심 요점이 있다. 첫째, 불면증의 맥락에서 오토파일럿은 잠을 못 자는 것에 대한 반응으로 발생하는 자동적인 경향, 습관 및 생각과 관련이 있다. 예를 들어, 낮 동안 피곤하거나 졸리면, 자동적으로 어젯밤 잠을 못 잔 탓을 할 것이다. 또는 7시간의 수면을 취하지 못했을 때 다음 날 기능이 자동적으로 최적의 상태가 아니라고 느낄 수 있다. 다른 경향은 잠을 못 잔 것을 보완하기 위해서 나타날 수 있는데, 부족한 잠을 보충하기 위해 알람을 더 늦은 시간으로 맞추거나 낮 동안 더 많은 커피를 마시거나 기회만 닿으면 언제든지 자려고 노력하는 행동들을 포함할 수 있다. 여기서 내담자가 불면증 맥락에서 인식되는 생각과 행동의 유형에 대해 연결 짓는 것을 돕는 것이 중요하다. 두 번째 요점은 이러한 반응에 대한 알아차림은 마음챙김 행동을 할 수 있는 기회를 제공한다는 것이다. 이는 마음챙김이 결여된 반응적인 입장에서 의도를 가지고 능동적이며 마음챙김의 입장으로 변화하는 첫 번째 단계이기 때문에 중요하다. 의도적이고 현재 순간에 대한 알아차림 없이, 불면증 증상을 개선시키는 것과 관련 있는 메타인지 또는 행동 변화를 실천하는 것은 어렵다.

수면 위생

알아차림의 개념과 불면증에 대한 맥락에 대해 연결을 지을 수 있게 도와주는 것에 더해, 수면 위생 권고사항은 수면을 방해하는 행동 혹은 활동에 대한 알아차림을 가져오는 방법이라고 소개된다. 많은 사람이 수면 위생(sleep hygiene)이라는 용어를 들어 봤지만, 이 용어는 매체와 건강 의료 공급자들에 의해 잘못 사용되는 경우가 많다. Stepanski와 Wyatt(2003)는 수면 위생에 대한 연구들을 검토한 결과, 다음과 같은 결론을 내렸다. ① 수면 위생이라는 용어에 포함되어 있는 권고사항은 연구에 따라 상이한 경우가 많았고, ② 수면 위생의 기본적인 권고사항을 검증하였을 때, 개입으로 수면 위생만 했을 때 불면증을 개선하는 데에는 효과가 미미했다. 그러므로 MBTI 맥락에서 수면 위생은 수면 관련 습관과 행동에 대한 알아차림을 가져오는 첫 단계로 사용될 것을 권고한다. 만성 불면증이 있는 대부분의 사람에게 좋은 수면 위생 지침을 실천하는 것이 큰 효과가 있을 것이라고 기대하지 않는다. 수면 위생의 대한 주요 요소는 다음과 같다(부록의 유인물 4 참조).

- 침대에서 보내는 시간과 양을 알고 있어야 한다. 수면의 시간과 양을 규칙적으로 해야 한다.
- 수면 노력을 얼마나 하는지 인식한다. 잠에 들려고 시도하는 노력을 피한다.
- 물질의 섭취를 모니터링한다. 늦은 오후나 저녁에 커피, 알코올, 니코틴을 피한다.
- 규칙적이고 적당한 운동은 장기적으로 수면을 촉진할 수 있지만, '몸이 지칠 때까지' 하는 운동은 효과적이지 않다.
- 야식을 피하고 식습관을 모니터링한다. 그러나 취침 시간 전에 먹는 가벼운 간식은 수면에 부정적인 영향을 미칠 가능성이 적다.
- 빛, 소음, 온도, 안전 등과 관련된 환경을 관리한다.

내담자들은 이러한 권고사항이 특정한 것이 아니라 일반적이라고 지적할 수 있다. 좋은 치위생이 건강한 치아를 촉진하고 충치가 생길 위험을 줄이는 것처럼, 수면 위생은 수면 개시와 유지에 문제가 발생할 위험을 감소시키기 위해 수면 관련 행동에 대한 알아차림을 촉진시키는 방법이다. 치료자는 내담자들이 수면 위생 권고사항을 따르는 것은 잠을 못 자는 것에 대한 위험을 줄여 줄 수 있지만 즉각적으로 수면을 개선시키지는 못할 수 있다고 주의시켜야 한다. 또한 많은 내담자는 이러한 권장사항은 익숙하고 과거에 실천해 보았을 때 도움이 되지 않았다고 말할 것이다. 만약 그렇다면 치료자는 온화하게 과거의 시도를 인정하고, 이전의 결과와 상관없이 내담자들이 초심을 가지고 다시 이러한 규칙을 따르고 다시 시도할 것을 격려해야 한다.

수면 위생을 소개할 때, MBTI 치료자는 수면 위생 지침을 위한 유인물을 나눠 주고 검토할 수 있으며, 집단과 함께 검토할 수 있다(부록의 유인물 4 참조). 그들은 이러한 지침을 지속적으로 적용하는 것에 대해 논의할 준비가 되어야 하고 이 지침은 프로그램의 일부에 불과하다고 설명해야 한다. 이 시점은 내담자들의 수면 일지를 검토하고 지난 주 동안 그들의 수면 패턴에 대해 발견한 것을 논의하기 좋은 시간일 수 있다. 어떤 내담자들은 다시 한 번 아직도 하나도 개선이 되지 않았다고 좌절하며 불만을 표현할 수 있다. MBTI 치료자는 이런 불만과 좌절을 인정하고 MBTI 프로그램의 실습과 활동을 지속하도록 부드럽게 격려하고 수면 향상에 대한 집착보다는 새로운 발견을 할 수 있는 개방적인 태도를 가지도록 격려해야 한다.

2회기 과제

2회기 과제는 명상과 수면 일지를 계속하는 것이다. 명상 연습을 위해 내담자들은 적어도 6일 동안 디지털 미디어(예: CD 또는 전자 파일)의 안내를 사용하여 바디 스캔 명상을 연습하도록 한다. 수면 권장사항으로는 수면 위생 권장사항을 실천하고 이러한 지침을 수행하면서 발견한 점들을 보고하도록 한다. 이 시점에서 내담자들은 MBTI에 대한 개념적인 기초가 형성되고 구조적 명상의 연습의 견실한 기초를 구축했을 것이다. 첫 번째 단계로 알아차림을 기르는 것의 중요성을 이해하는 것을 토대로, 내담자들은 MBTI의 다음 단계로 들어갈 준비가 된 것이다. 이 단계에서는 잠을 잘 못 자고 과다각성 상태를 경험할 때 마음챙김을 기반으로 한 알아차림을 이용해 지혜로운 선택을 하게 된다.

CHAPTER 06

수면을 취하기 위해
뇌를 다시 프로그래밍하기

불면증을 위한 마음챙김 기반 치료(MBTI)의 1, 2회기에는 명상 연습을 통해 현재 순간의 알아차림 능력을 기르는 기반을 형성한다. 3, 4회기에서 내담자들은 의도적이고 마음챙김에 의거하는 수면 관련 결정을 내리기 위해 정신적·신체적 상태에 대한 알아차림을 배우게 된다. 이 두 회기에서 특히 가장 중점적으로 다루는 부분은 졸림과 피로와 같이 서로 다른 상태를 구분해서 생각, 감정 그리고 신체 감각을 인식하는 것이다. 졸림과 연관된 감각들을 발견함으로써 내담자는 비로소 잠에 들 준비가 되었다는 뇌의 신호를 알아차리게 된다. 졸림에 대한 분명한 신호와 함께 내담자들은 졸림이 기반이 되는 수면 관련 행동을 관리하는 지침을 교육받게 되어 침대에 누워 있을 때 잠들 가능성을 증가시킨다. 이러한 지침들은 보통 내담자들이 이전에 졸림과 피로에 대한 감각들에 반응했던 방식과는 다르다. 이 방식에 따라 내담자들에게 '수면을 취하기 위해 뇌를 다시 프로그래밍하기'가 이루어진다.

3, 4회기는 또한 명상 연습이 더 깊어지고 확장될 수 있는 기회를 제공함으로써 움직이는 신체에 대한 알아차림을 포함하는 구조적 명상을 하게 된다. 조용한 명상은 마음챙김을 연습하는 첫걸음이며, 이 명상에는 5장에서 소개된 앉기 명상, 호흡 명상 그리고 바디 스캔이 포함된다. MBTI 프로그램이 세 번째와 네 번째 회기로 진행되면서 명상의 유형이 동작을 포함하는 명상으로 확장된다. 동작 명상의 대표적인 예로는 걷기 명상과 마음챙김 스트레칭 혹은 가벼운 하타 요가(hatha yoga)를 들 수 있다. 태극권이나 기공 경험이 있는 치료자들은 마음챙김 원리를 유념한다면 이러한 기술들을 포함시킬 수 있다. 동작 명상의 목적은 신체가 움직이는 동안 마음챙김 알아차림 연습에 열중함으로써 마음챙김 알아차림 연습을 확장하는 것이다. 호흡 알아차림으로 시작해서 앉기 명상을 한 후 바디 스캔과 걷기 명상 또는 요가로 이어 가면서 마음챙김 알아차림의 영역은 점진적으로 확장된다. 이후에 식사, 운동, 일 그리고 가족 구성원들 간의 일상 활동에까지 마음챙김 알아차림 연습을 확장시키면서 구조적이지 않은 명상이 다시 소개된다.

3회기에서 걷기 명상이 소개되고 수면 통합을 위한 지침이 제공된다. MBTI에서 수면 통합이란 마음챙김 원리를 이용하여 수면 제한 요법(Spielman, Saskin, & Thorpy, 1987)을 적용한 것이다. 4회기에서는 마음챙김 스트레칭과 가벼운 요가가 수면의 재조건화에 대한 지침과 함께 소개된다. MBTI에서 수면 재조건화는 마음챙김 원리를 이용하여 자극 조절 지침(Bootzin, 1972; Bootzin, Epstein, & Wood, 1991)을 적용한 것이다. 불면증을 위한 인지행동치료(CBT-I)와 유사하게, 수면 통합과 수면 재조건화는 MBTI의 핵심적 행동치료이다. 이 장은 수면을 취하기 위해 뇌를 다시 프로그래밍하는 과정을 통해 내담자들에게 안내하는 MBTI의 내용과 활동에 대해 기술한다.

3회기: 졸림 및 각성에 집중하기

3회기는 세 가지의 주요 주제로 나뉜다. 첫 번째, MBTI 치료자는 내담자의 명상 연습을 강화해 주며 움직이는 신체에 대해 알아차림을 확장하는 연습의 연장선으로 걷기 명상을 알려 주어야 한다. 두 번째, 치료자가 내담자에게 피로 혹은 우울과 같은 다른 상태와 졸린 상태를 구분할 수 있도록 정보를 제공하여 안내해야 한다. 마지막으로, 치료자는 수면을 취하기 위해 뇌를 다시 프로그래밍하기 위한 전략으로 수면 통합을 위한 지침을 제공해야 한다. 3회기의 개요가 〈첨부자료 6-1〉에 제시되어 있다.

첨부자료 6-1 3회기 개요

주제: 졸림 및 각성에 집중하기

목표

1. 내담자의 명상 연습을 강화하고 걷기 명상 소개하기
2. 졸림, 피로 그리고 각성의 개념을 설명하기
3. 수면 통합에 관한 지침 제공하기

활동

1. 명상 연습 및 질문 시간

    a. 걷기 명상

    b. 바디 스캔

    c. 명상 연습에 관한 질문 및 논의

    요점: 걷기 명상을 마음챙김 동작 방법으로서 소개한다.

2. 불면증 교육 및 전략

    a. 수면 통합에 대해 설명하기

    요점: 졸림에 대한 알아차림과 이 알아차림을 이용해 수면 통합 지침을 따르는 것과의 연결고리를 만든다.

3회기 과제

1. 수면 일지와 명상 일지 작성하기

2. 걷기 명상과 바디 스캔을 최소 6일(하루 30분 이상) 동안 번갈아 가면서 하기

3. 수면 통합 프로그램 따르기

걷기 명상

2회기에서 수립된 회기의 구조에 따라 3회기의 첫 시간은 명상 연습에 쓰인다. 3회기에서 MBTI 치료자는 걷기 명상을 소개하면서 시작한다. 이 명상 연습의 목적은 걷는 동안 마음챙김 알아차림을 가져오는 것이다. 걷기 명상을 소개할 때, 먼저 내담자들에게 평상시에 어떻게 걷는지 설명해 보라고 하는 것이 도움이 될 수 있다. 대부분 사람은 많은 생각이나 노력 없이 자동적으로 걷기 때문에 걷는 것에 대해 자세히 묘사하기 어려워한다. 다시 말해서, 보통 생각하지 않고 마음챙김 알아차림이 없는 상태로 걷는 것이다. 그렇

기 때문에 걸으면서 충만한 알아차림을 가져오는 연습을 하기 위해 걷기 명상을 이용하면 좋다는 동기를 부여해 준다. 걷기 명상을 안내하는 지침은 〈첨부자료 6-2〉를 참조한다.

첨부자료 6-2　걷기 명상

주의: 걷기 명상이란 움직이면서 하는 마음챙김 동작으로 소개되며, 내담자가 명상의 레퍼토리를 확장하고 몸이 움직일 때 마음챙김을 발견하기 시작하게끔 한다. 걷기 명상을 하기 위한 준비를 위해, 치료자는 우선 내담자가 물건에 부딪히거나 내담자들이 서로 부딪히지 않고 걸을 수 있는 공간을 확보해야 한다. 만약 상황이 허락한다면, 걷기 명상은 야외에서 할 수 있다. 만약 공간이 좁다면, 내담자가 테이블 주위나 매트 주위를 걷도록 할 수 있다. 또한 치료자는 내담자들과 함께 걷기 명상 연습에 참여해야 한다. 일반적으로 명상은 약 20분에서 30분 동안 진행된다.

지침

1. 내담자가 발은 어깨 너비로 벌리고, 손은 옆으로 똑바로 내리며, 시선은 정면이나 약간 아래쪽을 향하도록 하여 산 자세로 시작한다.

2. 내담자가 마음챙김 호흡을 하고 현재 어떤 생각, 감정 그리고 신체 감각이 느껴지는지 알아차리는 시간을 갖도록 한다. 이는 눈을 뜨거나 감고 할 수 있다.

3. 눈을 뜬 채로, 아주 천천히 한 걸음 앞으로 디디며 첫 번째 느린 걸음으로 인해 생기는 감각들에 집중하도록 한다.

4. 충만한 알아차림을 움직이는 몸으로 가져오면서 천천히 다음 걸음을 걷고, 그 다음에 또 다음 걸음을 걷도록 한다.

5. 내담자들이 의도적으로 느리게 걷는 것을 계속 하도록 한다. 첫 걷기 명상 동안, 치료자는 종종 발생하는 이슈들에 대해 주기적으로 지침을 제공할 수 있다. 예를 들어, 느리게 걷는 도중 균형을 잃을 경우 어떤 일이 발생하는지 혹은 걷기를 하는 동안 자동적으로 다른 생각을 하고 싶어지는 욕구에 대해 신

경 쓰는 경우가 있다. 만약 이런 경우가 발생한다면, 부드럽게 걷기로 다시 주의를 되돌리도록 한다.

6. 몇 분이 지난 후에, 내담자들에게 다른 방식으로 걷는 것을 탐색하도록 한다. 뒤로 걷기, 옆으로 걷기 혹은 다른 속도로 걸어 보도록 격려할 수 있다.

7. 약 20분에서 30분 후에 종이 울리면서 걷기 명상을 끝낸다.

추가적인 지침과 변동사항

1. 만약 날씨가 허락한다면, 걷기 명상을 밖에서 할 수 있다.

2. 내담자들에게 균형을 유지하는 데 세심한 주의를 기울이도록 요청하고, 다른 생각을 하게 된다면 어떤 일이 일어나는지 관찰해 보라고 지시한다.

3. 걷기 명상은 명상 운동을 바쁜 일정으로 인한 시간 압박 없이 일상생활에서 다양한 양상으로 일반화할 수 있도록 상기시켜 준다.

첫 걷기 명상을 한 뒤 질문 시간 동안 내담자들의 첫 걷기 명상 경험에 대해 다루는 것이 중요하다. 흔한 응답으로는 "저는 걷기에 그렇게 많이 집중해 본 적이 한 번도 없었던 것 같아요." 혹은 "느리게 걷는 것은 정말 짜증났어요."가 있다. 이러한 질문 시간 동안 치료자는 다음과 같은 질문을 할 수 있다.

- 당신의 걸음걸이에 대해 다르거나 새로운 어떤 점을 발견했나요?
- 균형을 유지하는 것이 어려웠나요? 당신이 평소에 걷는 방식과 어떻게 다른가요?
- 이런 방식으로 걷는 것이 당신이 불면증에 대처하는 데 어떻게 도움이 될 것이라고 생각하나요?

다시 말해서, 걷기 명상의 목적은 내담자가 평소에 걸을 때와 마음챙김 알아차림을 하며 걸을 때의 차이를 인식하도록 돕는 것이다.

어떤 내담자들은 동작과 같이 초점을 둘 곳이 있을 때 집중을 유지하기가 더 쉽다고 생각해서 걷기 명상을 앉기 명상보다 선호한다. 또 어떤 사람들은 아주 천천히 걷는 것이 익숙하지 않거나 움직이면서 집중을 지속하기 어렵다고 생각해서 걷기 명상을 어려워한다. 만약 내담자들이 명상 유형에 대한 선호도를 언급하기 시작한다면, 권장된 연습을 판단하지 않고 단순하게 따라오기를 부드럽게 격려하도록 한다. 치료자는 내담자를 특정 명상으로 밀어붙이는 것을 피해야 한다. 대신에 내담자가 스스로 여러 종류의 명상 연습을 하면서 자신에 대해 무엇을 배울 수 있는지 탐색해 보도록 한다. 집착하지 않는 마음으로, 특정 명상에 대한 선호 없이 단순하게 명상 자체를 실천하는 것이 중요하다.

걷기 명상에 대한 질문 시간 후에 조용한 명상을 하게 된다. 시간이 부족하다면 치료자는 15분에서 20분 정도 소요되는 앉기 명상을 지도할 수 있다. 만약 시간이 더 여유롭다면, 전체 바디 스캔 명상을 할 수 있다. 3회기부터는 명상 시간에 보통 조용한 명상 연습 한 가지와 움직이는 명상 연습 한 가지를 하게 된다. MBTI 치료자는 각 명상에 소요되는 시간을 조정하여 관리할 수 있고 명상 유형 또한 자유롭게 선택할 수 있다. 제시되는 개요는 사전 경험과 다른 마음챙김 기반 프로그램에서 반응이 좋았던 명상들을 바탕으로 권장된다. 3회기의 교육 부분은 졸림 상태 구분하기와 수면 통합에 대한 지침 제공하기로 구성된다.

졸림 상태 구분하기

MBTI에서 졸림과 피로(혹은 각성의 다른 상태)를 구분하는 것은 불면증을 개선시키기 위한 마음챙김 기술을 사용하는 데 중요하다. 1회기에서 졸림이 수면에 대한 진짜 생리적 욕구를 의미한다는 것을 상기해 보자. 졸림은 뇌에서 수면을 취할 '준비'가 되었다는 중요한 내적 신호이다. 졸림에 관심을 기울이면 귀중한 단서가 될 수 있다. 졸림의 존재 혹은 부재에 대한 알아차림은 그 순간에 수면 관련 행동을 관리하는 지침을 제공할 수 있다. 예를 들어, 졸리다면 침대로 들어가라는 신호가 될 수 있고 밤에 침대에 누워 있는 동안 졸리지 않다면 침대 밖으로 나가라는 신호가 될 수 있다. 졸린 상태와 잠을 조절하는 행동 간의 연결은 수면을 취하기 위해 뇌가 다시 프로그래밍을 하는 중요한 단계이다.

어떻게 명상이 졸림을 인식하도록 돕는가? 마음챙김 명상 연습을 하는 동안, 알아차림은 피로나 다른 각성 상태로부터 졸림과 관련되는 감각을 구분하도록 도움을 줄 수 있다. 명상을 하는 동안 비판단적 알아차림의 원리는 여전히 적용되어야 하며 졸림을 발견하는 것이 목표는 아니다. 졸림과 관련이 있는 감각들이 피로와 관련된 감각보다 선호되지는 않는다. 대신에 마음챙김 연습은 어떤 감각이 존재하는지 살펴보고 그런 감각의 본질을 명확하게 인식하도록 한다. 이러한 감각들을 구분하는 것은 더 의식적인 반응을 가능하게 한다. 졸림을 느낀다는 것은 밤에 수면을 개시할 때나 밤중에 깨서 다시 잠들 때 잠들 가능성을 높여 준다. 반대로 피로를 느낀다는 것은 쉬거나 활동을 멈출 필요가 있다는 것을 나타내지만, 잠들 가능성을 높여 주지는 않는다. 많은 불면증 환자는 졸림이나 피로를 느낄 때 침대로 들어가고 싶어 하는 자동적 반응을 보인다. 결과적으로 각성을 회피하려는 욕구와 잠에 대한 집착은 자동적으로 일어나게 되고 불면증 증상을 더 지속시킨다. 이는 4장에서 논의했던 각성을 피하는 형태가 된다. 그러므로 이런 감각들에 대한 알아차림은 수면 관련 생각과 행동을 조절하기 위해 마음챙김 알아차림을 사용하는 첫 단계가 된다.

MBTI 프로그램 내에서 마음챙김을 기반으로 행동하는 것은 졸림을 구분하여 불면증에 대한 행동 전략을 사용하는 것을 의미한다. 이 전략들은 이전에 불면증에 대한 단독 치료로 개발 및 검증되었고 CBT-I의 구성요소로서 사용되기도 한다. 그렇지만 MBTI에서 졸림을 인식하기 위해 마음챙김 알아차림을 사용하는 것은 독특한 방식으로 행동 전략들과 통합된다. 비록 자극 조절과 수면 제한 모두 졸릴 때까지 잠자리에 들지 않는 지침을 포함하지만, 환자에게 어떻게 졸림을 알아차리는지 가르치는 명백한 전략이나 활동은 없다. 보통 CBT-I 치료자들은 환자들이 졸림의 개념을 이해할 수 있도록 교육하는 방식으로 정보를 제공한다. 졸림에 대한 개념적 이해가 어떤 사람들에게는 유용할 수 있지만, 또 어떤 사람들은 치료 중 졸림을 직접 경험하는 기회를 가지기 전까지는 실제로 개념을 이해하지 못할 수도 있다. MBTI에서 명상 연습은 졸린 감각을 직접 경험할 수 있는 기회로 활용이 되며, 이는 내담자가 단지 졸림에 대한 개념적인 이해를 하는 것보다 이 감각을 스스로 경험하는 것과 잘 연결될 수 있도록 도와준다. MBTI 치료자의 역할은 졸림에 대한 개념적 이해와 졸림 및 다른 감각에 대한 경험 간의 연결을 지을 수 있게 활성화시키는 것이다. 이런 경험적 접근은 환자가 자기만의 방식으로 졸림을 발견하는 환자 중심 체제와 일관된다.

수면 통합

　수면 통합(sleep consolidation)은 침대에서 보내는 시간을 체계적으로 조정하기 위한 행동 전략이다. 수면 통합은 Spielman과 동료들(1987)이 개발한 수면 제한 요법을 응용한 것이다. 2장에서 언급됐던 것처럼 수면 제한 요법은 불면증이 있는 사람들이 수면 문제에 반응하여 지나치게 긴 시간을 침대에서 보내는 원리에 기초한다. 불행하게도, '오래 누워 있기 전략'을 통해 잠을 더 자 보려고 하는 노력은 사실 수면 생리를 방해한다. 구체적으로, 지나치게 오래 침대에 누워 있으면(보통 9시간 이상) 수면 항상성이 감소된다(1장의 Process S 참조). 수면 항상성이 감소하면 수면 교란이 일어날 가능성이 더 높은데, 그 이유는 긴 시간 동안 침대에 누워 있을 때 수면을 유지할 수 있는 수면 욕구가 적기 때문이다. 결과적으로 침대에 오래 누워서 잠을 더 자려고 하는 전략은 불면증을 지속시킨다. 수면 제한 요법에서는 침대에 누워 있는 시간을 줄여서 개인이 현재 경험하는 수면 시간의 양과 비슷하게 조정한다. 비록 이 전략이 초반에는 총 수면 시간의 감소를 야기할지라도, 침대에 누워 있는 시간을 제한하는 것은 수면 욕구를 증가시키며, 결과적으로 침대에서 깨어 있는 시간을 감소시키는 역할을 한다. 점진적으로 내담자가 침대에서 깨어 있는 시간이 감소함에 따라 다시금 체계적으로 침대에 누워 있는 시간을 증가시킨다.

　구체적인 지침을 제공하기 전에 MBTI 치료자는 수면 통합 프로그램에서의 중요한 세 가지 요점을 전달해야 한다. 첫 번째로, 지침을 일관되게 준수하는 것이 필수적이다. 그 어떤 행동을 습관으로 견고하게 만들어 나가는 과정과 동일하게, 조건이 만족스럽지 않더라도 변화를 실행하기 위한 약속을 지키는 것은 지침 준수를 향상시킬 수 있다. 이것은 특히 내담자가 밤에 잠을 잘 못 자서 이튿날 밤의 취침 시간이나 기상 시간을 조정하려는 유혹을 느낄 때 중요하다. 두 번째로, 내담자는 이 과정을 경험하는 동안에 주간 졸림증이나 피로를 경험하게 될 가능성이 있다. 이것은 현재 수면 제한 요법의 잠재적인 부작용으로 인지되고 있다(Kyle, Morgan, Spiegelhalder, & Espie, 2011). 그러므로 MBTI 치료자는 내담자들에게 이 가능성을 인식시키고 자동차를 운전하거나 주간 졸림증의 잠재적인 위험을 피하기 위해 적절한 대처를 할 수 있도록 주의를 주어야 한다. 세 번째 요점은 초기에 설정되는 취침-각성 시간은 영구적으로 지켜야 하는 것이 아닌 시작점이라고 안심시켜 주는 것이다. 몇몇 내담자는 정해진 수면 일정이 영구적으로 지켜져야 하는 것이라고 생각하여 매우 불안해한다. 치료자들은 수면 통합은 역동적인 과정이며 수면 패턴이 변화하면서 수면 일정은 주마다 다시 논의되고 조정될 것이라고 설명하면서 내담자들의 불안을 완화시켜 줄 수 있다.

MBTI에서 수면 제한을 위한 지침은 마음챙김 원리와 맥을 같이 하기 위해 수정되었다(수정된 지침을 요약한 〈첨부자료 6-3〉 참조). 규칙적이고 일관된 기상 시간(즉, 하루를 시작하기 위해 침대를 나오는 것)의 중요성을 알리는 것이 첫 번째 단계이다. 기상 시간은 현재의 기상 시간보다 더 이를 필요는 없지만, 침대에서 나오는 시간이 일정해야 한다는 것을 강조한다. 가끔은 내담자들의 일주기 리듬에 부합하는 기상 시간과 현실적으로 실행으로 옮길 수 있는 기상 시간 사이의 균형을 맞추는 것이 중요하기 때문에 '협상(negotiation)'을 하게 되는 경우가 있다. 가장 선호되는 접근은 초기에 성공할 가능성이 높은 스케줄과 내담자의 동기 수준과 생활 습관을 고려했을 때 지키기 현실적인 것과의 균형을 고려하여 시간을 정하는 것이다. 일단 기상 시간이 정해지게 되면, '취침-기상 시간'에 대해 논의하며 침대에서 보내는 시간(Time in Bed: TIB)이 정해진다. 취침-기상 시간을 정하는 지침은 일반적으로 내담자의 수면 일지에 기록된 최근 1주(또는 2주)간의 총 수면 시간(TST) 평균을 기반으로 한다. TST 평균에서 30분을 더한 시간이 권장되는 TIB가 된다. 예를 들어, 만약 수면 일지의 TST 평균이 5시간이라면 TIB는 5.5시간 또는 330분이 된다. 일단 취침-기상 시간이 정해지면, 취침 시간을 꼭 지켜야 하는 것은 아니라는 것이 강조되어야 한다. 이 시간에는 졸린 정도에 주의를 기울이는 것이 매우 중요하다. 만약 졸린 느낌이 있다면, 잠들 가능성이 높기 때문에 침대에 들어가기 적합하다. 그렇지만 만약 정해진 취침 시간이 됐는데 아직 졸림이 느껴지지 않는다면, 졸린 감각이 느껴질 때까지 취침 시간을 미뤄야 한다. 정신 및 신체 상태를 알아차리는 것을 돕기 위해 이 시간에 명상 연습을 힐 수도 있다. 여기에서의 핵심은 잠들 기능성과 직접적으로 관련되어 있지 않은 시계와 같은 외적 단서보다는 언제 취침을 해야 할지 결정하는 내적 단서에 의존해서 취침 시간을 정하는 것이다. 만약 취침 시간 전에 졸림이 느껴지더라도 정해진 취침 시간까지 기다리는 것이 중요하다. 이 원리는 규칙적으로 취침 및 기상 시간을 조절하기 위해서 중요하다.

주의: 모든 내담자가 합리적이며 지킬 수 있는 취침과 기상 시간을 정하도록 돕는 것이 중요하다. 이 과정에서 내담자는 수면 일정에서 시작과 끝을 모두 고려하게 된다. 예를 들어, 내담자가 처음에는 아침 7시가 적절한 기상 시간이라고 정할 수 있다. 그렇지만 초반에 TIB의 처방이 6시간일 경우, 이 기상 시간을 정하면 오전 1시에 가깝게 취침을 해야 한다. 이 사실을 발견한 내담자는 더 이른 기상 시간을 선택하여 더 이르게 취침할 수 있는 결정을 할 수 있다. 치료자는 이것을 전체 집단 토론에서 하거나 둘씩 짝지어서 작업을 하게 한 뒤, 방을 돌아다니며 각 소집단을 도와줄 수 있다. 내담자가 취침-기상 시간을 처방하는 과정에서 적극적으로 시간을 정하는 데 참여를 하는 것이 이후 준수를 향상시켜 준다. 치료자는 부록의 유인물 5와 함께 다음의 지침을 활용할 수 있다.

지침

1. 규칙적인 기상 시간을 정하는 것부터 시작한다. 이것은 얼마나 잤는지 그리고 일어났을 때의 느낌과 무관하게 고정된 시간임을 강조한다. 내담자가 잘 지킬 수 있고 내담자의 생활 방식에 맞는 기상 시간을 선택하는 것이 가장 좋다. 일단 기상 시간이 정해지면 주말이나 쉬는 날을 포함하여 다음 한 주 동안 유지해야 한다. 치료자는 지침에 대해 설명하고 규칙적인 기상 시간을 정하는 것에 대한 질문에 답하는 것을 돕기 위해 부록의 유인물 5를 나누어 줄 수 있다.

2. 취침-기상 시간을 정하며, 그 시간은 침대에서 보낼 수 있도록 허용된 시간이다. 초기에 TIB를 결정하기 위해, 내담자의 수면 일지로부터 보고된 TST의 평균을 계산한다. 그다음, 초기의 TIB는 'TIB=TST의 평균+30분'이라는 공식에 의해 결정된다. TST의 평균에 30분을 더하는 것은 일반적인 수면잠복기와 밤중 짧은 각성을 허용한다. 유인물 5에 수면 타이밍을 결정하는 공식도 제시되어 있다.

3. 일단 취침-기상 시간이 결정되면, 내담자들에게 TIB는 아침 기상 시간과 권장되는 취침 시간에 의해 고정된다는 점을 알려 준다. 만약 이 시간을 내담자가 합리적이지 않다고 생각하면, 조정할 수 있는 방법을 논의한다. 침대에서 최

대한 짧은 시간을 보내는 것이 각성을 줄일 수 있는 최고의 기회이기 때문에 선호된다.

4. 만약 필요하다면 수면 통합 지침을 복습하고, 질문이 있는지 물어본다. 그런 다음 내담자들에게 짝을 이루게 하거나 소집단으로 나눠서 자신의 수면 시간을 설정하는 것에 대해 논의하는 시간을 가진다. 다시 돌아와서 각각의 수면 통합 계획에 대해 논의한다.

수면 통합을 위한 지침을 설명한 후에 추가적으로 협상을 해야 할 부분들이 생길 수 있다. 예를 들어, 취침-기상 시간에 대한 배치는 생활 방식 선호나 근무 일정, 학교 일정에 따라 조정될 필요가 있을 수 있다. 또한 수면 통합 초기의 목표는 TST의 증가보다는 잠들고 난 후의 각성 시간을 줄이는 것이라는 것을 강조하는 것도 중요하다. 안전상의 이유로, TIB는 5시간 이하로 잡지 않는다. 내담자가 TST의 평균이 5시간 이하이더라도 TIB를 5시간 이하로 제한하는 것은 내담자들에게 극심한 주간 졸림증을 경험하게 하여 졸림과 관련된 사고나 졸림으로 인한 위험한 사고들이 발생할 수 있는 있기 때문에 TIB를 5시간 이하로 설정하지 않는다. 따라서 이러한 내담자들에게 주의를 기울이며 최소 TIB를 5시간으로 유지하는 것이 좋다. 마지막으로, 이 시간 동안 일관성의 중요함은 강화되어야 한다. 새로운 애완동물을 훈련하는 것처럼 뇌는 새로운 수면 스케줄에 적응하기 위해 지속적인 강화가 필요하다. 궁극적으로 수면 통합 프로그램은 내담자에게 본인 스스로의 수면 욕구를 결정하는 방법을 제공해 준다.

MBTI에서 치료자는 수면 통합을 위한 지침과 근거를 먼저 제공한 후에 유인물 5(부록 참조)를 사용하여 내담자들이 스스로 본인의 스케줄을 선택하도록 이끌어야 한다. 일반적으로 내담자들은 둘씩 짝을 지어 서로 수면 스케줄을 논의한 후, 집단으로 돌아와 나눈 이야기를 보고한다. 치료자는 내담자가 지침을 정확하게 응용하지 못했거나 정한 수면 스케줄이 명백히 도움이 되지 않을 것이라고 판단될 때 개입을 할 수 있다. 내담자들이 스스로 자신의 수면 통합 프로그램을 관리할 수 있도록 치료자가 격려해야 할 이유들은 다음과 같다. ① 그렇게 하는 것이 마음챙김 원리와 일치하는 방법으로 수면을 발견하게 해 주는 기회를 확충해 준다. ② 내담자들은 치료자에 의해 처방된 것보다 스스로 취침-기상 시간을 정했을 경우, 스케줄을 지킬 가능성이 더 높다. ③ 스스로 스케줄을 정하는 것은 내담자의 참여도와 자기효능감을 강화시켜 준다. 마지막으로, 내담자들에게 수면 일지에 계속 수면과 취침 시간을 기록하라고 상기시키는 것이 중요하다. 치료를 통해 개선되었는지에 대한 여부는 수면 일지에 기록된 지표를 통해 결정된다. 내담자들이 수면 일지를 완성해 오지 않으면, 수면 통합 프로그램은 정확하지 않거나 효과적이지 않을 수 있다.

3회기 과제

3회기를 위해 추천하는 과제는 일주일에 6일 이상, 적어도 하루에 30분씩 걷기 명상과 바디 스캔 명상을 번갈아 하는 것이다. 이것은 내담자들로 하여금 명상 연습을 다양하게 할 수 있도록 도와준다. 또한 내담자들은 수면 통합 프로그램의 일부분으로서 그들이 설정한 취침-기상 시간을 준수하라고 한다. 마지막으로, 내담자들은 계속해서 그들의 수면과 명상 일지를 기록해야 한다.

4회기: 밤에 잠을 못 자는 것을 다루기

4회기의 첫 번째 주제는 내담자들에게 스트레칭과 가벼운 요가를 통한 마음챙김 동작을 가르치는 것이다. 두 번째 주제는 수면 통합 지침을 통한 초기의 수면 스케줄을 복습하는 것과 작성해 온 수면 일지를 기반으로 어떻게 수면을 조정할지에 대해 논의하는 것이다. 세 번째 주제는 밤에 잠을 못 자는 것을 다루기 위한 행동 전략으로서 수면 재조건화(sleep reconditioning)를 소개하는 것이다. 4회기의 개요는 〈첨부자료 6-4〉를 참조하라.

첨부자료 6-4 4회기 개요

- -

주제: 밤에 잠을 못 자는 것을 다루기

목표

1. 마음챙김 동작에 대한 지침 제공하기

2. 수면 통합을 검토하고 취침-기상 시간 조정을 위한 지침 제공하기

3. 수면 재조건화를 이용하여 잠을 못 자는 것을 다루기 위한 지침 제공하기

활동

1. 명상 연습 및 질문 시간

    a. 마음챙김 동작과 스트레칭(가벼운 요가) 소개하기

    b. 앉기 명상

    c. 명상 연습에 관한 질문과 논의

    요점: 요가/가벼운 스트레칭을 마음챙김 동작 연습으로 소개한다.

2. 불면증 교육 및 전략

    a. 초기 수면 통합의 경과를 검토하고 필요한 경우 조정하기

    b. 수면 재조건화를 위한 지침 제공하기

    요점: 수면 재조건화의 근거 및 지침을 제공한다. 졸림과 각성의 알아차림에
    대한 진행 중인 연습에 대한 관계를 강조한다.

4회기 과제

1. 수면 일지와 명상 일지 작성하기

2. 마음챙김 동작과 앉기 명상을 최소 6일(하루에 30분씩) 동안 번갈아 가면서
   하기

3. 수면 통합과 수면 재조건화 지침 따르기

요가 또는 마음챙김 스트레칭

4회기의 동작 명상은 가벼운 요가나 가벼운 스트레칭을 포함한다. 어떤 명상 연습을 선택할지는 그 연습에 대한 치료자의 재량에 의해 결정된다. 마음챙김 기반 스트레스 감소(MBSR)와 같이 MBTI에서는 정식으로 요가 수업을 가르치거나 대신하는 것을 의미하지 않는다. 다양한 자세의 움직임과 스트레칭을 하면서 몸에 대한 마음챙김 알아차림을 얻는 것이 목적이다. 많은 내담자는 요가를 접해 본 적이 없기 때문에 MBTI의 의도는 공식적으로 요가를 가르치는 것이 아니고, 앞으로 취하게 될 자세들은 MBTI가 하타 요가에서 비롯된 것이라고 설명하는 것이 유용하다.

가벼운 스트레칭은 개인적 동작 명상 연습과 개인 트레이너로 일하면서 축적된 경험에 기반하여 개발한 것이다. 요가를 가르

친 경험이 없는 치료자에게 덜 부담이 되는 간단한 스트레칭이라는 점만 제외하면 하타 요가와 목적이 비슷하다. 몇 개의 요가 자세(예: 산 자세, 어린이 자세, 테이블 자세)가 순서에 포함되어 있지만, 공식적으로 요가에 대한 훈련을 받지 않아도 치료자는 진행할 수 있다. MBTI에서 사용해 왔던 스트레칭 순서는 〈첨부자료 6-5〉에 정리되어 있다.

첨부자료 6-5 마음챙김 동작 활동

주의: 마음챙김 동작 활동을 시작하기 전에, 내담자들에게 마음챙김 원리를 명심하도록 상기시킨다. 수용, 애쓰지 않기 그리고 초심의 관점을 유지하면서 '목표가 없는 활동'으로 이 활동에 접근하는 것이다. 또한 내담자들이 그들의 몸에 주의를 기울이고 한계 내에서 움직이도록 상기시킨다. 한계를 관찰하고 이때 신체의 능력 이상으로 밀어붙이면 안 된다. 대신 내담자들에게 과거가 아닌 현재의 신체 능력과 한계점을 부드럽게 탐색할 것을 격려한다. 과거에 고통이나 통증이 있던 부위가 있었을 때 우리가 뒤로 물러서고 움직임을 제한해서 스스로를 보호했던 경험이 있었던 것을 상기하며 알아차림을 실천한다.

• 마음챙김 스트레칭과 동작의 예시

– 서 있는 동안

  1. 산 자세

  2. 목 돌리기

  3. 어깨 돌리기

  4. 팔 돌리기

  5. 팔을 위쪽을 향해 천천히 뻗어 양 옆으로 내리기

  6. 가볍게 좌우로 비틀기

  7. 스쿼트 혹은 깊게 무릎 굽히기

- 매트 위에 손과 무릎을 두는 동안
  1. 소 자세(숨을 들이마시고, 고개를 들고, 등 아랫부분이 곡선을 이루고, 발가락은 웅크린다)
  2. 고양이 자세(숨을 내쉬고, 고개를 숙이고, 발가락은 바깥쪽으로, 등은 둥글게 만든다)
  3. 어깨와 등을 펴기
- 매트 위에 누워 있는 동안
  1. 송장 자세(손바닥이 맞닿고, 신체는 뻗은 채로)
  2. 스트레칭: 종아리 스트레칭 하기, 양쪽 허벅지 뻗기, 팔 벌리기(등과 어깨)
  3. 다리(bridge) 자세: 허리를 둥글게 만들어 다리 만들기

치료자는 요가 또는 마음챙김 스트레칭을 지도할 때 몇 가지 이슈에 대해 주의를 기울여야 한다. 첫 번째, 내담자들에게 자세와 스트레칭의 순서를 소개하며 천천히 수업을 진행하는 것이 중요하며, 필요시 적절하게 교육을 위한 코멘트를 할 수 있다. 언어적인 지침은 치료자를 계속 보고 있지 않고도 내담자가 무엇을 해야 하는지를 알 수 있도록 명확하고 정확해야 한다. 치료자는 먼저 혼자 연습하거나 수업을 지도하기 전에 가족이나 친구들에게 마음챙김 동작 회기를 지도하는 것이 필요할 수 있다. 두 번째, 내담자들이 스스로 신체가 전하는 메시지를 주의 깊게 듣도록 격려하고 몸을 조금씩 움직이라고 지시한다. 강조점은 마음챙김에 기반하여 개인의 한계에 부드럽게 접근하는 것이다. 그렇기 때문에 내담자들은 스스로 느끼기에 부상이나 문제가 되는 자세는 어떤 자세라도 피해야 하며, 불확실할 때는 아주 신중하게 접근할 것을 지시한다.

치료자는 등 아랫부분이나 목에 문제가 있는 사람들과 일반적으로 만성통증이 있는 사람들에게 특별한 주의를 기울여야 한다. 마지막으로, 비판단적 알아차림의 원리를 유지하는 것이 중요하다. 내담자들은 "저는 이 자세를 할 수 없어요." 혹은 "저는 이 스트레칭을 할 만큼 유연하지 않아요."라고 하며 스스로 자세나 스트레칭을 올바르게 하지 않고 있다고 언급할지 모른다. 만약 그런 말을 한다면, 치료자는 내담자들에게 명상하는 데 옳은 방식이나 틀린 방식이 없다는 것을 상기시켜야 한다. 내담자들이 신체의 동작과 한계에 대한 마음챙김 알아차림을 실천하고 있다면, 마음챙김 명상을 하고 있는 것이다.

4회기 끝으로 지금까지의 모든 구조적 명상이 소개가 되었고, 회기 중 최소 한 번은 시행되어서 내담자들이 MBTI에서 안내된 명상의 완전한 세트를 경험할 기회를 가져왔다. 향후 회기들에서 MBTI의 첫 시간은 두 가지 명상 연습으로 구성되며, 일반적으로 조용한 명상 한 가지와 동작 명상 한 가지로 구성된다. MBTI 치료자들은 집단의 역동을 고려해서 어떤 명상이 가장 적합한지 선택할 수 있다. 치료자들은 또한 환경에 변화를 주어, (가능하다면) 걷기 명상을 밖이나 복도에서 시행하거나, 앉기 명상을 바닥보다는 의자에서 진행할 수 있다. 이런 명상들은 초심의 정신으로 시행되어야 하며, MBTI 내내 내담자들이 여러 번 연습한 명상이라도 각 명상 연습을 새로운 연습으로 보아야 한다. 질문 시간에는 치료자가 지속해서 마음챙김 듣기를 실천하는 것이 중요하다. 내담자들의 특정 응답을 활용해 교육을 시키고 싶은 유혹이 들 수 있지만, 이는 질문 시간의 목적이 아니다. 대신에 치료자는 내담자들이 보고하는 흥미로운 통찰에 대해 주목할 수 있다. 그렇지만 치료자는 내담자의 특정 경험(예: 누가 맞게 혹은 틀리게 하였는가)에 대한 선호도를 표현하는 것을 삼가야 한다.

수면 통합을 기반으로 한 취침-기상 시간 검토하고 적응하기

4회기의 불면증과 관련된 교육은 3회기에서 진행했던 수면 통합 일정을 검토하는 것부터 시작해야 한다. 이 과정은 5, 6, 7회기까지 지속되어야 하기 때문에 어떻게 일정을 검토하고 조정하는지 좋은 선례를 정립해 주는 것이 중요하다. 수면 통합 프로그램은 내담자들의 수면 일지를 기반으로 경과를 논의하고 취침-기상 시간을 조정하기 위해 매주 검토한다. 내담자가 정해진 취침-기상 시간을 첫 주에 준수하고 돌아왔을 때 수면 통합에 대한 노력을 강화해 주고 경과를 검토하는 것이 매우 중요하다. 동시에 치료자는 내담자가 취침-기상 시간을 충실하게 준수했는지 검토할 수 있는 기회를 제공해 준다. 첫째, 내담자가 일관된 기상 시간을 준수했는지 확인하는 것이 중요하다. 왜냐하면 불면증이 있는 상당수는 주말이나 휴무일에 잠을 보충하는 습관이 있기 때문에 치료자는 이런 날 특히 규칙적인 기상 시간을 지켰는지 확인하는 것이 중요하다. 만약 내담자가 침대 밖으로 나오는 것을 주저하거나 '부족한 잠을 보충해야 한다'고 불평하면 수면을 불규칙적으로 취하는 것이 뇌를 혼란스럽게 한다는 것을 주지시켜 주어야 한다. 애완동물을 훈련하는 것 같이 뇌가 고정된 기상 시간을 정립하려고 노력한다는 것을 이해하기 위해서는 일관성이 중요하다. 1시간 이상 기상 시간을 지연하는 것은 1장에서 소개된 사회적 시차를 초래한다. 결과적으로 불규칙적인 생체 리듬은 주말 혹은 휴무일 동안 몇 시간의 시차가 있는 곳으로 여행을 다녀오는 것과 비슷하다.

두 번째로 흔히 저지르는 실수는 내담자가 취침 시간에 꼭 침대에 들어가야 한다고 생각하여 침대에 들어가고 나서 계속 긴 수면 잠복기를 경험하는 것이다. 이는 주로 수면 일지를 검토할 때 알 수 있다. 만약 정한 취침 시간이 침대에 들어가는 시간과 같거나 유사하고 입면 시간이 지연됐다면(예: 30분 이상), 내담자에게 언제 침대에 들어갈지 어떻게 결정하는지 물어보는 것이 도움이 된다. 주로 그들은 수면 통합 일정을 준수했다고 보고한다. 만약 그렇다면 지침을 검토하며, 아침 기상 시간은 고정되어 있고 일정해야 하지만, 취침 시간은 침대로 들어갈 수 있는 가장 이른 시간이라고 강조하는 것이 중요하다. 언제 침대로 들어갈지는 그 시간에 지각되는 정신적·신체적 상태를 통해 결정된다. 만약 졸림이 느껴지지 않는다면 졸릴 때까지 취침 시간을 지연하는 것이 좋다. 만약 졸림이 정해진 취침 시간에 느껴진다면, 수면을 취하기 위한 준비가 되었다는 신체의 신호를 의미한다. MBTI 치료자는 졸림을 알아차리고 필요한 행동 전략을 취하는 것을 강화해 주어야 한다.

세 번째로 내담자들이 흔히 저지르는 실수는 수면 시간은 일정하게 유지하되, 취침-각성 시간을 매일 바꾸는 것이다. 예를 들어, 수면 일지를 통해 내담자가 동의한 수면 시간에 따라 침대에서 6시간만 머물렀음을 확인한다. 그러나 수면 일지를 검토한 결과, 월요일 밤에는 12시에서 6시까지, 화요일에는 1시에서 7시까지, 주말에는 3시부터 9시까지 총 6시간을 잔 것이다. 취침-기상 시간을 일정하게 유지하는 것의 중요성을 강화해 주어야 한다. 몇 시간이 바뀌면, 사회적 시차가 발생할 수 있다. 또한 취침-기상 시간을 자주 바꾸는 것은 주로 잠을 못자는 것에 대한 반응, 사회적 활동, 수면을 더 통제하려고 하는 노력 혹은 수면 통합 프로그램이 목적을 잘못 이해해서 생긴 결과일 수 있다. 이럴 때에는 수면 통합 프로그램에서 정해진 취침-기상 시간을 매일 같은 시간에 준수하는 것이 잠을 잘 못 자서 보상을 어떻게 할지에 대한 '생각'을 제거해 주고, 일관된 취침-기상 시간을 지키는 것이 오히려 수면에 대한 자기효능감을 높인다고 설명하는 것이 도움이 될 수 있다. 잠을 계속 좇으려고 하거나 잠을 잘 자지 못해서 반응하기보다는, 수면 통합프로그램을 통해 정한 취침-기상 시간은 미리 정해진 시간에 가장 이상적인 수면을 취할 수 있는 조건을 제공하기 위해 설계됐다. 이는 시간이 지나면서 잠을 잘 잘 수 있게 뇌가 다시 프로그래밍되는 것이다.

수면 효율성의 개념은 수면 통합 프로그램에서 정해진 스케줄을 검토하면서 4회기에 주로 소개된다. 수면 효율성은 내담자가 얼마나 효율적으로 침대에서 시간을 보내는지를 계산하는 방법임을 설명한다. 수면 효율성을 구하는 공식은 다음과 같다.

$$수면\ 효율성 = \frac{실제로\ 잔\ 시간}{침대에서\ 보낸\ 시간} \times 100$$

공식에서 볼 수 있다시피, 수면 효율성은 침대에서 보낸 시간 중 실제로 잔 시간의 비율이다. 수면 통합 프로그램의 목표 중 하나는 수면 효율성을 최적화하는 것이다. 내담자들은 자주 불안하거나 회의적으로 반응하며, 침대에서 더 적은 시간을 보내는 것이 잠을 더 적게 자는 결과를 낳게 되고, 결국 수면 효율성도 계속 낮게 유지될 것이라고 생각한다. 그러나 수면 연구들은 침대에서 더 적게 시간을 보내는 것이 수면에 대한 항상성을 증가시키며 잠 잘 가능성을 증가시킨다고 밝혔다(Spielman et al., 1987). 어쩌다가 총 수면시간이 실제로 적은 날이 있기도 하겠지만, 이 경향이 여러 밤에 걸쳐 지속적으로 나타날 가능성은 상당히 낮다. 또한 수면 효율성은 어느 정도 통제 가능한 지표인 반면, 총 수면 시간은 예측 불가능하고 통제 불가능한 부분이다. 이러한 측면에서 수면 통합 프로그램은 수면에 대한 메타인지의 전환을 촉진할 수 있다.

수면 효율성의 개념을 설명한 다음, 치료자는 수면 일지를 통해 수면 효율성을 어떻게 계산할 수 있는지 설명해 주어야 한다. 이 회기에 계산기를 준비하는 것이 도움이 된다. 내담자들에게 지난 주의 각 밤의 수면 효율성을 계산하도록 하고, 전체 한 주의 수면 효율성을 계산하여 평균을 산출하도록 한다. 계산된 수면 효율성의 평균을 바탕으로 취침-기상 시간에 변화가 필요한지 결정한다(수면 타이밍의 조정 지침은 부록의 유인물 6에 있다). 일반적으로 수면 효율성에 대한 해석은 학창시절 시험에서 A, B와 C를 받았던 등급과 유사하다. 취침-기상 시간을 바꿀 때에는 15분이나 30분 정도로 소폭만 변화하도록 한다. 수면 효율성이 'A 범주'에 있고 수면 효율성이 90% 이상을 보이며 주간 졸림을 호소하는 내담자에게는 침대에 누워 있는 시간을 증가시킨다. 이런 보고들은 내담자의 수면 욕구가 높으며 수면이 부족할 가능성이 높다는 것을 시사한다. 치료자는 취침-기상 시간을 정할 때, 취침 시간을 더 일찍 잡을 것인지, 기상 시간을 더 늦게 잡을 것인지 논의한다. 추가된 시간을 어디에 할당할 것인지는 몇 가지 요인에 달려 있는데, 생활 방식 선호도, 직장의 출퇴근 시간, 아동이나 배우자의 일정뿐만 아니라 개인의 일주기 유형(chronotype, 즉 아침형인지 혹은 저녁형인지) 등이 있다. 대부분의 경우에 현실적인 요인들을 고려하여 결정을 하게 된다. 예를 들어, 일하는 성인은 주중 아침에 침대에서 6시에는 나와야만 하는 경우 취침 시간을 15분 일찍 당겨서 15분을 추가할 수 있다. 추가할 시간은 졸림의 정도와 시간을 증가하는 것이 도움이 될지 여부에 대한 임상가의 판단에 달려 있다. 한 가지 유념할 것은 침대에 누워 있는 시간이 짧을수록 결과가 더 빠르게 나타난다는 것이다. 침대에서 시간을 적게 보내게 되면 수면 욕구(Process S)가 길어진 각성 시간 동안 축적되어 결과적으로 잠을 자고 싶은 욕구를 더 강력하게 증가시킨다. 본질적으로 이 방법은 통제된 형식의 부분적 수면 박탈을 유발하여, 침대에 누워 있는 동안 수면 체계가 더 높은 수면 효율성을 발생시킬 확률을 높이는 것이다. 그렇지만 침대에 누워 있는 시간이 짧을수록 지속적으로 준수하는 것이 더 어렵다. 침대에 누워 있는 시간을 더 오래 허용하면 준수하기는 더 쉽겠지만 결과가 그만큼 빨리 나타나지는 않을 것이다. 임상가는 이런 점들을 고려하여 내담자와 상호 합의를 이끌어 내야 한다. 내담자의 관점을 이해하고 참여를 이끌어 내어 의사결정을 같이 하는 것이 내담자가 정한 취침-기상 시간을 준수할 가능성을 높인다.

만일 내담자가 'C 범주'(수면 효율성이 80% 이하)에 있다면, 침대에서 보내는 시간을 15분 혹은 30분 줄인다. 수면 효율성이 이 범주에 있다는 것은 여전히 침대에서 보내는 시간이 너무 길고 수면이 충분히 통합되지 않았다는 것을 의미한다. 만일 내담자들이 침대에서 보내는 시간을 줄이는 것을 꺼린다면, 이는 일시적인 조치이며 수면 효율성이 증가하면 침대에서 보내는 시간을 다시 늘릴 수 있다고 설명해 주는 것이 좋다. 과도한 주간 졸림증과 관련된 안전 문제로 인해 침대에서 보내는 시간을 최소한 5시간으로 정해야 한다는 것을 유의해야 한다. 비록 내담자가 침대에서 이 정도의 시간을 보내고도 낮은 수면 효율성을 보일지라도, 한 주간 동일한 수면 스케줄을 유지하게끔 하는 것이 신중한 접근이다. 이런 내담자들에게 줄 수 있는 또 다른 선택지는 수면 통합을 (이후 소개될) 수면 재조건화와 결합하는 것이다.

만일 내담자가 'B 범주'(수면 효율성이 80% 이상, 90% 이하)에 속한다면, 취침-기상 시간을 일주일간 더 유지한다. 그 이유는 이 취침-기상 시간을 유지하며 수면 효율성이 향상되는지에 대한 자료 수집을 더 하는 것이 좋기 때문이다. 일부 내담자들은 수면 효율성을 더 빨리 개선하기 위한 노력으로 침대에 있는 시간을 많이 줄이고 싶어 할 수 있다. 이것도 물론 허용 가능하나, 내담자의 동의하에 동기를 부여하기 위한 목적으로 결정이 내려져야 한다. 치료자는 내담자가 조정할 준비가 되었는지 여부를 잘 판단해야 한다.

내담자들은 어떻게 취침-기상 시간을 바꿀 것인지 지침을 들은 뒤, 짝을 짓거나 소집단을 구성하여 돌아오는 주에 이런 변화를 어떻게 실행에 옮길 것인지 논의한다. 5~10분의 논의 시간 후 내담자들은 각각의 집단에서 돌아오는 주에 수면 스케줄에 어떤 변화를 줄 것인지 보고한다. 치료자는 내담자들이 질문을 하면 답을 해 주고 안전 문제(예: 과도한 주간 졸림, 조증 혹은 우울 증상)는 없는지 검토해야 한다. 질문 시간과 동일하게 MBTI 치료자는 내담자들이 모두 업데이트를 하면 마음챙김을 실천하며 경청을 하고, 내담자가 새로 선택한 수면 스케줄에 대해 불필요하게 개입하지 말아야 한다.

수면 통합 프로그램은 MBTI 내에서도 강력한 행동 전략이 될 수 있다. 나아가 여러 가지 방법으로 메타인지의 변화를 촉진할 수 있다. 첫 번째, 총 수면 시간보다는 수면 효율성에 집중하는 것은 수면 욕구의 개념화에 대한 인식의 전환이 이루어진다. 내담자들에게 통제할 수 없는 수면 지표인 총 수면 시간에 집중하지 않고 통제할 수 있는 수면 지표인 수면 효율성에 집중하게 하여 내담자들은 얼마나 자는지보다는 침대에 누워 있는 시간을 활용하는 것에 집중하게 된다. 예를 들어, 수면 효율성은 자는 시간이 똑같아도 침대에 있는 시간을 줄임으로써 증가시킬 수 있다. 또한 이제는 정해진 취침-기상 시간이 있기 때문에, 그 시간이 수면으로 채우는 일만 남은 것이기 때문에 수면에 집착하지 않는 원리를 강화한다. 매일 밤 정해진 취침-기상 시간이 수면으로 채워지지 않을 수 있겠지만, 일정한 취침-기상 시간을 실천하는 것은 이 시간 동안 잠을 잘 가능성을 높이게 된다. 마지막으로, 수면 통합은 몇 시간 꼭 자야 한다는 생각에서 주어진 시간 안에 본인의 수면 욕구를 발견하는 것으로 접근을 바꾸어 초심의 태도를 강화시켜 준다. 취침-기상 시간을 조정하는 과정은 스스로 자기에게 적절한 수면 타이밍과 수면 욕구를 결정하는 자발적인 실험이 된다. 몇 시간을 자야 하는지 결정을 하는 데 있어 평균적인 수면의 양을 제시하는 미디어나 연구 자료에 의지하기보다는 수면 효율성을 바탕으로 취침-기상 시간을 정하는 것은 본인의 수면 욕구를 체계적으로 결정하는 방법을 제공해 준다. 자신의 발에 가장 잘 맞는 신발을 찾는 것과 같이 여러 개의 신발을 신는 것이 모든 사람의 발의 평균을 내서 사이즈를 찾는 것이 아니라는 의미이다. 이러한 설명은 메타인지적 변화를 가져올 수 있으며 불면증의 맥락에서 이차성 각성을 감소시킬 수 있다.

수면 재조건화

4회기의 세 번째 주요한 주제는 수면 재조건화(sleep reconditioning)에 대한 지침을 소개하는 것이다. 많은 사람이 잠들 수 없을 땐 침대 밖으로 나오는 것이 가장 좋다는 것을 들어 보았을 것이다. 일부는 몇 번 시도해 보았으나 별로 유용하지 않다고 느꼈을 수 있다. 또 다른 이들은 그렇게 하면 수면 문제를 악화시키는 것은 아닌가 걱정하기도 한다. 대부분의 사람들은 자극 조절(stimulus control)이라고 알려진 행동치료에 기반을 둔 이런 지침이 생기게 된 이론적 배경과 근거를 잘 이해하지 못한다(Bootzin, 1972; Bootzin, Epstein, & Wood, 1991). 이 개입은 2장에서 처음 소개되었으며 조건화된 각성 이론에 기반한다. 정상적인 수면의 맥락에서 침대와 침실은 단서 혹은 자극으로 작용하는데, 수면을 유도하는 이완, 졸림, 안전한 느낌과 연합된다. 그렇지만 불면증이 생기면서 밤에 잠이 드는 것이 어렵거나 중간에 깨서 다시 잠들기 어려운 것이 빈번해지며, 침대에 누워 잠을 자려고 할 때 좌절감과 불안감을 느끼게 된다. 시간이 지나면서 좌절감과 불안한 기분은 침실 환경과 연합되고, 이 환경은 더 이상 수면을 위한 변별 자극(discriminative stimulus)이 되지 못한다. 이 연합은 조건화된 수행 불안을 야기하는데, 상황(침실)이 수행(잠드는 것)으로 이어지는 데 있어 불안과 어려움을 경험하게 하며, 계속 효과적으로 수행하는 것(자는 것)을 방해한다. 수면에 대한 변별 자극으로서 조건화된 수행 불안을 소거하고 침대와 침실을 다시 수면을 위한 변별 자극으로 재정립하기 위해서 자극 조절의 기본 지침은 잠을 자지 못할 때 침대에서 나오고 졸릴 때만 침대에 들어가게 하는 것이다. 그렇기 때문에 침대는 수면 외에는 다른 용도로 쓰여서는 안 된다. 예를 들어, 침대에서 먹거나 일하거나 TV를 보는 것은 엄격히 금지된다. 한 가지 예외가 있다면 성행위다. 마지막으로, 밤 동안 취한 수면의 양과는 무관하게 기상 시간은 고정되어야 한다. 시간이 지남에 따라 자극 조절 지침은 조건화된 각성을 감소시키고 침대와 침실에 수면을 촉진하는 변별 자극으로 재정립하도록 설계되었다.

MBTI에서 수면 재조건화는 본질적인 자극 조절의 지침을 기반으로 마음챙김 원리의 틀에 맞춰 전달을 한다. 수면 재조건화에 대한 지침은 부록(유인물 7 참조)에 있으며, 내담자들에게 제공하도록 한다. MBTI 치료자들은 수면 통합에 대한 지침을 주었던 것과 유사하게, 내담자들에게 수면 재조건화 지침을 준수하는 동안 졸린 상태를 인식하는 것의 중요성을 강조해야 한다. 졸림과 연합된 감각을 이해하지 않고서는 수면 재조건화 지침은 효과적일 수 없는데, 그 이유는 침실 환경과 졸림을 재조건화하는 것에 대한 이론이 뒷받침하고 있기 때문이다. MBTI에서 명상은 졸린 상태를 알아차리고 피로나 우울과 같은 다른 상태와 구분하도록 도와준다. 다시 말해, 알아차림은 수면 관련 행동에 착수하도록 결정을 돕는 기반 역할을 한다. 이 경우에는 졸림에 대한 알아차림을 통해 그 순간에 졸림이 존재하는지 안 하는지를 바탕으로 침대에 들어갈 준비가 됐는지 결정하도록 돕는다. 만일 침대에 누워 있는데 졸림이 느껴지지 않는다면 잠들 확률은 낮을 것이며, 수면 모드(부록의 유인물 7에서 2단계 참조)에서 벗어나는 것이 중요하다. 이상적으로는 침대와 침실을 벗어나는 것이 가장 좋다. 수면 모드를 벗어났다면 잠들기 위한 목적이 아니라, 활동을 즐기기 위한 목적으로 진정되고 이완되는 활동에 착수하는 것이 좋다. 어두운 빛이 있는 장소에 머무르는 것이 일주기 리듬(Process C)의 방해를 피할 수 있다. 밤중에 침대에 들어가고 싶은 마음을 누르고 할 수 있는 활동을 찾기 어려울 수 있다. 과거에 내담자들이 도움이 되었다고 한 활동들에는 뜨개질, 코바늘 뜨개질, 가벼운 독서(예: 잡지나 만화책) 등이 있다. 이 지시를 따를 때 하는 흔한 실수 중 한 가지는 지루한 활동을 진정되는 활동이라고 생각하여 몇 분(혹은 몇 시간) 정도를 견디며 다시 침대로 돌아가는 것이다. 한 번은 한 내담자가 밤중에 침대에서 나와 전화번호부를 읽는다고 보고한 적이 있다. 그 내담자에게 전화번호부를 읽고 진정이 되었냐고 묻자 "아니오! 잠자기 위해 전화번호부나 읽고 있는 자신이 너무 싫어요!"라고 보고하였다. 이 내담자의 접근은 수면을 위한 노력과 동떨어져 있고 자기자비와 다르기 때문에 마음챙김의 접근과도 거리가 멀고 도움이 될 가능성도 적다. 따라서 침대 밖으로 나왔을 때 어떤 활동을 할 수 있을지에 대해 내담자들과 논의하는 것이 중요하다. 세 번째 단계(부록의 유인물 7에서 3단계 참조)는 졸릴 때 침대로 돌아오는 것이다. 여기서 다시 시계에 의존하기보다는 졸린 감각을 알아차리고 침대에 돌아갈지를 결정해야 한다. 많은 사람이 30분 이내로 혹은 특정 시간 안에 침대에 돌아가지 않으면 밤새 잠들지 못할 것을 걱정한다. 그럴 가능성도 물론 있지만 수면 항상성을 생각하면 그러한 양상이 밤마다 지속되기는 어렵다. 마지막으로, 침대에 있을 때 각성될 만한 활동을 피해야 함을 강조해야 한다. 여기에는 TV 시청, 휴대용 전자기기 사용(노트북, 태블릿, 휴대폰), 식사, 공부 혹은 일하는 것 등이 해당된다.

MBTI 치료자는 수면 재조건화 지침을 전달하는 데 있어 중요한 몇 가지 사항을 유념해야 한다. 첫 번째, 이 지침을 지속적으로 준수하는 것이 중요하다는 것을 강조해야 한다. 나아가 이 지침은 하룻밤에도 한 번 이상 사용될 수 있다는 것을 강조해야 한다. 수면 통합과 마찬가지로, 일관되지 않게 적용하는 것은 수면에 지속적인 변화를 주지 못한다. 일부 경우에는 내담자에게 수면 재조건화나 수면 통합 중 하나를 선택하게 하는 것이 좋은 방법이 될 수 있다. 의사결정에 대한 지도 원리는 취침-기상 시간은 사전에 정한다는 것이며 일주일 내내 지켜져야 한다. 매일 밤 만성적인 수면 문제를 호소하는 내담자에게 이 방법이 더 유용할 수 있다. 수면 재조건화에 대한 지침은 조건적으로 수면 문제가 발생할 때에 실행할 수 있다. 즉, 수면 교란을 불규칙적으로 경험하는 내담자는 수면 교란이 문제가 될 때에만 지침을 준수하면 되기 때문에 수면 재조건화를 더 선호할 수 있다. 예를 들어, 밤중에 깨서 오랫동안 다시 잠들지 못하는 날을 일주일 중 3일만 경험하는 내담자가 있다면, 수면 재조건화를 3일 밤에만 실시하면 된다.

두 번째 고려사항은 침대 밖으로 나왔을 때 어떤 활동들을 할 수 있는가에 대한 것이다. 책이나 TV를 봐도 되는지에 대한 질문을 흔하게 한다. 마음챙김의 정신에 따르기 위해 사람마다 다를 수 있다고 대답하고, 진정이 되며 즐겁고 수면 노력을 촉진시키지 않는 활동을 찾는 것이 중요하다. 흔히 명상 훈련이 수면 재조건화를 하면서 할 수 있는 활동인지에 대한 질문이 제기될 수 있다. 이는 어려운 선택일 수 있으며 내담자가 스스로 명상 훈련을 하면서 진척된 정도에 달려 있다고 보면 된다. 내담자가 원리를 잘 이해하고 밤 시간에 명상을 하는 동안 마음챙김의 원리를 잘 적용하는 것으로 본다면, 수면 재조건화의 일부로서 명상 훈련을 해도 문제는 없다. 그러나 내담자가 다시 잠들기 위해 명상을 이용하고 있다면, 수면에 대한 비집착(nonattachment)의 원리에 위반되기 때문에 이런 경우에는 야간에 깬 경우에도 명상 훈련을 하지 않는 것이 낫다.

마지막으로, 침대 밖으로 꼭 나와야 하는지에 대한 질문이 제기될 수 있다. 수년 전, 한 실험은 이 질문에 대한 통찰을 제공해 주었다. Zwart와 Lisman(1979)은 47명의 학부생에 대해 자극 조절(모든 지침 포함)을 하는 집단과 시간적 통제(졸릴 때만 눕고 매일 동일한 시간에 기상하며 낮잠을 자지 않도록 지시)를 하는 집단, 비수반 통제집단(정해진 횟수만큼 침대에 들어가고 나서 무조건 20분 이내로 일어나도록 지시), 역제어 통제집단(잠을 잘 수 없을 때 침대에서 깬 채로 독서, TV시청 등을 하도록 지시) 그리고 무처치 집단에 할당하였다. 연구진은 역제어 통제집단이 자극 조절 집단만큼 효과적임을 발견하였으며, 이는 잠을 잘 수 없을 때 다른 활동을 하는 것이 침대와 각성의 연합을 제거하는 데 충분함을 시사하였다. 그렇기 때문에 수면 재조건화의 중요한 핵심 '요소'는 단순히 침대에서만 벗어나는 것이라기보다는 '수면 모드에서 벗어나는 것'이다.

수면 통합 활동과 유사하게, 내담자들이 짝이나 소집단으로 모여 수면 재조건화 프로그램을 어떻게 시행할 것인지 논의하는 것이 유용하다. 내담자들에게 침대에서 나왔을 때 어떤 활동을 할 것이고, 언제 침대에서 나올지 결정하고 논의하도록 격려해 주어야 한다. 치료자들은 내담자에게 구체적인 지침을 주지 않고 방향만 제시하는 것이 좋다. 즉, 이것은 개인의 상황에서 이런 전략들을 어떻게 시행할 것인지에 대한 마음챙김을 기반으로 한 발견을 촉진해 주는 내담자 중심적 접근이라고 할 수 있다.

4회기 과제

4회기 과제는 하루에 30분씩 최소 주 6일 좌식 명상과 동작 명상을 번갈아 가며 실시하는 것이다. 나아가 내담자들에게 변화된 수면 통합 프로그램을 지키고, 수면 재조건화를 위한 지침을 준수하도록 과제를 내준다. 마지막으로, 내담자들은 수면 및 명상 일지를 계속 작성하도록 한다. 내담자들은 일지가 MBTI에서의 행동 요소들을 시행하는 데 어떻게 사용되는지 알기 시작할 것이다.

4회기 말미에 내담자들은 알아차림을 기르기 위한 훈련으로 최소 두 번의 조용한 명상과 두 번의 동작 명상을 경험했을 것이다. 또한 졸림 상태에 대한 알아차림을 바탕으로 하여 마음챙김 기반 행동을 취하는 수단으로 사용되는 두 가지의 행동 요소인 수면 통합과 수면 재조건화에 대한 안내를 받았을 것이다. 메타인지의 개념이 행동지침 동안 다뤄질 수도 있지만, 5, 6, 7회기에서는 불면증의 맥락에서 메타인지를 더 본격적으로 다루게 될 것이다.

CHAPTER 07

불면증 영역을 다루기 위해
마음챙김 원리 사용하기

불면증을 위한 마음챙김 기반 치료(MBTI)는 종종 미묘하거나 작은 규모의 변화를 언급하기 위해 변화(shift)라는 용어를 사용한다. 이것은 4장에서 기술한 불면증에 대한 메타인지적 모델에 적합하며, MBTI에서 수면 관련 각성을 다룰 때 중요한 특징이다. 알아차림이 메타인지를 포함하도록 확장시키고, 메타인지를 점진적으로 변화시키는 것은 불면증을 다른 관점들에서 볼 수 있는 기회를 열어 줄 수 있다. 5회기에서 불면증 영역(territory of insomnia)은 만성 불면증을 경험하면서 영향을 미치는 다양한 영역(행동적·인지적·메타인지적)에 대해 생각해 볼 수 있는 다른 방법으로 소개된다. 6회기와 7회기에서는 불면증 영역 내에 다른 영역인 수용 및 놓아주기, 수면과의 관계 재조명하기, 수면과 직접적으로는 무관한 자기자비와 자기돌봄에 관여하는 다른 방

187

법 찾기 등을 포함한다. 이 회기들 동안에는 마음챙김 원리와 연습을 적용하여 불면증과 관련된 생각과 감정을 다루는 데 있어서 메타인지적 변화를 만들어 내는 데 초점을 둔다. 내담자들은 그들이 수면 및 각성과 관련된 스트레스에 접근하는 방법을 자세하게 관찰하고, 가능한 선에서 일상생활로 마음챙김을 끌어들이고 반응적인 방식에서 벗어날 방법을 찾는다. 또한 개인적인 가치를 확인하고 이러한 가치와 일치할 수 있는 선택을 논의하는 것은 재발 예방과 잠재적인 미래의 불면증 삽화를 다루는 수단으로 논의된다. 이 회기들은 MBTI 전반기에 교육받은 마음챙김 기술과 실습을 활용하여 메타인지적 변화를 도출하는 것을 목표로 하고 있기 때문에 이 장에서 함께 다루게 된다.

5회기: 불면증 영역

중간 지점

5회기는 MBTI 프로그램의 중간 지점이다. 이쯤 되면 내담자들은 구조적 명상 연습을 규칙적으로 실천하고 있고, MBTI에서 사용되는 일련의 조용한 명상과 동작 명상에 익숙해졌을 것이다. 또한 내담자들은 행동 전략에 익숙해지고 수면 통합과 수면 재조건화를 집에서 시행하고 있을 것이다.

5회기는 세 가지 주요 주제가 있다. 첫째, 중간 지점은 명상 연습을 강화할 기회를 제공하고, 내담자들이 프로그램의 후반기에 명상 연습에 대해 새로운 결심을 하도록 격려하는 기회를 제공한다.

둘째, 회기 중 불면증과 관련된 교육에서 수면 통합과 수면 재조건화 프로그램을 어떻게 조정할지에 대해 지속적인 논의가 이루어져야 한다. 셋째, 불면증 영역에 대한 개념을 소개하는 것이다. 불면증 영역은 메타인지적 변화를 유발하는 모델의 역할을 한다. 예를 들어, 내담자에게 불면증이라는 문제를 이전과는 다른 관점에서 바라볼 수 있도록 알아차림을 발판 삼아 활용하도록 하고, 마음챙김 원리를 그들 자신의 불면증 영역에 적용해 보도록 격려한다. 5회기 개요는 〈첨부자료 7-1〉을 참조한다.

첨부자료 7-1 5회기 개요

주제: 불면증 영역

목표

1. 내담자들이 명상 연습에 다시 전념할 수 있게 격려하기

2. 수면 통합과 수면 재조건화를 조정하는 방법에 대해 논의하기

3. 불면증 영역이라는 개념 설명하기

활동

1. 명상 연습 및 질문 시간

    a. 동작 명상(걷기 명상 혹은 마음챙김 동작과 스트레칭)

    b. 조용한 명상(바디 스캔 혹은 앉기 명상)

    c. 명상 연습에 대한 질문과 논의

    d. 중간 지점에서의 명상 연습에 대한 검토

    요점: 내담자들이 그들의 명상 연습을 심화하도록 격려한다.

2. 불면증 교육 및 전략

    a. 불면증 영역에 대한 개념을 소개하고 논의하기

    b. 수면 통합에 대한 경과를 검토하고 필요에 따라 조정하기

c. 수면 재조건화의 경과를 검토하고 필요에 따라 지시를 보강하기

요점: 내담자들이 불면증은 밤에 잠을 못 자는 문제 이상의 것임을 인식하게 격려한다.

5회기 과제

1. 수면 일지와 명상 일지 작성하기
2. 최소 6일 동안(하루에 30분씩), 동작 명상(마음챙김 걷기, 요가)과 조용한 명상 (앉기 명상, 바디 스캔)을 번갈아 가면서 하기
3. 수면 통합과 수면 재조건화 지침 계속 준수하기

명상 연습 및 질문 시간

명상 연습은 MBTI의 전반기에 정립된 동작 명상과 조용한 명상의 구조를 따른다. 치료자는 실험 삼아 명상 연습에 미묘한 변화를 시험하기 시작했을 수도 있다. 예를 들어, 치료자는 앉기 명상 동안 지도를 전보다 덜 할 수도 있고, 내담자가 스스로 마음과 몸에서 일어나는 어떠한 것이라도 탐색해 보도록 격려할 수도 있다. 이는 종종 선택이 없는 알아차림(choiceless awareness) 명상이라고 불리는데, 명상 연습을 할 때 내담자들에게 침묵과 여백을 더 많이 제공하여 자기주도성을 가지도록 하는 것이다. 이는 명상 연습 동안 '보조 바퀴를 떼는' 방법 중에 하나이며, 내담자가 자기주도적으로 명상 연습을 하는 것을 가능하게 한다. 궁극적으로 내담자는 매 명상 연습마다 치료자의 지도나 디지털 매체에 의존하기보다는 스스로 주도하는 명상을 수행할 수 있어야 한다.

5회기 질문 시간에 치료자는 내담자에게 앞으로 4주 동안 명상

연습을 계속할 의사가 있는지 확인하고 재결심을 하는 시간을 가지도록 한다. 다시 전념할 것을 다짐하면서 내담자들에게 프로그램의 전반기를 바탕으로 가지고 있던 기대를 프로그램 후반기에는 내려놓으라고 상기시킬 수 있다. 이는 또한 초심자의 마음을 연습해 볼 기회를 제공해 준다. 치료자는 내담자들이 여태까지 MBTI에서 무엇을 배웠는지 혹은 MBTI를 시작하고 지금까지 어떠한 변화를 알아차렸는지에 대한 논의를 할 수 있다. 이 시점에서 내담자들은 명상을 몇 주간 연습했기 때문에 본인의 정신적 및 신체적 상태에 대한 새로운 발견을 이야기하기 시작할 수 있다. 다음은 MBTI 집단의 과거 내담자들의 인용글이다. 중간 지점에서 한 내담자는 이렇게 말했다.

몇 달 동안 저는 잠을 잘 수 있을지 예측할 수 없어서 침대에 들어가는 것이 괴로웠어요. 지난 2주 동안은 잠을 못 잘 것 같은 기분이 들지는 않았어요.

다른 사람들은 하루 동안 졸림과 피곤함에 대한 감각들에 대한 변화를 느꼈다고 보고할 수도 있다. 다음 글이 이런 보고에 대한 예시이다.

저는 항상 졸리고 피곤함을 느꼈었지만, 예전처럼 항상 느껴지지는 않다는 것을 관찰했어요. 이제는 오후에 더 졸리다고 느끼고, 늦은 저녁에 더 에너지가 많다고 느껴져요. 실제로 변화가 생긴 건지, 아니면 제가 단순히 그걸 다르게 보고 있는 건지는 모르겠어요.

또 어떤 사람들은 특정한 상황에서 자동적으로 반응하는 경향성을 관찰했다고 코멘트할 수 있다. 한 내담자는 다음과 같은 보고를 했다.

오토파일럿에 대해 배운 후에 저는 제가 얼마나 반응적인지 알게 됐어요. 저는 아직 이것을 다루는 법을 배우고 있지만, 적어도 이제는 알 수 있어요. 호흡 명상이 저에게는 GPS 같아요.

몇몇 내담자는 어떠한 새로운 발견도 보고하지 않을 수 있다. 비판단이라는 마음챙김 원리를 연습하는 자세로, 치료자들은 어떠한 새로운 발견을 하지 않아도 괜찮다는 걸 인정해야 한다. 그렇게 이야기하는 것은 가치 판단으로 여겨질 수 있는 새로운 발견을 하는 게 바람직하다는 암묵적 메시지를 내담자들에게 전달하는 것을 피할 수 있다. 내담자들에게 명상 연습을 계속하도록 격려하고, 그저 바라보고 어떤 일이 나타나는지 관찰하는 것이 핵심이다. 이러한 관찰을 통해 내담자들은 종종 그들 자신에 대한 무엇인가를 알게 되거나 불면증 증상에 대한 다른 관점을 얻게 된다. 메타인지적 알아차림은 메타인지적 변화를 일으키는 시작점이다.

불면증에 대한 교육과 문제 해결

5회기에서 불면증에 대한 교육을 하는 동안 수면 통합과 수면 재조건화 프로그램에의 조정은 6장에서 논의된 바와 같이 지속되어야 한다. 몇몇 내담자는 지침을 준수하는 것에 대한 어려움을 호소할 수 있다. 예를 들어, 한 집단의 내담자는 한밤중에 침대에서 나온다는 생각이 '불쾌'했고, 하기를 거부했다. 다른 사람들은 일관된 기상 시간을 지키는 것이 어려울 수 있다. 이런 도전거리에 대해 우선 작은 그룹으로 나누거나 짝을 지어 문제 해결을 해 본 다음에 집단 논의로 이어질 수도 있다. 그렇게 하는 것이 내담자들에게 그들의 짝과 도전거리에 대해 논의하고 해결책을 찾을 기회를 준다. 문제 해결 과정 동안 MBTI 치료자는 마음챙김 원리를 실천하고 필요 시 지침의 근거를 상기시켜 줄 수 있지만, 그 외에는 내담자들이 스스로 해결책을 발견하도록 해야 한다. 내담자가 지침을 올바르게 이행하지 않거나 치료자가 내담자에게 잠재적 위험이 있을 수 있다고 판단되는 경우에는 예외가 된다. 예를 들어, 취침-기상 시간을 단지 4시간으로만 설정한 내담자는 지나친 주간 졸림의 위험에 노출될 수도 있다. 집단 논의를 관리할 때는 내담자에게 효과가 없는 취침-기상 시간을 즉시 조정하지 않도록 마음챙김 연습이 필요하다. 대부분의 경우에 적어도 집단의 한 구성원은 증상이 개선되어 그 구성원이 동료 지지를 제공하거나 다른 사람이 문제 해결을 하는 데 큰 도움이 될 수 있다. 이 시나리오는 자연스럽게 전개되어야 한다. MBTI 치료자는 한 집단 구성원이 다른 구성원들을 돕도록 장려해서는 안 된다.

불면증 영역

4장에서 불면증 영역은 만성 불면증의 경험을 모두 포함하는 증상, 행동, 생각 그리고 가치를 의미한다. 나는 이 용어를 의도적으로 선택했는데, 그 이유는 영역이라는 단어가 수면장애뿐만 아니라 건강 상태를 설명하는 데 흔히 사용되지 않기 때문이다. 용어가 어색하거나 이상하기 때문에 눈에 띌 것이며, 사람들은 "불면증 영역이라니, 그게 무슨 의미죠?"라고 질문할 것이다. 이 질문에 답을 하는 것이 불면증 장애의 기준이나 만성 불면증의 병인학적 모델에 얽매이지 않고, 마음챙김 관점에서 불면증의 경험을 재고하는 기회를 제공한다. 이것은 불면증이 무엇을 의미하는지에 관한 메타인지적 변화와 초심자의 마음을 연습하는 것을 포함할 수 있다. 더 많이 자거나 더 잘 자려고만 하는 대신에 불면증의 전체 영역을 보는 것은 내담자들이 MBTI의 초기 단계에서 습득한 기술을 더 효과적으로 사용할 수 있는 기회를 준다. 이것은 새롭거나 다른 방법으로 불면증의 문제에 대해 생각하는 데 있어 메타인지적 변화를 포함한다. 또한 잠을 자려고 노력하는 것과 직접적으로 관련이 없는 생각과 행동을 효과적으로 적용하거나, 불면증 영역에 다른 방식으로 한 발짝 거리를 두는 방법을 제공해 주거나, 잠을 더 잘 자기 위한 집착을 감소시키는 것을 포함할 수 있다. 불면증의 메타인지적 모델(Ong, Ulmer, & Manber, 2012)에 기반하여, 야간 증상에 너무 집중하는 것에 덜 초점을 두고 더 넓은 가치에 전념하면서 불면증에 대해 더 균형 잡히고 유연한 관점을 지향하게끔 한다. 불면증을 영역으로 보는 개념은 마음챙김 기반 인지치료(MBCT)에서 차용되었다. MBCT에서 우울증의 영역은 우울의 재발을 예방하기 위해서 마음챙김 기술을 적용하여 재개념화하는 수단으로 사용된다(Segal, Williams, & Tesdale, 2002).

불면증 영역은 내담자들이 즉시 이해할 수 있는 개념이 아닐 수 있다. 따라서 이 개념을 설명할 때는 집단 논의를 진행하는 것이 좋다. 치료자들은 MBTI 프로그램에 참여하면서 이 시점에서 불면증을 개념화하는 데 있어 변화가 있었는지 물어보며 시작할 수 있다.

가능한 질문은 다음과 같다.

- 불면증이 당신에게 무엇을 의미합니까?
- 이 프로그램을 시작한 이후로 불면증에 대한 의미가 바뀌었나요?
- 당신의 삶에서 불면증과 관련이 있다고 느끼는 다른 영역이 있나요?

　논의를 하기 위해 불면증에 대한 진단기준이 있는 유인물을 배포하는 것이 도움이 될 수 있다. 칠판이나 화이트보드에 불면증의 영역을 그려 놓고, 내담자가 어떻게 범주화하는지 언급하도록 하는 것이 개념을 내담자의 경험과 연결시키는 데 도움을 줄 수 있다. 그림은 대개 핵심에 수면 교란이 있는 안쪽 원과 다른 영역이나 불면증 경험의 여러 측면을 나타내는 바깥쪽 원으로 구성된다([그림 7-1] 참조). 이 논의의 요점은 불면증 경험이 불면증 증상 이외에도 고립감, 자신감 상실, 문제를 해결하기 위한 조급함 또는 사회적 스케줄의 변화와 같은 외부 영역을 포함할 수 있다는 것이다. 각 개인에게 자신의 불면증 영역에 해당하는 것을 발견하도록 허용하는 것은 밤에 잠을 자는 것 외에 노력할 수 있는 다양한 영역이 있다는 것을 이해할 수 있는 더 포괄적인 지도를 그리게 해 준다. 전체 집단 논의에 이어서 내담자들은 소집단으로 나누거나 짝지어서 각 내담자들에게 불면증의 영역이 무엇을 의미하는지에 대해 더 친밀한 논의를 할 수 있다. 구체적으로, 내담자들은 두 가지 질문을 고려해야 한다. ① 당신의 불면증 영역은 무엇인가요? ② 당신은 이 영역에 어떻게 마음챙김 방식으로 접근하겠습니까?

[그림 7-1] 불면증 영역

이 그림은 수면 교란이 다른 영역으로 확장되면서 '불면증 영역'이 어떻게 커지는지 보여 주는 예시이다. 불면증 영역을 그릴 때, MBTI 치료자들은 각 영역에 내담자들이 보고하는 예시를 사용하는 것이 좋다. 이 그림은 수면 외에도 다른 불면증의 영역에 있는 다른 층을 다루는 것이 가능하다는 것을 상기시켜 주는 역할을 할 수 있다.

5회기 과제

5회기 과제는 일주일에 6일씩 최소한 30분 동안 동작 명상(마음챙김 걷기, 요가)과 조용한 명상(앉기 명상, 바디 스캔) 사이를 번갈아 가며 하는 것이다. 또한 내담자는 이 회기 동안, 조정된 수면 스케줄을 바탕으로 수면 통합 및 수면 재조건화 프로그램을 계속해야 한다. 마지막으로, 내담자들은 계속해서 수면 일지와 명상 일지에 활동을 기록해야 한다.

6회기: 수용 및 놓아주기

6회기의 주요 주제는 불면증 영역에서의 생각과 감정을 다루는 개념을 강화하는 것이며, 특히 수용 및 놓아주기의 원칙을 강조한다. 명상 연습 및 질문 시간은 이전 회기와 동일한 구조를 따른다. 이 회기 동안 소개될 수 있는 한 가지 변형은 조용한 명상을 하는 동안 다룰 수 있는 어려운 생각, 감정 혹은 신체 감각을 생각해 오라는 것이다. 이 변형은 이 회기의 주요 주제인 수용 및 놓아주기의 개념을 강조하기 위해 수행될 수 있다. 이것은 대부분의 내담자가 명상은 긍정적 감정을 유발해야 한다고 생각하고 부정적 생각이나 감각을 준비해 오는 것은 바람직하지 않다고 느낄 수도 있기 때문에 어렵게 느낄 수 있다. 이런 상황이 발생하면 보통 부정적인 것으로 간주되는 생각이나 감각(예: 고통, 불안, 우울한 생각)을 다룰 수 있는 다양한 방법을 탐색하기 위해 질문 시간을 활용할 수 있다. 6회기 개요는 〈첨부자료 7-2〉에 제시하였다.

첨부자료 7-2 6회기 개요

주제: 수용 및 놓아주기

목표

1. 수용 및 놓아주기의 원리를 강화하기
2. 불면증의 영역에서 어떻게 마음챙김 기술을 사용하여 생각과 감정을 다루는지 설명하기

활동

1. 명상 연습 및 질문 시간

   a. 동작 명상(걷기 명상 혹은 마음챙김 동작과 스트레칭)

   b. 조용한 명상(바디 스캔 혹은 앉기 명상)

   c. 명상 연습에 대한 질문과 논의

   요점: 계속해서 명상 연습을 심화하고 마음챙김 원리를 다시 설명한다.

2. 불면증 교육 및 전략

   a. 수용 및 놓아주기 원칙을 검토하고 불면증 영역과 관련짓기

   b. 수면 통합의 진행 상황을 검토하고 필요에 따라 조정하기

   c. 수면 재조건화의 진행 상황을 검토하고 필요에 따라 지침 강화하기

   요점: 수용 및 놓아주기의 원리를 메타인지적 변화로 강조하고, 불면증 영역을 다루는 데 어떤 연관성이 있는지 논의한다.

6회기 과제

1. 수면 일지와 명상 일지 작성하기
2. 최소 6일 동안(하루에 30분씩) 명상하기(마음챙김 걷기, 요가, 앉기 명상 혹은 바디 스캔)
3. 수면 통합과 수면 재조건화 지침을 계속 준수하기

수용 및 놓아주기

6회기의 불면증 교육은 수용 및 놓아주기의 마음챙김 원리에 초점을 맞추고 있다. 이는 수면 교란에 대한 반응으로 생기는 부정적·정서적 반응들에 대처하기 위해 육성하고 활용해야 할 매우 중요한 두 가지 원리이다. 지금까지 내담자들은 명상 중에만 이 원리들을 연습하도록 지시받았다. 어떻게 이 원리들이 불면증의 맥

락에 적용될 수 있고, 불면증 영역을 다룰 때 사용될 수 있는지는 지금까지 논의되지 않았다. MBTI의 후반기에 이 개념을 다루는 이유는 수용 및 놓아주기가 매우 어려울 수 있기 때문이다. 나는 내담자가 수용 및 놓아주기에 집중하기 전에 일정 시간 동안 자신의 명상 연습에 참여할 수 있도록 하는 것이 일반적으로 더 도움이 된다는 것을 알게 되었다. 또한 이러한 원리들은 집에서 명상을 하고 수면 통합과 수면 재조건화 지침들을 따르고 있지만 수면이나 주간 기능이 유의하게 개선되지 않는 내담자들에게 매우 유용할 수 있다. 수용 및 놓아주기 원리들은 원하는 만큼 빨리 개선되지 않을 때 어떻게 마음챙김 방식으로 대응하는지를 상기시켜 줄 수 있다.

놓아주기의 원리는 실제로 많은 명상 연습에 내재되어 있다. 예를 들어, 바디 스캔에서는 신체의 특정 부위에 집중을 하고, 그 부위를 놓아주고 다음 부위로 주의를 돌린다. 이는 근본적으로 한 부분에 집중을 하고, 그다음 부위에 대한 문제 해결에 참여하거나 판단하지 않고 의도적으로 다른 부위로 주의를 이동하는 것이다. 또 다른 예는 호흡에 주의를 기울이는 것이다. 숨을 내쉴 때마다 그 숨을 내쉬고 놓아주기를 연습하는 것이다. 불면증의 맥락에서 수면은 의식적인 활동을 놓아주거나 마음속의 생각을 통제하려는 노력을 놓아주면서 자연스럽게 전개된다. 다시 말해서, 깨어 있는 상태를 놓아줄 준비가 되어 있어야 한다. 이것은 낮 동안 일어나는 문제와 즐거움을 놓아주고 잠을 잘 수 있게 허용하는 것이다.

한 가지 중요하게 짚고 넘어가자면, 놓아주기는 생각을 안 하려고 노력하거나 머리를 비우는 것과 다르다는 것이다. 마음챙김 연습에서 우리는 머리를 비우거나 생각이 일어나는 것을 억제하려고 하지 않는다. 그렇게 하려는 시도는 마음이 항상 무언가 집착할 것을 찾게 될 것이기 때문에 소용이 없다. 대신 놓아주기는 생각을 있는 그대로 두고 갈 길을 가도록 두는 방법이다. 생각에 집착하지 않고 의식적 알아차림에서 의도적으로 오갈 수 있게 허용한다면, 결국에는 진정될 가능성이 높다. 생각을 없애기보다는 그냥 존재하도록 두는 것이 직관적인 접근이 아니라고 느껴질 수 있지만, 이것은 마음의 기차 관찰자(trainspotter)가 될 때 일어나는 일이다. 치료자는 이 메시지를 강화하는 데 도움을 주기 위해 기차 관찰자 명상을 실시할 수도 있다.

또한 수용의 원리는 불면증 영역에 대해 마음챙김을 실천할 때 매우 중요하다. 지금까지 학습한 도구를 사용하면 수면이 개선될 것에 대해 기대하는 것이 합리적인 것처럼 보이지만, 때로는 개선이 원하는 만큼 빨리 이루어지지 않을 수도 있다. 알다시피 뇌는 상당히 탄력적이기 때문에 우리가 수면을 거의 취하지 않았을 때에도 여전히 기능을 할 수 있게 해 준다. 수면이 언제든 원할 때 정확히 일어나지 않을 수 있고, 원하는 만큼 길게 자지 못할 수 있다는 점을 수용하는 것은 불면증 영역을 다룰 때의 주요 요소이다. 수용은 밤에 마음과 몸이 아직 수면을 취할 준비가 되어 있지 않을 때 침대에서 나가는 것을 상기시켜 주는 역할을 할 수 있다. 우리가 낮에 항상 완전한 각성 상태로 기능하지는 않는다는 점을 수용하면 잠을 잘 자지 못한 것에 대해 자동적으로 반응하는 것을 피하게 해 주고 고통을 줄이는 데 도움을 줄 수 있다.

수용에 대한 논의에서 자주 제기되는 질문은 수용이 수동적인 '포기'의 방법이거나 자신이 그 문제에 대해 통제권을 가지고 있지 않다고 인정하는 것은 아닌지에 대한 것이다. 만약 이 질문이 제기된다면, 치료자는 내담자들에게 실제로는 오히려 그 반대가 맞다는 것을 상기시켜야 한다. 포기를 하기보다는 일어나고 있는 일을 수용하거나 받아들이기로 의식적인 결정을 하는 것이다. 차이점은 마음챙김 수용이 의도적인 선택인 반면, 포기하는 것은 강요된 선택이라는 점이다. 마음챙김 수용은 개인이 자동적으로 회피하고, 문제 해결을 해 보려 하고, 불쾌한 감정에 휘둘리는 대신에 경험에 대한 감정이 일어나도록 허용하거나 전적으로 느끼면서 적극적으로 대응하는 것을 선택하는 것이다. 적극적인 접근 방식으로 변화하는 것은 경험에 대한 새로운 관찰로 이어질 수 있는데, 부정적인 정서가 실제로는 처음에 인식한 것만큼 나쁘지 않고, 긴급하게 행동할 필요가 없다는 것이다. 요점은 문제를 고치거나 해결하려고 노력하는 게 항상 도움이 되는 것은 아니고, 종종 무언가를 당장 해결하고자 하는 충동은 때로는 더 스트레스를 받게 만든다는 것이다. 수용은 문제를 또 다른 관점에서 바라볼 수 있게 도와준다. 이 메타인지적 변화는 종종 문제에 대한 더 깊은 이해로 이어지고, 창의적인 해결책이 등장할 수 있도록 한다.

이전에 출판된 논문(Ong & Sholtes, 2010)에서 MBTI 프로그램에 참여한 한 내담자가 6회기에서 수용 및 놓아주기에 대해 논의하는 동안 돌파구를 찾은 사례를 기술했다. 내담자는 밤에 마음을 비우기 위해 안간힘을 썼지만 이런 생각들이 계속해서 돌아오는 것 때문에 좌절해 있었다. 이어지는 대화는 Ong과 Sholtes의 논문(p. 1188)에서 인용된 것이고, 치료자가 어떻게 수용 및 놓아주기에 관한 논의를 이끌 수 있는지에 대한 예시를 제공해 준다.

내담자 1: 저는 아직도 놓아주기가 어떻게 작동하는지 잘 모르겠어요. 명상을 연습하는 시간 동안 저는 마음을 비우려고 노력했고, 가끔씩은 머리가 백지가 되는 것 같기도 하지만, 항상 그 생각들은 돌아와요.

내담자 2: 네, 저도 같은 문제를 겪고 있어요. 제가 아무리 열심히 놓아주려고 해도, 마음은 계속 되돌아와요. 그러면 저는 뭔가 잘못하고 있다고 느껴요.

치료자: 생각을 없애려고 노력한다는 것처럼 들리네요.

내담자 1: 네. 그리고 제 머리가 복잡할 때에는 스스로에게 "이걸 수용해."라고 말하는 게 어려워요. 마치 제가 그 어떤 것도 통제할 수 없는 것 같고, 포기하고 싶어져요!

치료자: 이런 생각들을 다른 방법으로 다루어 보면 어떨까요? 이런 생각들을 강제로 내보내려고 노력하는 대신에 생각들을 가만히 내버려 두면 어떨까요?

내담자 1: 그렇게 하면 생각들은 분명히 아무 데도 가지 않고, 저는 좋아지지 않을 거예요.

치료자: 그럴 수도 있고, 아니면 계속 돌아오는 생각들이 때로는 무엇을 특별히 하지 않아도 알아서 사라진다는 걸 발견할 수도 있지요. 물론 그 생각들이 다시 돌아올 수도 있고요! 다시 말해서, 생각들은 오고 가겠지만, 한 방향으로 강제로 내몰려고 하는 것은 강력한 강의 흐름을 거스르는 것과 같아요.

내담자 1: 그렇다면 제 마음에서 이런 생각들을 일부러 비우려고 노력하지 말라는 말씀이신가요?

치료자: 저는 내담자님이 생각이 자연스럽게 전개되도록 내버려 두면 어떤 일이 벌어지는지 지켜보자고 제안하는 거예요. 강의 흐름을 막거나 거스르려고 하기보다는 강둑에 서 있어

보도록 하세요. 생각을 통제하려고 하는 것이 아니고, 강제로 이 생각들을 특정 방향으로 가게 하려는 노력을 놓아주는 것이에요.

내담자 1: 음…… 제가 해 왔던 것과 다르기는 하네요.

내담자 2: 저 또한 그런 방식으로 바라본 적은 없어요. 그렇지만 선생님이 뭘 말하려고 하는지 이해가 되기 시작했어요.

치료자: 이번 주 명상을 하면서 이런 식으로 마음을 비우려는 욕구를 놓아주려는 연습을 할 때 어떤 일이 벌어지는지 관찰해 보세요. 그 생각들이 다시 상기될 때 놓아주기를 연습할 수 있는 좋은 기회가 제공되는 것입니다!

이 논의에서 치료자는 내담자가 자신의 생각을 다른 방식으로 다룰 수 있도록 부드럽게 격려하며 수용 및 놓아주기의 원리를 강화했다. 강의 흐름을 막으려고 하는 것과 반대로 강둑에 서 있는 것에 대한 비유는 내담자들로 하여금 놓아주기와 마음을 비우는 것의 차이에 대한 통찰을 얻게 도와준다.

이 두 가지 원리에 대해 논의하는 시간 동안, 치료자는 내담자들에게 다음의 질문 중 하나 이상을 논의하게끔 한다. ① 불면증이 있는 사람들이 무엇을 회피한다고 생각합니까? ② 우리는 왜 바꾸고 싶은 생각이나 행동에 집착합니까? 기차 관찰자 명상을 하거나 Rumi의 시 〈게스트 하우스(The Guest House)〉(Barks, 1995)를 낭독하는 것도 내담자를 참여시키고, 놓아주기 및 수용의 개념을 강화하는 방법들이다. 이 시는 MBSR과 MBCT에서도 사용되는데, 좋고 나쁜 모든 손님을 초대하는 것이 훌륭하고 풍부한 경험이 될 수 있다는 좋은 예시가 된다. 놓아주기 및 수용의 원리를 실천하는 것은 한 개인이 불면증 영역의 바깥쪽 층을 다룰 수 있게 도와주는 메타인지적 변화의 예이다.

6회기 과제

수용 및 놓아주기에 대한 논의가 끝난 후, 치료자들은 내담자들에게 10분에서 15분 동안 소집단으로 나누어 수면 통합 스케줄과 수면 재조건화 프로그램을 검토하고 논의하도록 한다. 문제 해결과 논의는 5회기와 유사하게 진행된다. 6회기 과제로는 내담자들은 계속해서 취침-기상 시간을 지키고, 논의됐던 조정이나 지침을 포함하여 준수하도록 한다. 또한 내담자들이 일주일에 6일, 적어도 하루 30분 동안 스스로 선택한 명상(조용한 또는 동작)을 연습하게 한다.

7회기: 수면과의 관계 재조명하기

7회기는 수면과의 관계와 자기자비의 개념에 집중하면서 메타인지적 변화의 주제를 이어 간다. 채우기/고갈시키기 활동(nurturing/depleting activity)이라고 불리는 활동은 자기자비와 자기돌봄에 대한 논의의 일부분으로 소개된다. 이는 내담자들이 밤에 자는 것과 직접적으로 관련이 없는 주간 에너지와 피로감을 관리하기 위한 다른 방법을 제공해 준다. 더불어 마음챙김 연습을 일상생활에 통합하기 위한 수단으로 비구조적 명상들이 논의된다. 3분 명상(3-minute breathing space)은 구조적 명상 연습 외에 사용할 수 있는 간략하고 비구조적인 명상이다. 7회기 개요는 〈첨부자료 7-3〉에 제시하였다.

첨부자료 7-3 **7회기 개요**

주제: 수면과의 관계 재조명하기

목표

1. 수면과의 관계 재조명하기

2. 불면증의 맥락에서 자기자비와 자기돌봄을 논의하기

3. 일상에서 비구조적 마음챙김 연습을 포함할 수 있는 방법들에 대해 격려하기

활동

1. 명상 연습 및 질문 시간

   a. 동작 명상(걷기 명상 혹은 마음챙김 동작과 스트레칭)

   b. 조용한 명상(바디 스캔 혹은 앉기 명상)

   c. 비구조적 명상에 초점을 맞춘 명상 연습에 대한 질문과 논의

   d. 3분 명상 소개

   요점: 내담자들이 비구조적 연습을 포함한 명상 연습을 위한 장기 계획을 세울 수 있게 명상 연습을 확대하도록 격려한다.

2. 불면증 교육 및 전략

   a. 수면과의 관계가 메타인지적 변화인 점을 논의하기

   b. 채우기/고갈시키기 활동 연습을 자기자비와 자기돌봄에 대한 활동으로 소개하기

   c. 수면 통합의 경과를 검토하고 필요에 따라 수정하기

   d. 수면 재조건화 경과를 검토하고 필요하다면 지침 강화하기

   요점: 수면과의 관계를 메타인지적 변화로 재조명한다. 채우기/고갈시키기 활동을 통해 스스로를 채우거나 고갈시키는 활동들을 찾는다.

명상 및 질문 시간

앞에서는 우선 움직이지 않는 마음과 몸에 알아차림을 가져오기 위해 조용한 명상들이 어떻게 소개되는지 논의했다. 다음으로, 움직이고 있는 마음과 몸에 알아차림을 가져오기 위해 동작 명상을 소개했다. 구조적 명상이 명상을 연습하기 위해 일상에서 30분을 빼서 연습하는 것이라면, 비구조적 명상은 매일 하는 일상적인 일에 알아차림을 가져오는 것이다. 여기에 마음챙김 먹기, 마음챙김 운동하기, 마음챙김 양육 그리고 심지어 마음챙김 일하기를 포함한다. 이것은 마음챙김 연습의 '최종 단계'이다. 즉, 우리가 살면서 느끼는 모든 순간의 경험들과 진심으로 연결될 수 있도록 마음챙김 원리를 우리 인생에서 실천하는 것이다. 1회기를 떠올려 보면(5장 참조), 먹기 명상은 MBTI를 소개하는 첫 명상이었다. 몇 주 동안 구조적 명상 연습을 한 이후 내담자들은 프로그램이 끝난 뒤에도 그들의 일상에서 마음챙김 기술을 유지할 수 있게 해 주는 비구조적 명상 연습으로 돌아간다.

7회기에서 치료자는 구조적 명상을 각 20분 정도로 줄이고 비구조적 명상을 소개할 수 있는 시간을 준비한다. 3분 명상은 가르처 주기 쉽고 현재 순간에 주의를 가져올 수 있는 짧은 명상에 대한 구조를 제공해 준다. 이 '미니 명상'은 Segal, Williams와 Teasdale (2002)에 의해 MBCT 프로그램의 일환으로 만들어졌다. 이 비구조적 명상은 호흡과 현재의 정신 및 신체 상태, 세 단계에 걸쳐 부드럽게 주의를 기울일 수 있게 하며, 각 단계는 약 1분 정도밖에 걸리지 않는다. 3분 명상의 목적은 우리가 갑자기 스트레스를 느끼거나 오토파일럿 모드로 지내고 있을 때 현재 순간에 주의를 기울일 수 있게 도와준다. 스트레스나 부정적인 상황을 경험하고 있을 때 현재 순간에 집중하는 것은 마음챙김이 결여된 반응을 하는 것보다 마음챙김을 기반으로 한 행동을 취할 수 있게 도와준다.

〈첨부자료 7-4〉에서 묘사되었듯이, 첫 1분은 현재 순간에 집중하는 알아차림을 기르는 데 쓰인다. 이것은 즐거운 경험이든 불쾌한 경험이든 현재 경험을 인정하고 접수할 수 있게 도와준다. 그다음 1분은 주의를 집중해서 호흡에 주의를 환기하는 데 사용된다. 호흡에 대해 충분히 알아차릴 수 있도록 호흡하는 과정에 의도적으로 주의를 기울인다. 그다음 1분은 신체 전체로 알아차림의 영역을 확장하는 데 쓰인다. 여기에 신체 자세, 얼굴 표정 또는 신체 감각이 포함될 수 있다. 만약 불편함이나 통증이 있을 시에는 내담자에게 그 부위에 주의를 기울이고 수용 및 놓아주기 원리를 연습해 볼 수 있도록 격려한다. 약 3분 뒤에 내담자가 명상하기 전에 했던 행동에 다시 주의를 기울이게 한다.

주의: 이 짧은 명상은 세 가지 요소(알아차림, 주의력 모으기 및 환기, 주의력 확장)로 구성되어, 각 약 1분씩 지속한다.

지침

1. 내담자에게 허리를 꼿꼿하게 피고 품위 있는 자세를 취하며 현재 순간에 대한 알아차림을 가져오게 하며 명상을 시작한다.

2. 내담자들의 눈을 감게 한다. 혹 그들이 원한다면 눈을 뜨고 명상을 해도 된다.

3. 첫 1분 동안, 내담자들에게 어떠한 생각, 감정 혹은 감각이 떠오르는지 인정하고 접수하도록 한다. 치료자는 "어떤 생각이 지금 존재하나요?" "어떤 감정이 느껴지나요?" "신체에 어떤 감각이 느껴지나요?"와 같은 질문을 할 수 있다.

4. 두 번째 1분 동안, 내담자들이 호흡에 집중할 수 있게 주의를 모으고 환기하도록 한다. 내담자들에게 매번 쉬는 들숨과 날숨에 관련된 감각을 관찰하도록 한다.

5. 세 번째 1분 동안, 내담자들에게 호흡을 통한 알아차림의 장을 확장하여 몸 전체의 감각을 모두 포함할 수 있도록 격려한다. 이것은 신체 자세, 얼굴 표정, 통증 혹은 다른 생각들을 포함할 수 있다. 만약 불편감이나 통증이 있을 시 내담자에게 그 부위에 주의를 기울이고 그 감각과 함께 현재에 머무르기를 격려한다.

6. 차임벨이나 종을 울려서 명상을 종료한다. 또는 내담자들의 눈을 뜨게 하여 명상을 마무리한다.

3분 명상에서 강조할 점 중 하나는 이 명상은 스트레스를 받는 동안 마음챙김을 기르기 위한 명상이라는 것이다. 문제를 회피하기 위한 '피난용 비상구'로 사용하는 것이 아니며 현재 상황에 대해 '기분이 나아지게' 하려고 사용해서는 안 된다. 마음챙김은 긍정적인 감정을 만드는 것이 목적이 아니다. 대신에 우리가 알아차림의

발판으로 돌아갈 수 있게 하는 자기조절 도구로 우리가 마음챙김을 기반으로 한 행동을 취할 수 있게 도와준다.

3분 명상 이외에 다른 비구조적 명상에는 건포도 먹기 명상이나 마음챙김을 실천하며 물을 마시는 것도 포함할 수 있다. 와인 시음도 어떻게 마음챙김 원리가 많은 사람이 일상생활에서 하는 활동에 적용될 수 있는지 보여 주는 좋은 예시이다. 와인 시음 시 우리의 모든 감각에 주의를 기울여 와인을 즐길 수 있도록 와인을 시음하는 경험에 알아차림을 가져온다. 그래서 우리는 이를 인식하고 즐길 수 있다. 마음챙김 달리기 혹은 조깅은 마음챙김 걷기를 연습했을 때와 유사하지만 속도를 더 빠르게 하는 것이다. MBTI에는 비구조적 명상을 소개할 때 특별하게 제한하는 점이나 활동이 없다. 전형적으로 7회기에서는 어떻게 마음챙김이 비구조적으로 연습될 수 있는지 소집단으로 혹은 짝지어서 논의를 하고, 모든 내담자는 집에서 비구조적 명상을 연습할 수 있는 계획을 세운다.

수면과의 관계

내담자들이 MBTI를 처음 시작할 때, 몇몇 참가자는 수면과 어려운 관계에 있다고 이야기한다. 나는 몇몇의 불면증 환자들이 수면을 '적'으로 묘사하고 그리고 왠지 가장 친한 친구처럼 믿었던 행위가 등에 칼을 꽂은 것과 같았다고 이야기했다. 이는 수면과의 관계가 변했음을 의미한다. 7회기의 교육적 부분은 각 내담자가 스스로 수면과의 관계를 재평가하면서 시작된다. 여기서 수면에 대해 생각하는 방식은 단순히 생각과 행동만 있는 것은 아니기 때문에 메타인지적 알아차림과 메타인지적 변화의 주제를 다시 강화할 수 있는 좋은 기회이다.

이 논의에서 언급할 수 있는 몇 가지 원리가 있다. 첫째, 비판단의 원리는 우리가 잠을 못 자는 것을 적이 아닌 특정한 상태로 볼 수 있게 해 준다. 만약 침대에 누워 있는 동안 졸림이 없는 상태라면 이를 인정하고 졸림이 없는 상태에 대처할 수 있는 다양한 도구가 있다. 우리는 초심자의 마음으로 매일 밤을 그 어떤 기대에서 자유롭고 새로운 방식으로 다시 접근할 수 있다. 우리는 놓아주기 원리를 사용해 수면에 대한 기대나 원하는 수면의 양에 대한 기대를 놓아주고, 매일 밤마다 그리고 연령대에 따라 수면 욕구가 변할 수 있다는 것을 인지할 수 있다. 잠이 안 올 때 수용 원리를 연습하는 것은 우리가 잠을 못 자는 것을 회피하여 수면에 대한 각성과 불안을 유발하는 대신에 대처할 수 있다는 것을 학습하게 해 준다.

가끔 내가 집단에게 읽어 주는 Billy Collins(2001)가 쓴 〈불면증(Insomnia)〉이라는 시가 있다. 이 시는 멈추지 않는 잡념으로 머리가 가득 찬 사람의 관점을 제시하는 흥미로운 시이다. 그는 "내 안에 있는 누군가는 세발자전거에서 내리지 않고, 똑같은 좁은 원을 따라가는 것을 멈추지 않는다."라고 말하면서 스스로를 '잘 맞지 않는 재킷을 입은 남학생'으로 표현한다. 이 시는 메타인지적 변화를 잘 묘사하는데, 잠을 자지 못해도 시인은 불면증 영역의 바깥쪽 층에 작업하고 있고, 결과적으로 이차성 각성을 줄일 수 있다. 이 시에서 쓰인 동사와 형용사는 그 사람이 직접 관여를 하고 좌절하기보다는 뒤로 물러서 관찰하고 설명할 수 있는 방법을 나타낸다. 만성 불면증 환자 집단이 이 시를 들을 때 어떻게 반응하는지 듣는 것은 늘 흥미로운 일이다. 몇몇은 이렇게 할 수 없다고 느끼고, 다른 사람들은 문제에 대해 이해는 하지만 잡념으로 가득 찬 머리를 그저 관찰하는 것이 자는 데 도움을 줄 수 있다고 생각하지 않는다. 이는 내담자들에게 초심자의 마음, 수용 및 놓아주기 실천에 대한 논의점들을 제공하고, 연습할 수 있게 상기시켜 줄 수 있다.

수면과의 관계에 대한 집단 논의에서 치료자는 내담자들에게 수면과의 관계에 대한 변화를 관찰했는지에 대한 질문을 해야 한다. 내담자들에게서 내가 들었던 대답은 다음과 같다.

- "(치료 받기) 전에는 침대와 씨름하고 있는 것 같았다."
- "내가 원하는 만큼 개선되지는 않았어도, 더 이상 수면과 싸우고 있지는 않는 것 같다."
- "인생을 다른 관점으로 바라볼 수 있게 되었다. 예를 들어, 내가 잘 잤건 그러지 못했건 더 이상 스트레스를 받지 않는다. 예를 들어, 새벽 3시에 일어났다고 해도 괜찮다."

모든 사람이 변화를 보고하지는 않고, 몇몇 내담자는 수면과의 관계에 대한 개념을 완전히 이해하지 못할 수 있다. 때때로 이것은 수면에 대한 집착이나 수면을 고치고 싶어 하는 욕구로 다시 프레임을 바꾸어 전달해 볼 수 있다. 전과 같이, MBTI 치료자는 수면과의 관계에 긍정적인 변화를 보고하는 집단원에게 더 관심을 주거나 선호를 보이지 않도록 주의해야 한다.

자기자비와 채우기/고갈시키기 활동

자기자비는 불교 철학에 있어서 중요한 교리지만, 마음챙김 기반 치료에서 그 역할은 의견이 분분하다(Hölzel et al., 2011). 일반적으로 자기자비는 명상에 암묵적으로 포함되어 가르쳐졌지만, 몇몇 학자는 자기자비가 별도의 개념이라고 생각한다. 대부분의 마음챙김 기반 치료에서 마음챙김 명상을 연습하는 것은 자기자비 행동으로 보는데, 그 이유는 몸과 마음에 시간을 내서 집중하며 스스로를 돌보기 때문이다. 명상 연습과 질문 시간 동안 생기는 개방성과 안전한 공간은 자기자비를 촉진할 수 있다.

MBTI에서 자기자비는 균형, 유연성, 평정심, 가치에 대한 전념을 포함하여 새로운 메타인지적 관점을 취하는 요소에서 발생한다고 본다. 명상 연습 중에 암묵적으로 가르치는 것 외에도 MBCT(Segal, Williams, & Teasdale, 2002)에서 적용된 활동인 채우기/고갈시키기 활동에 포함되어 사용된다. 이 활동은 내담자가 자신의 일상생활을 점검하고 채워지거나 고갈되는 활동의 유형에 대해 알아차림을 기를 수 있도록 고안되었다. 이 활동은 일상생활에서 일어나는 에너지 상호작용 목록을 만들어서 수행된다. 에너지를 어떻게 채우고 고갈하는지에 대한 알아차림을 개선하는 것을 통해 내담자들은 자기자비와 자기돌봄을 할 수 있다. 이 활동은 며칠간 잠을 못 자서 주간 피로가 있을 때 특히 더 중요하게 활용될 수 있다. 6장에서 피로는 가용할 수 있는 정신적 및 신체적 에너지에 대한 해석 혹은 특정 활동을 할 때 필요한 에너지의 정도라고 했음을 기억하라. 피로감은 종종 부정적인 감정을 같이 느끼게 하기 때문에 그럴 때 마음챙김의 방식으로 채우는 활동을 더 많이 하기 위해서 시간을 가져야 한다. 이러한 활동은 실제 에너지 수준을 변화시키지 않고 사용 가능한 에너지에 대한 해석을 달리하는 것을 통해 메타인지적 변화를 하게끔 돕는다. 그러므로 채우기/고갈시키기 활동은 주간 피로를 관리하기 위한 직접적인 도구를 제공하여 수면 통합과 수면 재조건화 프로그램을 보완한다.

채우기/고갈시키기 활동에 대한 해석은 간단하고 세 단계로 구성되어 있다(부록의 유인물 8 참조). 먼저, 내담자는 평범한 하루에 하는 가능한 모든 활동을 최대한 자세하게 적도록 안내 받는다. 그들은 각 활동을 검토하여 만약 그 활동이 채워지는 활동이라면 'N'을, 고갈되는 활동이라면 'D'를 적는다. 어떤 활동은 그날에 따라 둘 다 해당이 될 수 있다. 이 경우에 내담자들은 그 활동을 하고 난 뒤의 느낌에 따라 결정을 하도록 한다. 최종적으로 내담자들은 N과 D의 개수의 총계를 낸다.

내담자들이 모두 N과 D 활동에 대한 기록을 마쳤다면, 치료자는 1명에서 2명의 내담자들에게 본인들의 활동을 읽고 그 활동이 N인지 D인지 큰 목소리로 발표하도록 부탁한다. 그리고 N과 D 각각의 개수의 총합을 발표하게 한다. 치료자는 다음의 질문을 바탕으로 논의를 이끈다.

1. 당신의 에너지는 어디에 가장 많이 사용되나요?
2. N의 경우: 이 활동들을 더 하거나 이 활동을 더 잘 알아차릴 수 있게 하려면 어떤 변화가 있어야 할까요?
3. D의 경우: 이러한 활동을 어떻게 더 적게 할 수 있을까요?

논의에서 몇 개의 활동은 채우기 혹은 고갈시키기가 동일하게 적용될 수 있는 활동이 될 수 있으므로 동일한 활동에 대해 다르게 접근하면 고갈시키기 활동보다는 채우기 활동이 될 수 있다는 지적이 나온다. 치료자는 수면에 대한 특정한 예시를 들 수 있다. 낮잠을 자려고 '시도'하는 것은 고갈시키는 행동이 될 수 있지만, 같은 시간 동안 쉬거나 명상하는 것은 기분을 전환시키는 채우는 활동이 될 수 있다. 우리는 피로에 대한 반응 범위를 넓히기 위해 마음챙김을 기반으로 하는 주의력을 기르려고 하는 것이다. 수면 부족으로 인해 낮 동안 피곤함을 느껴도 이를 다룰 수 있는 방법이 있음을 보여 주며 내담자들이 수면에 대한 집착에서 메타인지적 변화를 할 수 있게 도와준다.

7회기 과제

7회기는 15~20분 동안 내담자들이 소집단이나 짝을 지어 각자의 수면 스케줄과 과제 연습에 대한 논의를 하고 마무리한다. 7회기의 과제는 명상의 종류를 스스로 선택하여 한 주에 적어도 6일 동안 디지털 미디어의 지시 없이 명상을 하는 것이다. 이는 MBTI 프로그램이 끝난 뒤에도 명상 연습을 일상생활에서도 계속 하기 위한 준비 과정이다. 또한 내담자들은 3분 명상을 한 주에 적어도 6일, 하루에 최소한 한 번 연습하도록 한다. 내담자들은 수면 일지와 명상 일지를 계속해서 기록하고 회기 중 논의된 내용을 조정하여 수면 스케줄을 지속하도록 한다.

CHAPTER 08
MBTI의 종결과 마음챙김을 삶으로 가져오기

졸업식과 유사하게, 불면증을 위한 마음챙김 기반 치료(MBTI)의 종결은 내담자들이 미래를 준비할 수 있게 도와주는 것이다. 이 장에서는 MBTI의 마지막 회기에 대해 이야기할 것이며, 치료자들은 내담자들이 MBTI의 종결 이후 마음챙김 원리를 유지하도록 준비시키는 단계를 밟도록 할 것이다. 또한 핵심 요소는 아니지만 MBTI에서 과거에 사용된 명상과 활동들에 대해 논의할 것이다. 마지막으로, 치료자들이 MBTI를 하면서 직면하게 되는 미준수, 집단 역동 그리고 과제와 관련되는 도전과 이슈에 대해서 논의할 것이다. 치료자에게 있어서 이것이 MBTI의 끝이지만, 내담자들에게 있어서 여행은 이제 막 시작되었다.

8회기: MBTI 이후 마음챙김의 삶

8회기는 MBTI의 마지막 회기이며, 전반적인 주제는 MBTI 프로그램을 마무리하고 내담자들이 프로그램이 종료된 후에도 마음챙김 원리를 일상에서 실천할 수 있게 준비시켜 주는 것이다. 여기에는 수업 내에서 내담자의 경험을 검토하고 마음챙김 연습을 지속할 수 있는 실제적인 계획을 세우는 것이 포함된다. 치료자들은 또한 미래에 불면증 삽화가 발생한다면 어떻게 대처할지에 대해 같이 이야기해 보아야 한다. 많은 내담자는 8주의 기간 동안 마음챙김을 연습하는 데 상당히 노력했을 것이며, 일부는 명상을 하며 경험했던 감정과 취약한 생각을 공개적으로 공유했을 것이다. 집단원들은 서로 친해졌을 수도 있고, 몇몇은 같이 차를 타고 집단에 참여했을 수도 있다. 그렇기 때문에 마지막 회기는 내담자들에게 감정적인 경험일 수 있다. 집단이 종료되는 것에 대해 슬픔을 느낄 수도 있고, 수면 문제와 정서적 스트레스에 대처할 수 있는 새로운 기술을 배운 것에 대해 감사함과 기쁨을 느낄 수도 있다. 치료자들도 강한 감정을 느낄 수 있다. 따라서 MBTI 치료자들은 마지막 회기 중에 생길 수 있는 강한 감정들을 다룰 가능성에 대해 준비해야 한다. 8회기에 대한 개요는 〈첨부자료 8-1〉에 제시하였다.

주제: MBTI 이후 마음챙김의 삶

목표

1. 이 프로그램 종료 후에 마음챙김 명상(구조적 및 비구조적)에 대한 지침 제공하기
2. 미래의 불면증 삽화에 대비할 수 있는 실행계획 수립하기

활동

1. 명상 연습 및 질문 시간

   a. 선택이 없는 알아차림을 동반한 좌식 명상

   b. 내담자들이 장기적으로 연습을 확립을 할 수 있는 방법에 집중하며, 명상 연습에 대한 질문과 논의

   c. MBTI를 진행하는 동안 얻게 된 교훈에 대한 논의

   요점: MBTI 프로그램 종료 후 명상 연습을 지속할 수 있는 단기적 및 장기적 계획을 세운다. 내담자가 MBTI에서 배운 내용을 검토한다.

2. 불면증 교육 및 전략

   a. 내담자들이 재발 방지에 준비될 수 있게 불면증을 위한 실행계획 세우기

   요점: 미래의 불면증 삽화에 대해 내담자가 실행계획을 세우는 것을 도와준다.

3. 종결식

   a. 원을 만들어 MBTI 프로그램에서 내담자들이 경험한 것들을 공유하도록 격려하기

   요점: 프로그램을 종결하며 내담자들을 격려하고 스스로의 여행을 계속 할 수 있도록 장려한다.

명상 연습 및 질문 시간

8회기 명상 연습을 진행하면서, 치료자는 토론에 더 많은 시간을 할애하고, 연습 시간은 40분으로 줄일 수 있다. 또한 치료자들은 MBTI를 한 바퀴 완료했다는 것을 상징적으로 보여 주기 위해 1회기에 했던 것처럼 좌식 마음챙김을 하며 종결할 수도 있다. 치료자들은 질문 시간에 MBTI 종결 이후에도 어떻게 명상 연습을 지속할 수 있을지에 대해 논의하도록 한다. 지역사회에서 참여할 수 있는 마음챙김 모임에 대한 정보나 보조 도구들(예: CD, 애플리케이션, 웹사이트 등)이 도움이 될 수 있다. 치료자들은 마음챙김 연습을 하는 데 있어서 단기 목표와 장기 목표를 모두 세우도록 격려해야 한다. 단기 목표는 MBTI 프로그램 기간 동안 과제에서 했던 것과 동일하게 매일 최소 30분씩, 1주에 6일간 하도록 권고하는 것이다. 장기 목표는 매년 한 번 정도 명상 캠프에 참여하거나 지역사회에 있는 명상 모임에 가입하도록 하는 것이다. 때때로 내담자들은 계속해서 모임을 이어 나가고 그들만의 모임을 조직하여 계속해서 그들이 MBTI에서 배운 원리를 연습할 수 있기를 원한다. 논의의 또 다른 요지는 사람들이 이 프로그램에서 무엇을 배웠는지 검토하는 것이다. 이 시점은 MBTI 프로그램을 시작할 때, 내담자들이 스스로 세웠던 목표를 재검토하기 좋은 시간이다. 일반적으로 내담자들에게 두 가지 질문을 한다. ① MBTI 프로그램을 시작한 이후에 당신에게 어떤 변화가 일어났나요? ② 마음챙김 명상을 연습하면서 당신은 무엇을 발견했나요?

불면증을 위한 실행계획

질문 시간 이후, 불면증과 관련된 마지막 교육은 재발 방지와 미래의 불면증 삽화에 대처할 수 있는 전략에 관한 것이다. 불면증은 삽화 형식으로 발생하는 장애이기 때문에 특히 스트레스를 받는 시기에는 불면증 증상이 발생할 수 있다. 그러므로 불면증의 재발 전에 실행계획을 준비하는 것은 도움이 되며, 이를 통해 내담자들에게 MBTI 프로그램 동안 습득한 도구들을 사용하는 방법을 상기시켜 줄 수 있다.

이 활동을 하는 동안 치료자들은 내담자들이 실행계획을 수립하는 것을 도와주어야 한다. 우선, 치료자들은 미래에 불면증 삽화가 발생했을 때 MBTI에서 배웠던 것을 사용할 수 있는 방법들에 대해 논의하도록 한다. 가능하다면 치료자들은 집단에서 나온 모든 아이디어를 칠판이나 화이트보드에 적어서 모든 내담자가 볼 수 있도록 한다. 그런 다음에 내담자들을 소집단으로 나누거나 짝을 지어서 불면증 영역에 대처할 수 있는 각자의 실행계획들에 대해 논의하도록 한다. 내담자들이 스스로의 실행계획을 잘 수립할 수 있게 하기 위해서 유인물 9(부록 참조)를 제공한다. 그들은 집단 목록이나 도움이 될 수 있다고 느끼는 것들을 사용할 수 있다. 이어서 다시 집단으로 집합하여 유인물 9에 적은 것을 기반으로 각자의 실행계획에 대해 공유하도록 한다. 만약 내담자들이 막히거나 치료자가 집단의 브레인스토밍을 도와줄 수 있는 아이디어가 필요하다면 논의에 활용할 수 있는 몇 가지 아이디어가 다음에 제시되어 있다.

첫 번째 단계는 무슨 일이 일어나고 있는지 인지하는 것이다.

1. 정신적 및 신체적 상태에 대해 인식한다. 나는 졸린가? 혹은 피곤한가?
2. 수면과 각성 패턴에 대해 인식한다. 수면 일지를 기록한다.
3. 낮 동안에 존재하는 스트레스원이 무엇이 있는지 관찰한다.
4. 수면 교란에 자동적으로 반응하고 있는가?
5. 원하지 않은 각성을 회피하기 위해 침대에 들어가는가?

두 번째 단계는 어떻게 반응할지 선택하는 것이다.

1. 수용하고 놓아준다.
2. (특히 낮 동안의 피로가 문제인 것처럼 보인다면) 채우기 활동들을 증가시킨다.
3. 매일 같은 시간에 기상할 것을 선택한다.
4. 판단 없이 수면 통합 혹은 수면 재조건화의 지침을 준수할 것을 선택한다.
5. 낮 동안의 스트레스에 대처하기 위해서 3분 명상을 선택한다.
6. 졸림이 압도적이라면 낮잠 자는 것을 선택한다.
7. 내 생각의 관찰자가 된다.
8. 구름 은유를 명상으로 사용한다.

논의를 하는 동안, 치료자는 마음챙김 원리를 강화하고 내담자들이 자동적인 반응으로 잠들려고 하기보다는 알아차림과 의도를 가지고 실행계획을 세워야 한다고 상기시켜야 한다. 모든 내담자가 유인물 9를 작성했다면, 마지막 단계는 유인물을 어디에 둘 것인지 결정하는 것이다. 많은 내담자는 유인물을 냉장고나 게시판에 붙여 놓을 것이라고 결정한다. 다른 이들은 계획을 본인의 이메일로 보낸다. 일부는 모임의 다른 구성원에게 이것을 주고 6개월 혹은 일정한 시간이 지난 후에 우편으로 다시 보내 달라고 요청한다. 미래에 불면증이 돌아올 것을 대비하여 실행계획이 효과적이기 위해서는 접근 가능하고 찾기 쉬워야 한다.

집단 내 모든 내담자의 불면증이 호전되지 않았을 수 있다는 것을 명심해야 한다. 이 내담자들이 적어도 증상의 변화가 조금은 있거나 불면증이 본인에게 주는 의미에 대한 메타인지적 변화를 경험했기를 바란다. 여전히 불면증을 경험하는 내담자들을 위해서 실행계획은 MBTI 활동을 지속하는 데 초점을 맞출 수 있다. 여기에는 명상 연습, 수면 통합 프로그램 그리고 수면 재조건화 프로그램을 지속하는 개인적인 계획이 포함될 수 있다. 실행계획은 또한 일정 시간이 지난 후(예: 2주마다)에 불면증 영역을 다시 살펴보고 내담자가 대처할 수 있는 영역들을 재검토하는 것이 될 수 있다. 치료자들은 치료 진전이 없어서 쉽게 치료를 중단할 수 있었던 이런 내담자들에게 MBTI를 종료한 것에 대해 칭찬하고 MBTI 활동들을 지속할 수 있도록 격려해 줘야 한다. 만약 스스로 계속해서 활동을 지속해 나간다면 MBTI가 종료된 후에 불면증에 대한 개선이 나타날 수 있다. 수면 문제가 지속된다면 수면장애 클리닉에 의뢰해서 추가적인 검사를 받는 것이 필요할 수 있다.

종결식

MBTI의 마지막 활동은 프로그램의 종결을 체감하게 하고, 각 내담자들의 노력과 기여를 인정하기 위해 종결식을 하는 것이다. 종결식은 내담자들이 계속해서 여정을 이어 나갈 수 있게 격려해 주거나, 서로의 여정에 도움을 주기 위해 계속해서 연락하도록 장려할 수 있다. 종결식은 여러 가지 옵션 중 선택하여 진행할 수 있다. 가장 반응이 좋았던 종결식은 의자나 바닥에 원으로 서로 마주보며 둘러앉아 순서대로 MBTI에 대한 참여 경험을 공유하는 것이다. 명상을 종료하기 위해 사용됐던 종이나 차임벨을 돌리며 발표하고 싶은 내담자에게 건네준다. 한 내담자가 참여한 뒤, 종을 울리고 다음 내담자에게 종을 건네준다. 내담자들은 보통 종을 울리는 것을 즐긴다!

만약 내담자들이 무엇을 공유할지 어려워하면, 그들이 처음에 세웠던 목표에 대해 생각해 보도록 한다. 당신은 무엇을 원했고, 바랐었는가? 만약 이 프로그램을 통해 얻은 것이 있다면 무엇인가? 왜 계속 참여했는가? 무엇을 배웠었는가? 성장과 치유를 하는 데 가장 큰 장애물은 무엇이었는가? 막히지 않도록 사용할 수 있는 전략은 무엇인가? 과거 내담자들이 공유한 예시는 다음과 같다.

- "저는 침대에 들어가지 않아도 된다는 것을 배웠어요!"
- "저는 인생의 새로운 길을 찾게 된 것처럼 느껴요. 나는 삶에 대해 더 긍정적인 태도를 갖게 되었고 내 삶에 대해 더 행복하다고 느끼게 되었어요."
- "저는 우울증이 나아졌다고 느꼈어요. 또한 저를 신경 쓰게 하는 것, 예를 들어 소음 같은 것들이 예전만큼 저를 괴롭히지 않는다는 것을 발견했어요."
- "저는 좌절감에 대처하기 위한 새로운 도구를 습득해서 자신감이 향상되었어요."

- "제가 얼마나 결과에 대해 생각하고 있고, 항상 성취하기 위해 얼마나 노력하고 있는지를 깨달았어요. 저는 이걸 학교 다니면서 배웠지만, 이 집단을 통해 그것을 잊을 수 있게 되었어요. 저는 이 집단이 얼마나 저를 편안하게 해 주고 이완시켜 주는지에 대해 알고 놀랐어요. 이런 방식으로 치료받는 것이라고 상상을 못했어요."

이러한 언급은 수면이 얼마나 변했는지에 대한 내용보다는 주로 내담자들의 삶이 어떻게 변했는지에 대한 점이라는 것이 흥미롭다. 이러한 예시들은 수면 문제만 고치는 것이 아닌 삶의 더 넓은 가치와 연결된 새로운 메타인지적 관점으로 변화하는 것과 일치한다.

내담자들이 공유를 해야 한다는 압박감을 느끼지 않게 마음챙김 듣기를 하는 것도 가능하다. 치료자가 모범을 보이기 위해 먼저 공유를 하는 것도 좋다. 어떤 치료자들은 내담자들의 개방성과 참여하려는 의지 그리고 힘들게 노력하는 것에 대해 깊은 감사를 표한다. 또한 일부는 심도 깊은 치료와 아름다운 경험을 모든 집단원과 공유할 수 있는 기회에 대해 감사를 표한다. '공감 수료증'(부록의 유인물 10 참조)은 내담자들에게 성취감을 제공해 줄 수 있다. 한 내담자는 MBTI에서 본인의 노력을 상기시키기 위해 내가 내담자에게 공감 수료증을 수여하는 모습을 사진 찍기 원했다!

명상 캠프

8회기 외에도 우리는 MBTI의 일부로서 명상 연습을 향상시키고 내담자들이 더 심도 있는 명상 연습을 경험할 수 있는 기회를 위해 종일 캠프를 제공한다. 마음챙김 기반 스트레스 감소(MBSR) 프로그램 형식과 유사하게, 명상 캠프는 보통 6회기와 7회기 사이 주말에 제공되며, 보통 6시간 동안 진행된다. 예를 들어, 전형적인 캠프는 토요일에 개최될 수 있으며, 6회기와 7회기 사이에 오전 9시에서 오후 3시까지 진행될 수 있다(〈첨부자료 8-2〉의 스케줄 예시 참조). 캠프에 대한 간단한 환영사와 소개 이후, 캠프에서는 하루의 대부분을 성스러운 침묵(noble silence)이라고 불리는 명상을 수행하

첨부자료 8-2 명상 캠프 스케줄의 예시

시간	연습/활동
9:00~9:10a.m.	환영과 소개
9:10~9:30a.m.	좌식 명상
9:30~10:00a.m.	동작 명상과 요가
10:00~10:10a.m.	쉬는 시간
10:10~10:30a.m.	바디 스캔
10:30~11:00a.m.	걷기 명상
11:00~11:30a.m.	앉기 명상
11:30a.m.~12:30p.m.	점심
12:30~12:45p.m.	좌식 명상/성찰
12:45~1:15p.m.	걷기 명상
1:15~1:45p.m.	자애(메타) 명상
1:45~1:50p.m.	쉬는 시간
1:50~2:00p.m.	간단한 마음챙김 동작 명상
2:00~2:15p.m.	마음챙김 정신으로 나눔의 시간
2:15~2:45p.m.	공유와 논의
2:45~3:00p.m.	좌식 명상으로 종결

며 보낸다. 성스러운 침묵은 말, 신체와 마음을 모두 포함한 언어적 및 비언어적 침묵을 유지하는 것이며, 이것은 마음챙김을 연습할 수 있는 환경을 제공해 준다. 이렇게 하는 목적은 언어적 및 비언어적 소음으로 인한 분산 없이, 현재 순간을 더 강하게 알아차리며 명상에 대한 경험을 향상시켜 주는 것이다. 성스러운 침묵 개념을 소개한 후에 치료자는 내담자들에게 하루 동안 여러 개의 명상 연습을 하도록 지도한다. 여기에는 기존 회기에 이미 소개된 명상(예: 좌식 명상, 바디 스캔, 걷기, 요가)을 포함하지만, 치료자는 명상 연습을 확장시킬 수 있는 새로운 명상들(예: 호수나 산 명상) 또는 다른 동작 명상(예: 기공, 태극권)을 소개할 수 있다. 일반적으로, 각 연습에 20분에서 30분 정도의 시간을 할애하고, 내담자들에게는 10분에서 15분의 휴식시간을 두 번 주고 1시간 동안 점심을 먹게 하는데, 모든 과정은 침묵 속에서 이루어진다.

명상 캠프는 MBTI에 필수적인가? 나는 MBTI를 진행하면서 명상 캠프를 제공하기도 했고 제공하지 않기도 했다. 어떤 경우에는 명상 캠프를 MBSR 프로그램과 같이 운영하여, 보통 명상 캠프에서 볼 수 있는 더 크고 다양한 집단으로 운영하기도 했다. 나는 또한 명상 캠프에 참석한 적이 있는 과거 MBTI 졸업생들을 초청하기도 했다. 이 시점에서 나는 캠프 제공 여부가 큰 차이를 만드는지에 대해 뒷받침할 만한 자료를 가지고 있지 않다. 그렇지만 일반적으로 내담자들은 명상 캠프를 마음챙김에 대한 이해를 증진시켜 주는 긍정적인 경험이라고 보고한다. 어떤 사람들은 매우 독특하고 강렬한 경험이라고 생각하는 반면, 다른 이들은 별로 도움이 되지 않는다고 생각한다. 많은 사람이 성스러운 침묵의 개념에 대해 강하게 반응을 한다. 자주 등장하는 언급은 요즘 같이 모바일 기술이 발전한 현대 사회에서 다섯 시간에서 여섯 시간 동안 의사소통을 하지 않고 있는 것이 얼마나 어려운지에 대한 것이다. 이 경험은 한 회기 안에서 경험할 수 없는 것이기 때문에 이것은 명상 캠프가 마음챙김 원리를 학습하고 연습하는 데 있어서 가치 있는 경험이 될 수 있다는 것을 보여 준다.

나는 가능하면 명상 캠프를 MBTI의 일부로 포함시킬 것을 추천한다. 만약 그 지역에 마음챙김 기반 프로그램이 운영되고 있다면, 우리가 했던 것처럼 다른 집단과 종일 캠프를 하는 것이 가능할 수도 있다. 나는 또한 캠프를 제공할 것인지에 대한 여부를 MBTI 시작 전에 결정할 것을 추천하는데, 그 이유는 프로그램을 시작하면서 명상 캠프의 날짜와 시간에 대해 알려 줄 수 있기 때문이다. 한 MBTI 집단에서 캠프 개최 여부에 대한 결정은 프로그램이 시작한 이후까지 확정되지 않았다. 그렇기 때문에 날짜와 시간도 세 번째 회기가 되어서야 내담자들에게 알릴 수 있었다. 결과적으로 여러 명의 내담자는 참여할 수 없었고, 참여율이 매우 저조했다. 마지막으로, 많은 사람에게 하루 종일 의사소통을 하지 않고 지내는 것이 드문 경험이기 때문에 캠프가 독특하고 강력한 경험이라고 느낀다는 것을 강조하고 싶다.

MBTI 전달에 대한 숙고

이 장에 제시된 개요, 활동 및 지시문은 만성 불면증으로 고통받는 사람들을 돕기 위한 마음챙김 명상과 원리에 관심이 있는 사람들에게 지침을 제공하기 위한 것이다. 이러한 활동들은 내가 심리학 수련을 받으며 배운 행동수면의학, MBSR 프로그램, 마음챙김 기반 인지치료를 기반으로 제작되었으며, '정답'이라고 간주하지 않길 바란다. 만성 불면증 환자들에게 마음챙김 원리와 연습을 가르치는 방법은 다양하다. 치료자는 이 구조에 제한 받지 말고 이 구조를 응용하여 마음챙김 원리와 연습을 기반으로 한 이상, 다른 활동, 기술 혹은 명상을 포함하기를 바란다. 다음 부분에는 MBTI 프로그램의 핵심에 해당되지는 않지만 치료자가 적합하다고 생각할 시에 포함시킬 수 있는 선택적인 활동을 소개할 것이다. 또한 MBTI를 가르칠 때 경험했던 다양한 도전에 대해 공유한다. 독자는 이 절을 MBTI 모임을 이끄는 것을 통해 얻은 교훈으로 '과정에 대한 노트(process notes)'라고 생각하면 좋겠다.

자애 명상(메타 명상)

때때로 다양한 명상 연습을 실험적으로 소개한다. 예를 들어, 가끔 나는 7회기에서 자기자비에 대한 토론을 쉽게 하기 위해 자애 또는 메타 명상을 한다(Stahl & Goldstein, 2010 참조). 만약 명상 캠프가 6회기와 7회기 사이에 개최된다면, 자애 명상이 명상 캠프에서 가장 먼저 소개되는 것이 특히 유용하다. 자애 명상은 MBTI에서 마음챙김 알아차림에 초점이 맞춰진 다른 명상들과는 다르다. 자애 명상을 하는 동안 자비를 키우는 것에 초점이 맞춰져 있다. 이는 자비를 반영하는 일련의 문장을 반복하면서 이루어지며, 자신을 향한 자애부터 시작한다.

1. 내가 안전할 수 있기를.

2. 내가 건강하기를.

3. 내가 안도하기를(또는 내가 해로운 것들로부터 자유롭기를).

4. 내가 평화롭기를.

자기로 시작하는 이유는 자애와 자비심은 연습을 통해 길러질 수 있다는 것을 인정하는 것이며, 이 연습은 스스로 자비롭게 대하는 것에서부터 시작한다. 치료자는 집단을 이 첫 네 구절로 지도한 후에, 이러한 구절을 사용하여 일련의 점진적인 단계를 통해 집단을 이끈다. 자기를 향한 자애 이후에 자비는 가족 구성원, 멘토 혹은 나에게 상당한 영향을 끼친 사람과 같은 은인으로 향한다.

1. (은인이) 안전하기를.

2. (은인이) 건강하기를.

3. (은인이) 안도하기를(또는 해로움으로부터 자유롭기를).

4. (은인이) 평화롭기를.

자비의 구절들은 지인 또는 중립적이거나 가벼운 관계에 있는 사람들을 위해서 반복된다. 다음 단계는 적을 위해 구절을 반복하는 것이다. 이것은 매우 어려울 수 있으며, 내담자들은 왜 싫어하는 사람들을 위해 자비를 길러야 하는지에 대해 궁금해할 수 있다. 이렇게 하는 목적은 그 사람과 가지고 있는 관계의 종류에 대한 애착과는 상관없이 모든 인간을 위한 자비를 연습하는 것이다. 이 단계는 어떤 사람들에게는 너무 어려울 수 있다. 만약 그렇다면, 내담자들은 그들이 화가 났었거나 최근에 갈등을 겪은 은인을 위한 자비의 구절을 반복하게 할 수 있다. 마침내 자비의 구절들은 모든 존재를 위해 반복된다.

1. 모든 존재가 안전하기를.
2. 모든 존재가 건강하기를.
3. 모든 존재가 안도하기를(또는 해로움으로부터 자유롭기를).
4. 모든 존재가 평화롭기를.

일부 내담자는 다른 명상들과는 다르게 자애 명상의 구절이 자비심에 대한 소망이나 열망을 포함하기 때문에 기도 또는 영적인 활동처럼 느껴진다고 말한다. 이 명상이 특별히 마음챙김 알아차림을 연습하는 명상이 아니라는 것은 인정되어야 하지만, 자기자비에 대한 개념은 마음챙김의 일부분이며 연습이 필요하다고 대답할 수 있다. 그 일련의 단계는 자비를 확산시키고 자비를 다른 사람에게 향하게 하는 연습을 위해 구상되었다. 자애 명상을 연습하면서, 어떤 사람들은 자기자비와 반대 개념인 자기혐오를 경험할 수 있다. 만약 자기혐오가 일어난다면, 치료자들은 그 경험을 정상화해야 하며, 생길 수 있는 경험이고 잘못된 것이 아니라는 것을 강조해야 한다. 이 명상은 어렵기 때문에 프로그램이 끝을 향해 갈 때 소개하는 것이 가장 좋다. 대안적으로, 만약 치료자가 이러한 개념이 내담자들을 혼란스럽게 하고 소개하지 않는 것이 더 낫다고 판단한다면 이 명상은 하지 않을 수도 있다. MBTI 치료자들은 자애 명상을 이끌 것인지 판단하기 위해 본인이 편안하게 이끌 능력이 있는지 여부와 각 MBTI 집단을 위해 무엇이 적절한지 고려한 다음에 결정하는 것이 좋다.

대처 전략

내담자가 스트레스 관리를 어려워하고 시간이 허용된다면, 치료자는 마음챙김 원리를 심리치료와 행동의학에서 유래된 스트레스 관리를 위한 대처 전략과 통합할 수 있다(Lazarus & Folkman, 1984). Lazarus와 Folkman(1984)에 의하면 스트레스 상황에 대처하는 전략에는 문제 중심 대처와 정서 중심 대처 두 가지가 있다. 문제 중심 대처 전략은 스트레스의 원인을 먼저 파악하고 즉각적인 해결책이 가능하다면 어떤 행동이 필요하고 어떤 자원이 활용 가능한지 결정함으로써 직접 그 상황을 해결하고자 한다. 그렇지만 어떤 상황에서는 상황이 바뀌지 않거나 문제를 해결하기 위해 당장 이용할 수 있는 자원이 없을 수 있다. 이런 상황에서는 정서 중심 대처 전략이 더 적합할 수 있다. 이 전략은 인지 전략을 이용하여 상황을 재해석하고 상황에 대한 생각과 감정을 다룬다. 문제 중심 대처 전략과 정서 중심 대처 전략 모두 일상의 스트레스를 다루는 데 매우 효과적인 방법이 될 수 있고 함께 사용될 수 있다.

MBTI에서 사용하는 접근도 Lazarus와 Folkman(1984)의 스트레스 대처 모델과 매우 비슷하다. 마음챙김을 기르는 첫 번째 단계가 상황에 대한 정신적 · 신체적 반응에 주목하면서 현재 순간을 인식하는 것이라는 것을 기억해 보자. 이것은 3분 명상 또는 단순히 생각이나 감정에 주의를 집중하는 것으로 가능하다. 문제를 명확하게 볼 수 있게 되면, 그 상황에 습관적으로 나오던 감정적인 반응에서 자유로워지고 더 의도적이고 마음챙김을 기반으로 한 반응이 가능하다. 때때로 이것은 문제를 해결하기 위한 조치를 취하는 것이 실현 가능하다는 결정에 대한 의지로 이어지기도 한다. 다른 경우에는 생각이나 감정을 다루기를 선택하거나, 아니면 생각과 감정을 수용하고 상황이 지나간 다음, 무슨 일이 일어나는지 지켜볼 수도 있다. 나는 이 모델을 7회기에서 마음챙김을 우리의 일상에 가져오는 것에 관한 논의를 할 때 소개했고 채우기/고갈시키기 활동에 사용했다.

미준수와 저항 다루기

MBTI 치료자는 과제에 대한 미준수(nonadherence)나 집에서 지켜야 하는 권장사항들에 대한 내담자의 저항을 예상해야 한다. 어떤 경우에 미준수는 과제나 활동에 대한 지침을 충분히 이해하지 못했기 때문에 발생한다. 집단이 과제를 완수하지 않거나 개인이 과제를 완수하지 않는 반복적 경향을 확인하기 시작하면, 치료자는 과제에 대한 지시가 명확한지 확인하기 위한 구체적인 질문을 해볼 필요가 있다. 그렇지만 보다 빈번하게 미준수는 동기 부족이나 과제를 해야 하는 이유를 이해하지 못했기 때문에 발생한다.

아마도 미준수가 가장 빈번하게 발생하는 영역은 수면 통합 프로그램에서 미리 약속했던 취침-각성 시간을 지키는 것이다. 내담자들은 종종 '너무 피곤하기 때문에' 계획된 수면 스케줄을 따르지 않고 잠자리에 더 일찍 들어가거나 아침 늦게까지 잠자리에 머물 것이다. 이런 상황에서 치료자는 그들에게 왜 계획을 따르지 않았는지 물어보고 결과에 대한 집착(즉, 잠을 더 자고 싶어 하는 욕구)과 연결한다. 이런 질문은 왜 그런 행동이 밤에 잠을 더 잤더라도 그들의 불면증을 나아지게 할 수 없는지 설명하는 데 도움이 된다. 어떤 회기에서 이것이 논의되는지에 따라, 불면증 영역이 소개되었다면 내담자의 영역을 다시 언급할 또 다른 기회를 제공해 줄 수 있다. MBTI 치료자는 내담자가 잠을 더 많이 자고 싶은 욕구에 대한 집착을 놓아주고 단순히 수면 스케줄을 지켰을 때 어떤 일이 일어날지 발견할 수 있는 기회가 될 수 있다고 부드럽게 제안해야 한다. 내담자가 그것을 선택하지 않았다면, 치료자는 내담자가 일정을 따르지 않기로 결정하는 순간 무슨 일이 일어나는지에 대해 주의를 기울이도록 하고, 그들의 정신 혹은 신체 상태가 그들의 결정과 일치하는지 보도록 제안해야 한다. 다른 집단 구성원들도 수면 통합에 대한 지침을 시행할 때 힘들었던 점과 성공 경험들을 공유하면서 미준수에 대해 논의하는 데 도움이 될 수 있다. 다른 내담자의 이야기를 듣는 것은 치료자에게 격려를 듣는 것과 달리 더 설득적일 수 있다. 앞서 언급했던 것과 같이, 이 과정은 집단 구성원끼리 강제로 돕게 시키기보다는 자연스럽게 이루어져야 한다.

미준수가 흔하게 발생하는 두 번째 영역은 졸리지 않을 때 침대에서 나오게 하는 수면 재조건화를 할 때이다. 많은 사람이 밤중에 침대에서 나오는 것은 너무 춥거나 달갑지 않다고 주장할 것이다. 어떤 이들은 일어나는 것이 다시 잠들 가능성을 줄인다고 두려워할 수 있다. 내담자에게 침대에서 나오지 않는 이유를 물으면 수면 통합을 준수하지 않을 때와 마찬가지로 침대에서 나오는 것이 수면의 기회를 감소시킨다는 두려움으로 인해 생긴 수면에 대한 집착이나 깨어 있는 것에 대한 회피의 전형적인 예시가 되는 반응을 끌어낼 가능성이 매우 크다. 이것은 메타인지적 변화와 집착을 놓아주는 것의 중요성을 강화할 수 있는 기회를 제공해 준다. 여기서 다시 한 번 정신 및 신체 상태에 대한 마음챙김 알아차림에 따라 수면 재조건화 지도를 따라야 하는지 여부를 판단해야 한다. MBTI

치료자들은 노인이나 이동이 불편한 내담자들에게 밤중에 침대에서 나오는 것이 실제로 안전 문제와 연관된다는 것을 주의해야 한다. 이러한 경우에 치료자는 내담자에게 침대에 앉아서 잠을 자려고 하는 상태를 벗어나라고 조언할 수 있다.

명상을 연습하면서 생길 수 있는 이슈 중 하나는 내담자가 명상, 요가 혹은 마음챙김 원리에 대한 과거 경험이 있을 때이다. 나는 이전의 경험이 MBTI에서 배우는 명상하는 방법을 판단하게 하고 연습에 참여하는 것에 대한 저항을 야기하는 경우를 몇 번 경험해 보았다. 일반적으로 이는 내담자에게 '내 방법' 대 '네 방법'의 대립에 대한 문제가 된다. 과거에 명상 연습을 경험했는데도 불구하고 MBTI에 대해 개방적인 태도를 가진 내담자들도 많지만, 이는 마음챙김을 가르칠 때 염두에 두어야 한다. 이러한 문제가 생겼을 때 나는 부드럽게 초심자의 마음으로 명상을 MBTI에서 가르치는 방식으로 연습할 것을 격려했다. 나중에 그들은 이전에 배웠던 방식으로 연습을 계속하고 싶은지 혹은 MBTI에서 배운 접근을 사용할지 결정할 수 있다. 나는 내담자에게 선택할 수 있는 자유를 주는 것도 중요하고 새로운 것에 대한 개방적인 태도를 갖도록 격려하는 것 또한 중요하다고 생각한다.

또 다른 종류의 미준수는 저조한 출석률이다. 첫 번째 회기를 시작할 때 나는 내담자들에게 명상 캠프를 포함한 모든 수업에 출석할 것을 요구하고, 출석하지 못할 경우 미리 알려 달라고 요청한다. 가능하다면 나는 결석에 대해 어떤 형태로든 보충을 해 준다. 이것은 전화를 통해 수면 스케줄이나 명상 연습에 대한 검토를 통해 진행될 수 있다. 또한 내담자들은 일찍 오거나 회기가 끝난 후에 남아서 그들이 놓친 것에 대해 논의하기도 한다. 만약 사전에 알리지 않고 회기에 불참한 경우 나는 주로 그들과 연락하기 위해 노력한다. 물론 어떤 내담자들은 중간에 그만두고 다시 나타나지 않기도 하지만 치료자는 결석이 발생했을 때 MBTI 자료에 대해 연속성이 유지될 수 있게 노력해야 한다. 내담자와 연락을 유지하고 내담자가 프로그램을 지속할지 여부를 선택할 수 있게 열어 두는 것은 라포 형성을 촉진하고 중단율을 줄일 수 있다.

집단 역동과 민감한 문제에 대한 관리

MBTI는 집단으로 실시되도록 설계되었기 때문에 집단 구성원 간의 역동은 회기의 환경과 분위기에 중요한 역할을 할 수 있다. 어느 집단과 마찬가지로, 강한 성격을 가진 사람이 집단을 지배하여 다른 집단 구성원들이 참여하는 것을 꺼리게 만들거나 위축되게 할 수 있다. 가끔은 작은 규모의 파벌이 생길 수 있는데, 파벌은 집단의 일부 구성원들이 토론 중에 배척되고 무시당한다고 느끼게 할 수 있다. 이는 특정 개인에게 해로운 영향을 줄 수 있고 질문 시간에 공유를 하고자 하는 의욕을 떨어뜨릴 수 있다. 어떤 집단 구성원이 서로 상호작용할지 혹은 서로 반응할지 예측하기 어렵고, 성격 차이도 나타날 수 있다. 집단 역동과 관련된 방해를 줄일 수 있는 한 가지 방법은 4장에서 논의된 MBTI 사전 평가에서 명백한 성격장애를 가진 사람들을 선별하는 것이다.

다른 경우에는 특정 집단 구성원이 매우 수다스럽고 공유할 것이 많아서 의도하지 않게 질문 시간을 독점할 수 있다. 이전에도 언급된 것처럼 MBTI 치료자는 모든 내담자가 명상을 연습하고 그들이 발견한 것들을 공유할 수 있는 안전한 공간을 만들어 줄 책임이 있다. 만약 대화를 독점하거나 다른 내담자의 행동을 판단하는 집단 구성원들이 있다면 치료자는 우선 지장을 주는 구성원과 개인적으로 이야기하는 시간을 가지는 것이 좋다. 내담자가 이런 의견을 수렴하지 않는다면 MBTI 치료자는 방해의 정도를 고려하여 지장을 주는 구성원을 제외하는 것이 적절한지 여부를 판단해야 한다.

명상하는 동안 강한 감정이 올라올 수 있기 때문에 명상하는 동안 혹은 질문 시간에 집단 구성원들이 매우 민감한 정보를 공유하고 감정적이 될 수 있다. 이에 해당되는 경우, MBTI 치료자는 집단 구성원의 정서 상태를 평가하고 가능한 치료에 대한 의뢰에 대해 논의하거나 안전 문제가 있는지 평가해야 한다. MBTI에 대한 구체적인 제외 기준은 없지만, 불안정한 의학적 혹은 정신적 상태의 사람들은 마음챙김 명상을 연습하기 어려울 수 있다. 민감한 정보가 집단 구성원들과 공유된다면, MBTI 치료자는 모든 참가자에게 집단 비밀보장을 유지하는 것에 대해 상기시키고 집단 밖에서 민감한 정보에 대해 이야기하지 않도록 상기시켜야 한다(5장 참조). 심리학자들은 집단에서 문제가 발생할 경우 사생활과 비밀보장에 관한 미국심리학회(APA)의 「심리학자에 대한 윤리규정과 행동강령」(American Psychological Association, 2010)을 검토하는 것이 좋을 수 있다. 다른 전문가들은 추가적인 지침을 위해 직군에 해당되는 행동강령을 참고하거나 운영 조직과 상의해야 한다.

경과가 부진하거나 인내심이 부족한 경우에도 MBTI 집단에 영향을 줄 수 있다. 주로 적어도 한두 명의 집단 구성원들은 첫 2주에서 3주 안에 어느 정도의 개선을 보인다. 이 집단 구성원들이 그들의 경험을 공유하면, 다른 구성원들은 어떤 직접적인 효과를 보지 못했더라도 그들의 연습을 지속하도록 동기가 부여될 수 있다. 집단 구성원 중 누구도 처음 몇 주 동안 아무런 효과가 없다면 이 접근에 대한 회의가 들고 사기가 떨어질 수 있다. 성격 문제와 마찬가지로, 누가 MBTI에 반응할지 그리고 얼마나 빨리 내담자가 반응할지 예측하는 것은 어렵다. MBTI 집단에서 아무도 수면에 변화가 없을지라도 판단하지 않고 목표를 놓고 연습을 지속하라는 메시지를 강화할 것을 추천한다. 나는 지금까지 MBTI 집단을 운영하면서 프로그램이 끝날 때쯤 아주 작은 변화라도 전혀 경험하지 못한 내담자는 1명도 없었다.

MBTI 실시의 대인관계적 측면

저항이나 집단 역동에 관한 문제들을 고려할 때, 나는 불면증이 있는 내담자를 치료하는 데 있어 대인관계적 측면에 대한 연구가 드물고 논의도 별로 없다는 것에 놀랐다. 스탠퍼드 수면 클리닉에서는 Michael Constantino 박사가 이끄는 불면증의 집단 인지행동치료에서 치료자-내담자의 관계에 대한 연구를 시행했다 (Constantino et al., 2007 참조). 연구 결과는 내담자들 중 치료자를 비판적이고 직면적이라고 인식하는 내담자들은 치료 중간에 중단할 가능성이 더 높다는 것을 발견했다. 또한 치료에 대해 높은 기대를 가지고 있을 때 치료 결과가 좋지 않을 가능성이 더 높았다. 전반적으로 연구는 불면증을 위한 인지행동치료에서 치료적 관계가 상호 친화적이고, 자율적이며, 적대적인 통제나 비판적인 직면이 적을 때 가장 효과적임을 확인했다. 이러한 특징들은 마음챙김의 관점과 일치하며 MBTI 치료자들이 구현하도록 훈련받는다.

불면증을 치료하는 것을 넘어서 치료자-내담자 간 상호작용의 중요성은 특히 우울증 치료에서 확인되어 왔다. McCullough(2003)는 만성 우울증을 위한 치료 프로그램인 심리치료에 대한 인지행동 분석시스템(Cognitive Behavioral Analysis System of Psychotherapy: CBASP)을 개발했다. CBASP에서 치료자는 내담자가 스스로의 문제를 해결할 수 있도록 절제되고 의도적인 방식으로 대인관계 상호작용을 이용한다. 이는 성숙하고 숙련된 기술을 요하며 초보 치료자에게 권장되지는 않는다.

MBTI에서 치료자의 역할은 명상을 주도하고, 내담자들이 스스로의 경험을 공유할 수 있는 안전한 공간을 제공하여 집단 토론을 활성화시키고, 집에서 불면증을 위한 행동 전략을 시행할 수 있게 안내를 하는 것이다. 앞서 언급된 것처럼 MBTI에 참여하는 내담자들은 명상을 하는 동안이나 집단 논의 시간에 유발되는 매우 민감하고 약한 경험들을 공유할 때가 있기 때문에 집단 내에서 보통 일정한 수준 이상의 친밀감이 생긴다. CBASP와 비슷하게, MBTI 치료자는 이상적으로는 취약한 개인을 다룰 수 있는 경험이 있고, 프로그램을 시행하는 동안 발생되는 깊은 수준의 감정을 다룰 수 있는 성숙함이 있어야 한다.

MBTI를 시행하는 데 있어 또 다른 어려운 점은 내담자를 '고치려' 하지 않고, 무언가를 하기 위해 '정답'을 제시하는 것을 피하는 것이다. 예를 들어, 질문 시간에 내담자가 치료자의 판단이나 편집 없이 경험을 공유하고 그들의 관찰과 변화를 공유할 수 있게 하는 것이 중요하다. '교육적인 목적'으로 특정 코멘트를 두고 집단에게 '옳은 방법'이 무엇인지 혹은 그 코멘트 내용이 선호된다고 알려 주는 것을 삼가는 것은 어려울 수 있다. 그렇지만 어떤 것을 '옳다고'

알려 주어 하나의 방법이 다른 방법보다 낮다는 것을 알려 주는 것은 판단하지 않고 결과에 집착하지 않는 원리와 일관되지 않는다. 이것은 지속적인 마음챙김 연습과 인내, 신뢰 그리고 치료자가 명상과 집단 논의를 이끌 때 스스로의 반응에 대한 마음챙김을 요하는 지속적이고 중요한 교훈이다. 이러한 상황에서 마음챙김 상태를 유지하기 위해 치료자는 단순히 내담자의 말을 인정하고 다른 사람들에게 반응을 요청하는 것을 필요로 할 수 있다. 여기에서 마음챙김에 대한 강한 개인적 열의가 매우 도움이 될 수 있고, 치료자가 이러한 상황에서 능숙하게 대답할 수 있게 도와준다.

나의 경험을 근거로, MBTI를 실시하는 데 있어 세 가지의 핵심적인 대인관계 원리를 개발했다.

1. 내담자의 문제를 해결하려고 노력하지 않도록 인식하기: 이전에도 언급되었던 것처럼, 마음챙김 기반의 접근과 인지행동적 접근의 중요한 차이 중 하나는 문제를 통해 내담자가 스스로 해결책을 찾도록 하는 것이다. MBTI에서는 불면증 내담자들에게 잠이 억지로 오게 노력하지 않고 잠이 자연스럽게 올 수 있게 하는 도구들과 틀을 제공해 준다.

2. 침착하고, 인내하고, 자비로운 마음챙김의 자세 취하기: 마음챙김의 메타인지적 입장은 개인적인 명상 연습과 BSM에 대한 지식을 기반으로 한다. 내담자들은 때때로 개선되지 않거나 수면이 다시 악화될 때 당황하고 매우 괴로워할 것이다. 이러한 상황에서 치료자는 균형과 평정심을 유지하는 것이 중요하며, 동시에 여전히 내담자의 수면 문제를 해결할 수 있는 방법을 찾을 수 있다는 자신감을 전달해야 한다.

3. 내담자 중심 접근하기: 스포츠에서 훌륭한 코치는 선수들이 보유한 기술을 바탕으로 가장 성공할 수 있는 위치에 배정하는 것에 대해 고민하여 최선을 이끌어 낸다. 유사한 방식으로 MBTI 치료자의 역할은 불면증 내담자들에게 스스로의 행동, 생각과 메타인지를 어떻게 관리하는 것이 가장 잠이 오게 할 수 있는지를 가르쳐 주는 것이다. MBTI 치료자들은 내담자들이 스스로 '호기심 많은 과학자'가 될 것을 격려하고 그 과정에서 스스로의 발견을 끌어내게 한다. 이러한 접근은 치료자가 문제를 대신 해결해 주기보다는 내담자들이 스스로 답을 찾을 수 있게 해 준다.

명상을 하면서 겪을 수 있는 어려움

개인적인 명상 연습을 정립하는 것은 매우 어려운 일이며 MBTI의 처음 몇 회기 동안 내담자들은 많은 질문을 한다. 예를 들어, 명상하기에 가장 좋은 시간은 언제인가? 명상을 하는 데 이상적인 시간에 대한 근거는 없다. 그러나 처음 명상을 시작하는 것이라면 침대에서는 명상하지 않는 것이 좋다. 많은 사람에게 아침에 일어나자마자 짧게 명상하거나 저녁에 자녀나 배우자의 방해가 없는 시간에 명상하는 것은 좋은 가이드라인이 된다. 집에서 명상을 하는 공간이 사적인 것은 이상적이지만 명상용 쿠션이나 매트가 꼭 필요하지는 않다. 명상의 종류에 따라 명상을 의자에서 할 수도 있고, 원을 걸으면서 할 수도 있고, 체육관이나 운동하는 공간에서 스트레칭을 하면서 할 수도 있다.

내담자들은 그들의 삶에 명상 연습을 추가하는 것이 이미 바쁜 일상에 하나의 짐을 더하는 것이라고 자주 불평한다. 명상은 시간과 노력이 필요하기 때문에 이에 대해 반박하지 않는 것이 좋다. 그러나 내담자들에게 명상이 취미도 일도 책임도 아니라는 것을 상기시켜 주어야 한다. 명상은 연습이고, 연습은 몸과 마음의 새로운 기술로 이어진다. 내담자들이 명상을 연습하기 위해 매일 30분을 사용할 수 있다면 이 기술들을 배울 수 있게 된다. 명상으로 인해 텔레비전 프로그램을 하나 덜 보거나 가족과 함께 보내는 시간을 30분 단축하는 것과 같은 일부 희생이 필요할 수 있다. 침대에서 보내는 시간을 30분 줄여야 할 수 있다. 이렇게 변화하는 동안 내담자들은 변화에 대한 저항에 대해 큰 알아차림을 발견할 수 있다. 또한 수면 스케줄에 변화를 주는 동안 대부분의 내담자들은 침대에서 보내는 시간을 줄이게 된다. 따라서 프로그램은 전반적으로 깨어 있는 시간을 뺏지는 않는다.

수면 일지와 명상 일지

매주 내담자들은 스스로 수면과 명상 활동에 대한 일지를 작성하게 된다. 가끔 내담자는 이것을 불만스러워하는데, 특히 수면 패턴이 바뀌지 않았을 때 더욱 그러하다. 수면과 명상을 지속적으로 기록하는 것은 이러한 활동에 대한 알아차림을 가져오지만, 어떤 내담자들에게는 역효과를 낳고 더 많은 스트레스를 유발할 수 있다. 이러한 상황에서 나는 일지를 계속 기록하는 것을 다시 언급하긴 하지만, 개방성과 발견의 정신으로 일주일 동안 일지를 쓰지 않고 경과를 구두로 보고하는 옵션을 제공한다. 때때로 이것은 내담자가 여전히 더 잘 자고 싶은 욕구에 집착하고 있다는 것을 알아차리는 데 도움이 되기도 한다. 다른 경우에는 내담자들이 안도하며 이것은 프로그램의 다른 도구들을 촉진하는 돌파구 역할을 할 수 있다. 내담자들에게 일지를 기록하지 않게 허용할 것인가에 대한 의사결정에는 치료자의 능숙한 판단이 필요하며, 이것은 경험과 일지를 기록하는 것에 대한 저항이 동기 수준의 부족인지 일지를 기록하는 것에 대한 스트레스에서 기인하는지를 바탕으로 내려진다.

8회기를 넘어

MBTI는 8주의 프로그램으로 설계되었고, 이는 내담자의 삶에 마음챙김을 연결 짓는 시작점을 제공해 준다. 지금 시점에 우리는 내담자들이 명상 연습을 지속하거나 불면증을 해결하기 위해 배운 도구들을 유지하도록 돕기 위해 공식적으로 후속 프로그램이나 추수 회기를 아직 개발하지 못했다. 앞서 언급했듯이, 우리는 일반적으로 MBTI 졸업생들을 종일 진행되는 명상 캠프에 초청을 하며, 그들에게 명상 연습을 다시 시작하거나 지속할 수 있는 기회를 제공해 준다. MBTI 치료자는 또한 기분장애나 불안장애의 심각한 증상을 호소하는 내담자들이 있는지 확인하고, 추가적 도움을 주기 위해 정신건강 전문가들에게 연계할 수 있는 방안에 대해 논의해야 한다. 어떤 내담자들은 그들의 수면 문제에 대해 추가적인 도움이 필요할 수 있다. 이런 경우에는 추가적인 평가를 위해 수면 전문가나 수면 클리닉에 연계되어야 한다. 어떤 사람들에게는 MBTI가 생활 습관을 변화시키거나 수면 문제와 관련된 의학적 혹은 정신적 상태를 치료하기 위한 첫걸음이 되기도 한다.

PART 3
실험실과 현실 세계에서의 MBTI

Mindfulness-Based Therapy for Insomnia

CHAPTER 09
마음챙김 명상은 불면증에
효과적인 치료인가

이 책의 2부에서는 불면증을 위한 마음챙김 기반 치료 (MBTI) 프로그램의 내용과 전달에 초점을 맞추었다. 3부에서는 범위를 확장하여 MBTI와 불면증을 치료하기 위한 다른 마음챙김과 수용 기반 치료의 경험적인 증거들을 검토하고, 이 개입들이 1장에서 소개되었던 다른 치료들과 어떻게 비교되는지 논의할 것이다. 이 장의 목표는 마음챙김 기반 치료 프로그램이 현재 불면증을 위한 치료를 선택하는 데 있어 어떤 맥락에서 활용될 수 있는지에 대한 관점을 제공하고 MBTI를 배포하고 개선시킬 수 있는 아이디어를 제공하는 것이다. 이 장에서는 MBTI의 개발 과정과 나와 동료들이 이 분야에서 수행한 일련의 연구들에 대해 서술할 것이다. 이를 통해 그들이 어떻게 현재 프로그램에 도달하게 되었는지와 MBTI에 대한 접근을 결정하게 된 고려사항을 상세히 설명할 것이다. 또한 수면 교란을 개선하기 위해 사용되었던 다른 마음챙김 기반 개입들을 검토하고, 미래에 연구가 필요한 영역에 대해서도 논의할 것이다. 10장에서는 의료 시스템 내에서 불면증에 대한 치료법으로 마음챙김 기반 치료 프로그램의 제공 및 배포와 관련된 이슈들에 대한 나의 관점을 제공할 것이다.

MBTI의 기원

새로운 치료를 개발하기 위한 좋은 아이디어를 가지고 있는 것이 다가 아니다. 이 아이디어를 바탕으로 탄탄한 연구 설계를 하여 설득력 있는 연구 결과를 도출해 내는 것은 몹시 어려운 일이다. 하나의 연구만으로는 이러한 새로운 개입이 임상 장면의 환자들에게 제공될 만한 준비가 되지 않는다. 더 큰 과제로는 장기적인 계획을 세우고 개입이 효과가 있다는 증거를 체계적으로 제공할 일련의 연구를 수행하는 것이다. 이 과정은 우선 아이디어의 실현 가능성을 실험(즉, 개념 증명)한 다음 통제된 조건(즉, 효능성의 증거)과 실제 상황에서 개입(즉, 효과성의 증거)을 실험하는 것을 포함한다. 마지막으로, 의료 종사자들이 새로운 개입 방법을 채택하도록 그리고 정책 결정자들이 새로운 개입 방법을 의료보험제도 내에서 비용-효과적인 개입법으로 받아들이도록 설득해야 한다.

치료법을 개발하고 시행하는 데에는 상당한 시간이 걸리며 종종 반복적으로 수정하는 과정이 포함된다. 약물치료의 경우에는 약물이 실험실에서 개발된 시점부터 FDA의 승인을 받는 시점까지 일반적으로 최소 8년에서 12년이 소요되는 과정이 확립되어 있다(Lipsky & Sharp, 2001). 이와는 대조적으로, 행동치료나 명상 기반 치료를 개발하기 위한 확립된 표준은 없다. 비록 행동치료 개발을 위한 몇 개의 모델이 제안되었지만(Ong, Wickwire, Southam-Gerow, Schumacher, & Orsillo, 2008; Rounsaville, Carroll, & Onken, 2001), 결과 자료와 비교했을 때 치료 개발 과정에 대한 관심은 훨씬 적었다. 또한 그 과정에서 연구원들이 얻은 교훈은 종종 임상적 관찰이나 일화 혹은 출간되지 않는 내담자들의 피드백에서 비롯된다. 그렇기 때문에 치료법이 어떻게 개발되었는지에 대한 이야기는 알려진 것이 드물다.

다음 부분에서는 우리가 수행한 MBTI 연구에 대한 요약본을 제공한다. 참고문헌에서 정량적 결과는 많이 발견되지만, 연구 설계와 연구 결과의 의미를 이해하기 위한 맥락을 제공하기 위해 특정한 결정을 한 방법과 이유에 대한 몇 가지 설명도 추가할 것이다. 나는 이 부분을 통해 MBTI의 여러 항목이 어떻게 프로그램으로 통합되었는지에 대한 이해를 제공하기 때문에 중요하다고 생각한다.

치료 개발: 개념 증명에 대한 검증

처음 마음챙김 명상을 사용하는 불면증 치료법에 대한 개발의 필요성을 확인했을 때, 우리는 마음챙김 기반 프로그램 전문가이자 이전에 마음챙김과 수면 문제에 관해 연구한 산타 클라라 대학교의 Shauna Shapiro 교수에게 도움을 구하였다. 불면증을 위한 인지행동치료(CBT-I)는 이미 치료 옵션으로 자리 잡고 있었기 때문에, 우리는 새롭게 개발하는 개입이 이와는 뚜렷한 차이점을 가지고 있다는 것을 확실히 하고 싶었다. 마음챙김 명상은 불면증을 위한 새로운 치료법이었지만, 불면증이 있는 사람들에게 명상을 하라고 하면 그들이 어떻게 반응할지 확신할 수 없었다. 그들은 우리가 '명상을 통해 잠을 청하는 것'이라고 생각할까? 이것이 많은 청중에게 어필하지 못하는 이상한 '뉴에이지'(역주: 현대 서구적 가치를 거부하고 영적 사상, 점성술 등에 기반을 둔 생활 방식과 관련된 것) 치료 또는 '대안적인' 치료법으로 비춰질까? 할 일이 너무 많다고 생각하고 돌아오는 것을 거부할까? 이러한 질문과 우려를 염두에 두고, 우리는 개념을 검증하기 위한 예비 연구를 시작하였다.

우리가 처음으로 생각했던 것은 단순하게 마음챙김 명상을 치료법에 포함하여 인지치료 항목을 마음챙김으로 대체하고 수면 제한, 자극 조절, 수면 위생을 포함하는 CBT-I의 주요 행동치료 항목에 마음챙김을 추가하는 것이었다. 우리는 이것을 통해 쓸데없이 시간을 낭비하는 것을 피하고 기존의 CBT-I를 개선할 수 있을 것이라고 생각했다. 그래서 우리의 첫 번째 마음챙김 치료 프로그램은 개별적인 치료 항목으로 마음챙김 명상과 불면증을 위한 행동치료를 결합한 것이었다. MBTI의 첫 번째 원판(prototype)은 주 1회, 총 6회기로 구성되었으며 각 회기는 90분에서 120분 사이로 진행됐다. 이 개입은 7명 또는 8명의 내담자가 한 집단을 이루는 집단 형식으로 수행되었다. 첫 번째 회기는 오리엔테이션과 짧은 명상을 포함한 마음챙김 명상의 몇 가지 간단한 원리를 소개하는 것으로 구성했다. 2회기부터 5회기까지는 마음챙김 항목과 불면증을 위한 행동 항목을 개별적으로 전달하였다. 회기의 전반부는 구조적 길잡이식 명상(예: 호흡 명상, 바디 스캔, 걷기 명상, 먹기 명상)으로 시작되고, 집단 토론으로 이어졌다. 후반부는 수면 제한 및 자극 조절을 포함한 행동 항목에 대한 처방으로 구성되었으며, 이는 회기 전체에 걸쳐 순차적으로 전달되었다. 이 회기들 외에도 내담자에게 일주일에 5일, 최소한 하루 30분 동안 명상을 하도록 요청했다.

첫 번째 연구(Ong, Shapiro, & Manber, 2008)에서 우리는 30명의 내담자를 등록했는데, 그중 27명의 내담자가 개입을 완료하였다. 이 연구는 개념 증명을 위해 설계되었기 때문에 통제집단이 없었고, 치료 개발 단계에서 우리의 목표는 우리의 개념이 실현 가능하고 수용 가능한지 알아보는 것이었다. 전반적으로 우리의 개입이 수면 변수, 수면에 대한 생각 그리고 수면 관련 각성을 개선한다는 것을 보여 주는 몇 가지 중요한 치료 전/후 변화를 발견하였다(〈표 9-1〉 참조). 또한 이러한 변화가 임상적 맥락에서 의미가 있는지 판단하기 위해 임상적으로 중요한 몇 가지 지표를 검토하였다. 불면증에 대한 정량적인 기준을 사용하여, 일주일에 최소 3회 이상 수면잠복기(SOL)가 30분 이상이거나 입면 후 각성 시간(WASO)이 30분 이상일 경우로 규정하였고, 이 기준을 사용했을 때 표본의 87%가 치료 후 더 이상 불면증 기준을 충족하지 않았다. 임상적 유의성의 지수로서 총 깨어 있는 시간(TWT)이 50% 이상 감소하는 것을 기준선으로 삼았을 때, 표본의 50%는 치료 후에 이 기준을 충족시켰다. 평균적으로 TWT를 치료 전과 비교했을 때에는 54분 정도 감소하였다. 마지막으로, 불면증 심각도 척도에서 입증된 절단 점수를 사용했을 때, 표본의 71%는 더 이상 치료 후 임상적으로 유의한 불면증에 대한 기준을 충족하지 않았다. 흥미로운 점은 사전-사후의 총 수면 시간(TST)을 비교했을 때 변화가 거의 없었다는 것이다. 이것이 직관적이지 않다고 생각할 수 있겠지만 CBT-I 연구에서는 종종 치료 후 시점에 TST가 유의미하게 증가하지 않는 경

| 표 9-1 | 치료 전과 치료 후의 변화 |

방법	치료 전		치료 후		df	t	P	d
	평균	표준 편차	평균	표준 편차				
수면								
TWT(분)	107.91	60.68	53.47	41.61	29	6.39	<.001*	−1.17
SOL	39.09	35.47	20.82	22.06	29	4.58	<.001	−0.84
WASO	43.95	42.75	19.11	24.72	29	3.38	.002	−0.62
EMA	24.87	20.73	13.54	15.92	29	3.17	.004	−0.58
TST(분)	377.23	62.36	372.51	62.20	29	0.60	.553	−0.11
TIB(분)	484.45	72.14	425.40	56.14	29	5.32	<.001*	−0.97
SE(%)	78.54	10.57	87.62	9.75	29	6.20	<.001*	1.13
NWAK	2.21	1.79	1.22	1.35	27	3.35	.002*	−0.61
SQ	5.73	1.32	6.12	1.37	27	2.38	.025	0.45
수면 전 각성								
총점	34.73	8.94	28.03	9.02	29	5.48	<.001*	−1.00
인지적	21.10	6.05	16.47	6.06	29	5.20	<.001	−0.95
신체적	13.63	4.33	11.57	4.26	29	3.78	.001	−0.69
이차 척도								
불면증 심각도 척도	14.90	4.72	9.57	5.41	28	7.09	<.001*	−1.32
수면에 대한 역기능적 신념과 행동	113.27	31.79	84.93	40.49	29	5.77	<.001*	−1.05
과다각성 척도	66.50	10.00	63.83	8.93	29	2.53	.017	−0.46
켄터키 마음챙김 기술 질문지	129.93	11.78	131.83	16.19	29	0.97	.340	0.18

글래스고 수면 노력 척도	6.72	2.97	3.66	2.70	28	5.19	$< .001^*$	−0.96
긍정적·부정적 정서−긍정적 하위척도(PANAS)	31.53	6.46	32.80	6.77	29	0.99	.328	0.18
긍정적·부정적 정서−부정적 하위척도(PANAS)	18.30	5.76	16.77	5.20	29	2.00	.055	−0.37
주간 졸림	3.88	1.93	3.80	1.96	27	.263	.795	−.050
주간 피로	4.10	1.58	4.16	1.86	27	.296	.770	.050

* $p < .05$, 다중비교를 위한 Bonferroni adjustment를 사용하였다.

** 주: 수면의 질 범위는 1(매우 나쁨)에서 10(완벽함)으로 설정하였다. 주간 졸림과 피로는 1에서 10까지 평가되었고, 각각 높은 숫자가 높은 수준의 졸림과 피로를 나타낸다. 효과크기 (Cohen's d)의 경우, 양의 값은 치료 전후의 증가를 나타내는 반면, 음의 값은 치료 전후의 감소를 나타낸다. TWT는 총 깨어 있는 시간, SOL은 수면잠복기, WASO는 입면 후 각성 시간, EMA는 조기 증상, TST는 총 수면 시간, TIB는 침대에서 보낸 시간, SE는 수면 효율성, NWAK 는 잠든 후 각성 횟수, SQ는 수면의 질을 의미한다.

출처: Combining Mindfulness Meditation With Cognitive-Behavior Therapy for Insomnia: A Treatment-Development Study, by J. C. Ong, S. L. Shapiro, and R. Manber, 2008, *Behavior Therapy, 39*, p. 178. Copyright 2008 by Elsevier. 허락을 받아서 사용

우가 많다. 이는 침대에서 보내는 시간을 단축하는 수면 제한 항목 때문인 것으로 보이며, MBTI 버전에서도 수면 제한 항목은 시행되었다.

또한 MBTI 원판의 장기적 치료 효과에 대한 자료를 수집하기 위해 6개월 및 12개월 후에 내담자들에 대한 자연스러운 추적 연구를 수행하였다(Ong et al., 2009). 21명의 내담자가 제공한 이용 가능한 자료를 바탕으로, 우리는 대부분의 치료 효과가 12개월의 추적 연구 기간 동안 유지된다는 것을 알게 되었다. 주목할 만한 점은 수면 관련 각성과 미래의 불면증 삽화 사이의 관계에 대한 결과였다. 추

적 연구 기간 동안에 적어도 1개 이상의 불면증 삽화를 보고한 내담자들은 불면증 삽화가 없었던 사람들에 비해 치료 후에 수면 전 각성 척도(Nicassio, Mendlowitz, Fussell, & Petras, 1985)와 글래스고 수면 노력 척도(Broomfield & Espie, 2005)에서 점수가 유의미하게 더 높았다. 이 연구 결과는 치료 종료 후에 수면 노력과 수면 전 각성이 높게 유지되면, 추적 연구 기간 동안에 불면증 삽화가 발생할 가능성이 더 높아진다는 것을 시사한다. 또한 불면증 삽화에 대한 자료는 내담자들이 치료를 종료한 후 수집되었기 때문에 자료의 시간적 관계는 각성과 수면 노력이 불면증과 동시에 발생했다기보다는 불면증을 선행하였음을 나타낸다. 이는 각성이 수면 교란의 부수적 증상이 아닌 위험 요인이라는 가설과 일치할 것이다.

또한 우리는 더 높은 수준의 마음챙김은 주간 졸림 및 피로와 관련이 있다는 가설과 일치하는 몇 개의 패턴을 발견했다. 켄터키 마음챙김 기술 질문지에서 측정된 마음챙김 기술(Baer, Smith, & Allen, 2004)과 자기보고된 주간 졸림 사이에 부적 상관관계(즉, 역관계)가 발견되었다. 또한 6개월의 추적 연구에서 주간 피로를 치료 전과 비교했을 때 유의미한 감소를 보였다. 총 수면 시간을 단 8분 증가시킨 것만으로도 6개월 만에 자기보고식 주간 피로가 유의미하게 감소되었는데, 이것은 수면 시간의 증가만으로 주간 피로의 개선을 설명하기에는 개연성이 낮다. 이러한 결과는 마음챙김 기술을 습득하는 것이 특히 주간 졸림과 피로를 줄이면서 각성 기능을 향상시키는 것을 도울 수 있다는 가설을 뒷받침한다.

얻은 교훈

개념 증명에서, 처음 수행한 일련의 연구들은 불면증에 대한 개입으로 마음챙김 명상이 추가적인 검증을 받을 가치가 있는지에 대한 실현 가능성(feasibility), 수용 가능성(acceptability) 및 예비 치료 효과에 필요한 예비 자료를 제공했다. 앞에 기술한 양적인 자료 외에도, 내담자들의 경험에 대한 질적인 자료 수집을 통해 우리가 얻은 몇 가지 교훈이 있었다(Ong, Shapiro, & Manber, 2008). 우선, 내담자들은 개입에 대해 전반적으로 만족감을 보였지만, 더 많은 명상을 받길 희망하였다. 그들은 회기 동안 명상 연습에 대해 좀 더 구체적인 지도를 받고 싶어 했고, 일화나 사례를 통해 마음챙김 명상이 어떻게 수면을 개선시킬 수 있는지에 대한 더 많은 개념적 이해를 원했다. 나는 개입을 진행하는 임상가의 입장에서 명상 중에 마음챙김의 정신을 유지하는 것과 수면 제한이나 자극 조절에 대한 지침을 제공하는 데 있어 더 권위 있는 역할을 하는 것 사이에서 '긴장감'을 관찰했다. 사람들에게 회기 전반부에는 마음챙김 상태가 되고 탐색하길 장려한 다음, 주제를 전환하여 후반부에는 언제 자러 가야 하고 언제 침대에서 나와야 하는지를 지시하는 것이 어색했다. 또한 임상심리학자로 훈련받은 나는 주로 인지행동치료 패러다임에 초점이 맞춰져 있었고 마음챙김을 배운 지는 오래되지 않았기 때문에 마음챙김 원리를 가르치고 명상을 지도하는 경험은 제한적이었다. 치료 개발의 초기 단계에 전형적으로 행해지던 것처럼, 우리는 처음부터 다시 시작하여 마음챙김 명상의 개념과 행동치료를 더 일관적인 방법으로 통합하는 작업을 했다.

치료법을 수정하는 과정에서 우리는 행동치료에 마음챙김 항목을 하나 포함시키려고 했던 생각을 바꾸고 마음챙김 기반 개입의 체계 내에서 불면증을 위한 행동치료의 구성 항목(수면 제한, 자극 조절, 수면 위생)을 시행하는 것으로 결정하였다. 우리는 마음챙김 명상에서 가르치는 알아차림이 수면 생리학의 개념과 전통적인 행동치료에서 행해지는 수면 제한과 자극 조절과 어떻게 잘 어울릴 수 있는지 살펴보았다. 이 고민을 하다가 우리는 신체적·정신적 상태를 인식하는 것이 언제 어떻게 수면 제한과 자극 조절 지시를 따라야 하는지 알게 하기 때문에 중요하다는 생각을 하게 되었다. 또한 우리는 이러한 용어들의 이름을 좀 더 쉽게 바꾸어 각각 수면 통합과 수면 재조건화라고 명명하였다. 이는 내담자들이 수면 제한이라는 용어가 처벌적인 의미를 내포한다고 느끼고, 자극 조절은 지시한 개념을 이해하는 데 도움이 되지 않는 기술적인 용어처럼 보였다는 관찰 결과에서 비롯되었다. 결과는 우리가 원래 계획했던 것과는 상당히 달랐다. 마음챙김 명상을 불면증을 위한 통합 항목 행동치료의 또 다른 항목으로 추가하는 대신에 행동 기법은 이제 마음챙김 기반 개입이라는 틀 안으로 통합되었다. 이것이 불면증 맥락에서 메타인지적 변화를 만들기 위한 기반으로 마음챙김 명상의 원리와 실습을 활용한 오늘의 통합된 모습의 마음챙김 기반 개입인 MBTI가 만들어진 배경이다.

효능성 검증: MBTI 무선임상할당실험 실시

예비 연구가 만성 불면증 환자들을 위해 마음챙김 명상을 제공하는 것의 실현 가능성과 수용 가능성을 결정하는 데에는 유용했지만, 이 연구 설계는 효능성(즉, 통제된 조건하에서 치료가 효과적인

지에 대한 여부)에 관한 결론을 내리지는 못했다. MBTI의 효능성을 판단하기 위해서는 무선임상할당실험(Randomized Controlled Trial: RCT)이 필요했으며, 이는 많은 비용을 수반하는 더 정교한 연구였다. 예비 연구를 근거 자료로 사용하여, 우리는 운 좋게 미국 보건복지부 내 기관인 미국 보완통합의학을 위한 국립센터(구 미국 보완대체의학을 위한 국립센터)로부터 MBTI의 다음 단계 검증을 지원하는 연구 보조금을 받을 수 있었다.

무선임상할당실험(RCT)을 고안하는 것에 대하여 고려해야 할 사항이 많았다. 다른 선택사항들을 고려하고 많은 심사위원들로부터 피드백을 받은 이후, 우리는 MBTI 집단, 마음챙김 기반 스트레스 감소(MBSR) 집단 그리고 8주간의 자가 모니터링 이후 인지치료 항목을 포함하지 않은 불면증을 위한 8주의 통합 행동치료를 받는 통제집단까지 세 집단으로 이루어진 연구 설계를 진행하기로 결정했다. 이 연구는 효능성에 대한 최초의 근거를 생성하기 위해 고안된 소규모의 실험이다. 최종적으로 하는 임상 실험은 매우 큰 표본 크기, 개입을 제공할 수 있는 잘 훈련된 치료자 집단 그리고 가능할 경우 맹검을 확실히 하는 조건들을 요구한다. 이러한 노력들은 당시 연구 단계에서 우리의 역량을 벗어나는 상당한 자원을 요구했다. 행동치료(Rounsaville, Carroll, & Onken, 2001)에 대한 치료 개발 단계에 따르면서, 효능성 연구 결과는 결정적인 대규모 연구의 필요성을 시사했다. 두 번째로, MBTI와 MBSR 모두를 이 연구의 치료로서 포함한 이유는 불면증을 위한 마음챙김 치료와 행동치료를 모두 포함시키는 것이 마음챙김 명상과 행동적인 요인을 비교했을 때, 둘 중 어느 치료 항목이 상대적으로 중요한지 불분명했던 우리의 예비 연구에서 드러난 한계점에서 기인했다(Ong,

Shapiro, & Manber, 2008). 표준 마음챙김 명상 프로그램으로 널리 인정되는 MBSR을 포함하여 MBTI와 통제집단과 함께 비교한 결과, 우리는 마음챙김 명상이 단독으로 시행되었을 때(MBSR) 그리고 행동 요법과 통합되어 시행되었을 때(MBTI)의 이점에 대한 증거를 찾을 수 있었다. 통제조건은 평행적으로 수면 일지를 사용하여 자가 모니터링의 효과를 통제하기 위해 고안되었다. 수면 일지를 통해 자가 모니터링을 하는 것은 수면잠복기 감소에 약간의 영향을 미치는 것으로 나타났으며(Espie, Inglis, Tessier, & Harvey, 2001; Espie et al., 2012) 수면 효율성이 증가하는 중간 정도의 효과가 있다(Espie et al., 2012). 세 가지 집단 모두 8주의 치료/모니터링 기간 동안 수면 일지를 기록하기 때문에, 자가 모니터링을 통제하는 것은 수면 일지에서 나타난 TWT에서의 변화가 마음챙김의 개입보다는 매일 수면 일지를 완성함에 기인한 것이라는 대안 가설을 배제했다. 세 번째, 마음챙김 명상을 사용하는 이론적 틀은 불면증의 맥락에서 수면 관련 각성을 감소시키는 것을 목표로 하고 있다(4장 참조). 그러므로 우리는 높은 각성 또는 수면에 대한 불안을 보고하는 만성 불면증 환자들을 선택했다. 이전 판의 수면장애에 대한 국제 분류(International Classification of Sleep Disorders: ICSD; American Academy of Sleep Medicine, 2005)에서는 정신생리학적 불면증(psychophysiological insomnia)으로 분류됐었다. ICSD 3판에서는 현재 만성 불면증의 하위유형으로서 분류하고 있다. 유사하게, 정신질환의 진단 및 통계 편람 제5판(DSM−5; American Psychiatric Association, 2013)에서는 이를 하위유형으로 구분하지 않고 불면장애로만 분류하고 있다.

우리 연구의 주요한 결과는 『수면(Sleep)』 학회지에 출판되었다

(Ong et al., 2014). 우리는 54명의 만성 불면증으로 진단된 내담자를 MBSR(n=19), MBTI(n=19) 그리고 자가 모니터링(n=16) 집단으로 무선할당하였다. 주요 결과 지표는 수면 전 각성 척도(Pre-Sleep Arousal Scale: PSAS; Nicassio, Mendlowitz, Fussell, & Petras, 1985)와 수면 일지에서 계산된 TWT였다. 임상적 유의성은 불면증 심각성 척도(Insomnia Severity Index: ISI; Bastien, Valliéres, & Morin, 2001)를 활용하여 치료 관해와 치료 반응의 기준을 만족하는 것으로 정의하였다. 자료 분석 계획은 두 가지 연구 질문을 다루었다. 첫째, 일반 명상 프로그램인 MBSR을 활용하여 수행된 마음챙김 명상 혹은 불면증에 대한 행동 전략을 갖춘 맞춤형 명상 프로그램인 MBTI가 자가 모니터링 조건보다 효과적인가? 둘째, 명상 기반 치료를 수행하는 데 있어 표준적인 접근(MBSR)과 비교하여 불면증에 대한 맞춤형 접근(MBTI)가 비교우위에 있는가?

결과는 마음챙김에 기반한 개입(MBSR 또는 MBTI)을 받은 사람들이 자가 모니터링(Self-Monitoring: SM) 집단과 비교하였을 때, 기저선에서 치료 후까지 총 각성 시간(43.75분 vs 1.09분), 수면 전 각성 척도(7.13 vs 0.16) 그리고 불면증 심각성 척도(4.56 vs 0.06)에서 유의미하게 훨씬 더 큰 감소가 나타났음을 보여 줬다([그림 9-1] 참조). 사후 분석을 통해 MBSR과 MBTI를 각각 SM과 비교하였을 때, 총 각성 시간, 수면 전 각성 척도 그리고 불면증 심각성 척도에서 우수함을 드러냈다. 그러나 MBSR과 MBTI를 서로 비교해 보았을 때, 기저선부터 치료 후까지 유의미한 차이는 보이지 않았다. 그러나 기저선이 포함된 6개월간의 추적 조사에서는 유의미한 차이가 발견되었다. MBTI는 MBSR과 비교했을 때 3개월 추적 관찰에서 가장 큰 차이를 보이면서 불면증 심각성 척도(ISI) 점수가 더

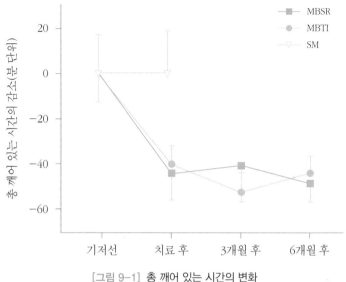

[그림 9-1] 총 깨어 있는 시간의 변화

수면 일지에서 보고된 집단별 총 깨어 있는 시간(분 단위, 평균의 표준편차 포함)으로, 제시된 자료는 기저선으로부터 각 평가 시점까지의 점수 변화이다.
* MBSR: 마음챙김 기반 스트레스 감소, MBTI: 불면증을 위한 마음챙김 치료, SM: 자가 모니터링

출처: A Randomized Controlled Trial of Mindfulness Meditation for Chronic Insomnia, by J. C. Ong, R. Manber, Z. Segal, Y. Xia, S. Shapiro, and J. K. Wyatt, 2014, *Sleep*, 37, p. 1557. Copyright 2014 Associated Professional Sleep Societies. 허락을 받아서 사용

큰 감소를 보였다. 임상적 유의성으로는 MBTI 집단의 관해율이 사후 33.3%, 3개월 후 추적 관찰에서 38.5%, 6개월 후 50%로 꾸준히 증가한 반면에, MBSR 집단의 관해율이 시간이 지남에 따라 대체로 안정적이었다는 것이다(치료 후 46.2%, 3개월 후 38.5%, 6개월 후 41.7%; [그림 9-2] 참조). 마찬가지로, MBSR의 치료 반응은 사후와 추적 관찰 사이에 비교적 안정적으로 유지되었지만(38.5%와 47.7%). 그러나 MBTI에서는 치료 후(60%)로부터 3개월 후(71.4%) 그리고 6개월 후 추적 관찰까지(78.6%) 꾸준한 상승을 보였다.

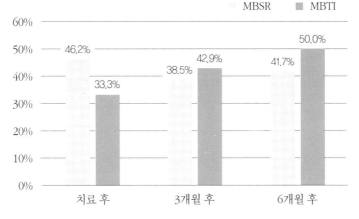

[그림 9-2] **치료 관해율**

각 평가 시점에 불면증 심각성 척도 총점이 8점 이하로 정의된 치료 관해 기준을 충족한 환자의 비율로, 치료 후에 자가 모니터링의 치료 관해율은 6.3%였다(제시되지 않음).

* MBSR: 마음챙김 기반 스트레스 감소, MBTI: 불면증을 위한 마음챙김 치료

출처: A Randomized Controlled Trial of Mindfulness Meditation for Chronic Insomnia, by J. C. Ong, R. Manber, Z. Segal, Y. Xia, S. Shapiro, and J. K. Wyatt, 2014, *Sleep, 37,* p. 1559. Copyright 2014 Associated Professional Sleep Societies. 허락을 받아서 사용

자기보고된 결과와 더불어, 수면다원검사(Polysomnography: PSG)와 손목 액티그래피 데이터 또한 수면의 객관적인 측정치로 표집되었다. TWT와 TST의 패턴이 수면 일지 자료에서 관찰된 방향과 일치함에도 불구하고, PSG로 측정된 수면 지표 중 어느 것도 집단 간 유의미한 차이를 보이지 않았다. 액티그래피상에서는 명상을 한두 집단의 자료를 통합하여 SM과 비교하였을 때, TWT에서 유의미하게 더 큰 감소율(17.97분)을 보였다. 그러나 치료 후 시점에서 집단 간에 어떠한 유의미한 차이도 나타나지 않았다. TST에서도 유사한 결과가 관찰되었는데, 명상치료들을 통합한 자료가 SM과 비교했을 때, TST에서 유의미하게 더 큰 감소율을 보였으

나 치료 후 시점에서는 집단 간에 어떠한 유의미한 차이도 나타나지 않았다. 객관적인 수면 지표가 우리의 가설을 뒷받침하지는 못했지만, 이 측정치들이 일반적으로 자기보고식 측정치와 비교했을 때, 더 작은 효과를 보인다는 사실을 유념해야 한다. 2개의 마음챙김 기반 치료에 대한 선행 연구에서는 수면의 객관적인 지표에서 오직 작은 효과크기만을 확인하였다(Britton, Haynes, Fridel, & Bootzin, 2010; Gross et al., 2011). 전반적으로 마음챙김 명상은 객관적으로 측정된 수면 지표와 비교하였을 때, 환자가 보고한 수면 지표에서 더 큰 효과를 보인다.

치료 과정 측정치에 대한 자료에서 환자들은 일반적으로 좋은 준수율과 출석률을 보였다. 모든 무선할당된 내담자의 평균 출석 회기 수는 MBSR의 경우 평균적으로 4.95회기, MBTI의 경우 평균적으로 5.7회기로 MBSR과 MBTI 간에 유의미한 차이가 없었다. 마음챙김에 대한 우리의 '최소한의 치료 용량'을 8회기 중 6회기 출석을 기준으로 하여, MBSR을 받은 16명의 내담자 중 12명이 적어도 6회기에 참석했으며 MBTI를 받은 18명의 내담자 중 11명이 적어도 6회기 이상 참석했다. 대부분의 결석은 겹치는 일정이 있거나 예상치 못한 응급상황 때문이었고, 언제든지 가능하다면 치료자는 내담자가 놓친 회기의 내용을 복습해 주거나 대안적인 시간에 유선상으로 과제를 내주었다. 만약 내담자가 사전 통지 없이 결석했다면 치료사는 내담자에게 연락을 시도하거나 회기 준비물과 숙제를 알려 주며 내담자가 지속적으로 참여할 수 있도록 노력하여 프로그램의 연속성을 유지할 수 있도록 했다. 치료의 신뢰성과 기대에 대한 설문(Devilly & Borkovec, 2000)은 첫 회기 이후와 세 번째 회기 전에 실시되어 치료 조건에 초기 노출이 어느 정도 된 후에 평가를 하도록 했다. 신뢰성(논리성, 성공적인 증상 감소, 친구에게 추천하는 데 있어서 자신감) 혹은 기대(치료에 기대하는 호전도)에 대해 치료 조건 간에는 유의미한 차이가 발견되지 않았다. 명상 연습에 대해서는 명상 일지로부터 얻은 자료를 바탕으로 MBSR에 참여한 내담자들이 연구 기간 동안 평균적으로 거의 2,000분 동안 명상 연습을 한 것으로 드러났고, MBTI에 참여한 내담자들은 평균적으로 1,300분에 약간 미치지 못하는 시간 동안 명상 연습을 한 것으로 보고되었다. MBSR에 참여한 내담자들은 MBTI에 참여한 내담자들에 비하여 집에서 하는 명상 연습을 유의미하게 더 많이 하고 더 길게 한 것으로 드러났다. 이는 집에서 하는 명상 연습에 대한 권유가 MBSR(45분)보다 MBTI(30분)가 더 짧기 때문에 놀랍지 않다. 마지막으로, 어떠한 치료 관련한 부작용도 보고되지 않았기 때문에 마음챙김 명상은 불면증 환자에게 안전하다고 볼 수 있다.

이 연구의 큰 결론은 마음챙김 명상을 활용한 개입은(MBSR이든 MBTI든) 만성 불면증이 있는 사람들에게 실행 가능한 치료 옵션이라는 것이다. MBSR과 MBTI 모두 자가 모니터링 통제집단보다 우리의 주요 결과 측정치인 수면 전 각성과 TWT의 감소에서 우수했다. 임상적 유의성에 대해서는 MBSR과 MBTI 모두에서 발견된 관해율과 반응률은 CBT-I를 활용한 다른 연구에서 발견된 수치와 비슷한 범위 내에 있었다(Irwin, Cole, & Nicassio, 2006; Smith et al., 2002). MBTI는 6개월 후 추적 관찰에서 50%에 달하는 관해율과 78.6%의 반응률을 보이면서 장기간의 결과에서 어느 정도 더 우수했다. 추적 관찰 기간 동안의 개선에 대한 결과는 명상에 대한 리뷰와 메타분석에서 도출된 결론과 일치하며(Goyal et al., 2014) 마음챙김 명상에 대한 장기간의 이점에 대한 증거를 제공한다. 더불어

이 치료적 접근은 어떠한 치료 관련 부작용 사건이 보고되지 않았다는 점에서 안전해 보인다.

앞서 언급된 바와 같이 이 연구는 효능성에 대한 초기 실험이었으며, 이 결과를 해석할 때에 고려되거나 혹은 다뤄져야 할 질문은 여전히 남아 있다. 첫째로 표본은 비교적 작고 74%의 여성으로 구성되었으며, 2/3가 그들의 인종−민족적 특성을 비히스패닉계 백인이라고 밝혔다. 이는 마음챙김 기반 치료를 누가 찾을 것인가에 대한 질문과 남성이나 다른 소수 인종 집단도 우리의 연구에서 발견된 동일한 이점이 있는지에 대한 질문을 제기한다. 흥미롭게도 높은 교육 수준의 백인 여성들은 보완 및 대체 의학을 가장 많이 사용하는 집단이다(Pearson, Johnson, & Nahin, 2006). 여성들은 또한 남성보다 불면증에 걸릴 위험성이 더 높다(Zhang & Wing, 2006). 이 연구의 모집 과정에서 수집된 기본 자료를 조사한 별도의 연구에서 과다각성과 관련된 인지−정서적 요인에서 성별의 차이를 발견했다(Hantsoo, Khou, White, & Ong, 2013). 여성들은 부정적 정서가 높은 수면 전 각성과 밀접하게 연관이 있었던 반면, 남성들은 내적 수면 통제의 소재가 높은 수면 전 각성과 가장 밀접하게 연관이 있었다. 이런 성별 차이는 정서 조절을 목표로 하는 마음챙김 명상과 같은 개입이 여성의 수면 전 각성을 감소시키는 데 더 적합할 수도 있다는 것을 시사한다. 남성은 오히려 수면의 통제 소재를 치료의 목표로 하는 인지적 재구조화 또는 행동 실험과 같은 전통적인 인지치료가 수면 전 각성을 감소시키는 데 더 적합할 수 있다. 후속연구는 이러한 마음챙김 명상의 치료 결과의 잠재적 조절 변수를 검증하여 누가 MBTI로부터 가장 큰 치료 효과를 얻을 수 있는지 선별하는 데 도움이 될 수 있다.

이 연구의 또 다른 한계점은 치료를 진행할 수 있는 치료자의 수이다. 이상적으로는 무선임상할당실험에서 연구용 치료를 진행하는 표준화된 훈련을 받았고 비슷한 수준의 치료 경험을 가지고 있으며 연구 가설과 주요 결과 지표들에 대해 알지 못하는 치료자들이 있다. 이전에도 언급했듯이, 이 연구에서 사용할 수 있는 자원들이 제한되었기 때문에 이렇게 하는 것이 불가능했다. 그래서 실험 집단을 가장 잘 수행할 수 있는 치료자를 선택하도록 했다. 이 연구에서 MBSR 치료자들은 모두 경험이 있는 박사 수준의 MBSR 치료자들이었으며, 그중 1명은 의사였고 또 다른 한 사람은 임상심리학자였다. 이 치료자들 중 아무도 수면의학에 대한 공식적인 훈련을 받지 않았으며 그들은 불면증이나 수면에 대한 어떤 특별한 관심을 주지 않고 그들이 일반적으로 하던 MBSR을 제공하도록 지도받았다. 나는 행동수면의학, MBSR에 대한 훈련을 받았고 MBTI 개발에 대한 경험이 있었기 때문에 모든 MBTI 집단의 치료자를 자처했다. 그러므로 나는 불면증에 대한 개념과 환자 집단에 매우 친숙했다. 이러한 차이를 감안했을 때, 연구자 편향, 치료 준수율 혹은 치료의 기술 수준이 치료 집단들 사이에 관찰된 차이에 영향을 미쳤을 수 있다.

불면증을 위한 다른 마음챙김 그리고 수용 기반의 접근들

MBTI는 불면증이 있는 사람들을 돕기 위해 사용되는 마음챙김 명상 중 하나의 접근법이다. MBTI 이외에도 마음챙김 명상이나 마음챙김 원리들, 수용 및 전념 치료 혹은 이러한 접근법들을 불면증을 위한 더 고전적인 행동적 접근법과 통합하여 사용하는 것을 검증하는 논문들이 증가하고 있다. 현재 불면증과 수면 교란을 위한 마음챙김 기반 개입에 대한 다수의 무선임상할당실험들이 존재한다(〈표 9-2〉 참조). 한 무선임상할당실험은 만성 불면증을 가진 사람들을 대상으로 MBSR과 에조피클론(eszopiclone, 역주: 수면제)을 비교했다(Gross et al., 2011). 두 집단 모두 기저선에서 치료 후까지 다수의 수면 지표상에서의 유의미한 향상이 나타났다. MBSR 집단 내에서는 액티그래피로 측정된 수면잠복기와 일지로 측정된 수면잠복기, 총 수면 시간 그리고 수면 효율성에서 유의미한 향상이 발견되었다. 이 연구는 총 30명의 참가자로만 구성된 작은 규모의 실험이었으므로(MBSR=20, 에조피클론=10) 집단 간 비교를 하기에는 검증력이 부족했다. 이 실험의 MBSR 치료를 받았던 참가자들을 대상으로 포커스 집단에서 수집된 질적 자료의 분석 결과, 마음챙김의 긍정적 효과는 불면증 증상을 넘어서 전반적으로 건강에 도움을 준다고 밝혀졌다(Hubbling, Reilly-Spong, Kreitzer, & Gross, 2014). 연구 참가자들은 수면 시간이 증가하지는 않았더라도, 더 잘 자고 기상 후 상쾌감을 느꼈으며, 불면증에 대해 스트레스를 덜 받고 불면증이 생겼을 때 더 잘 대처할 수 있다고 말했다. 이러한 결과들은 MBSR이 다른 불면증 영역에도 긍정적인 영향을 줄 수 있다는 것을 뒷받침해 주는 고무적인 근거를 제공한다.

Black, O'Reilly, Olmstead, Breen과 Irwin(2015)은 PSQI(Pittsburgh Sleep Quality Index; Buysse, Reynolds, Monk, Berman, & Kupfer, 1989)에서 5점 이상의 점수를 보고한 중증 수면 교란을 가진 55세 이상의 성인에 대해 무선임상할당실험을 실시했다. 이 연구에서

는 마음챙김 알아차림 연습(Mindfulness Awareness Practice: MAP)
이라 불리는 마음챙김 기반 집단 개입과 주의력과 접촉을 통제하
는 수면 위생 교육으로 구성된 6주 집단 개입을 비교했다. MAP 집
단은 PSQI 점수가 유의미하게 감소한 반면, 수면 위생 통제집단은
변화가 없었으며, PSQI 점수의 변화는 마음챙김 명상의 다섯 가지
양상 질문지(Five Facets of Mindfulness Scale; Baer, Smith, Hopkins,
Krietemeyer, & Toney, 2006)의 점수 변화와 유의미한 상관이 있었
다. 이는 MAP 집단에서 마음챙김 기술들의 증가가 수면 교란 증상
의 감소와 관련이 있음을 의미한다. 또한 MAP 집단은 주간 피로감
과 벡 우울척도(Beck, Steer, & Carbin, 1988)에서 수면 위생 집단보다
점수의 감소가 우수했으며, 이는 수면과 관련된 다른 영역들에서
도 개선이 있었음을 의미한다. 특히 내담자의 67%는 여성이었고,
84%는 백인이었으며, 평균적으로 교육 기간은 16.6년이었다는 것
을 유념해야 한다. 이러한 인구통계학적 특성은 우리의 연구(Ong
et al., 2014)와 유사하고 마음챙김 기반 치료 연구에 참여하는 사람
들의 인구통계학적 특성의 경향은 반복적으로 찾아볼 수 있다.

다른 연구들은 불면증 혹은 수면 교란과 공존하는 타 정신장애
혹은 신체질환들에 대해 조사했다. 불면증과 가장 흔하게 공존하
는 정신장애 중 하나가 기분장애이다. Britton은 단극성 우울증과
불면증이 있는 환자들을 대기 통제집단과 마음챙김 기반 인지치료
(MBCT) 집단으로 무선임상할당하는 2개의 소규모 실험을 수행했
다. 첫 번째 연구(Britton et al., 2010)에서는 약물치료를 받고 있지
않은, 불면증이 공존하는 우울증이 있는 사람들을 연구했다. 대기
통제집단과 MBCT 집단의 참가자들은 수면 일지에서 수면잠복기
(SOL)의 감소를 보고했지만, 수면다원검사 결과에서는 MBCT 집단

에 있는 참가자들은 통제집단과 비교하여 유의미하게 더 많은 기상, 1단계 수면의 증가 그리고 서파 수면의 감소를 보였다. 저자들은 이 결과들을 항우울제 사용자들 사이에서 일반적으로 발견되는 효과를 모방하는 것과 같은 피질 각성의 지표들이라고 해석했다. 두 번째 연구(Britton, Haynes, Fridel, & Bootzin, 2012)는 항우울제 약물치료를 받는 우울증과 불면증이 공존하는 사람들을 대상으로 연구했다. 연구 결과, MBCT를 받은 사람들이 통제집단과 비교하여 수면에 대한 객관적인 측정도구(수면다원검사)와 자기보고식 측정도구(수면 일지)에서 TWT가 더 적었고, 수면 효율성이 더 높다는 것을 밝혔다. 우울증 외에도 불안장애로 인한 불면증으로 고통 받는 개인들이 MBCT를 받은 이후에 자기보고식 척도에서 수면의 질에서 향상을 보고한다는 증거가 있다(Yook et al., 2008). 마음챙김 명상을 포함한 통합 치료 항목을 사용한 다른 연구에서는 물질 남용 이력이 있는 청소년들 중 물질 사용의 재발 감소와 수면의 향상에 대한 증거를 보고했다(Bootzin & Stevens, 2005).

공존하는 신체질환 중, 특히 임 관련 수면 교란과 피로감에 대한 마음챙김 기반 접근들의 사용에 집중해 왔다. 초기 연구 중 하나는 유방암으로 진단된 여성들 사이에서 자기보고식 수면의 질과 양에 대한 MBSR 프로그램의 영향을 연구했다(Shapiro, Bootzin, Figueredo, Lopez, & Schwartz, 2003). 수면의 질과 수면 효율성에 대해 MBSR 집단과 통제집단 사이에 차이가 발견되지 않았지만, MBSR 집단에서 마음챙김 기술의 연습과 기상 후 상쾌감 사이에 정적인 상관을 보고했다. 일련의 연구들에서, Carlson, Speca, Patel과 Goodey(2003)는 MBSR 프로그램이 유방암과 전립선암을 가진 사람들과 다른 유형의 이질적인 암 환자 집단에서 수면의 질을 향상시킨다는 증거를 찾았다(Carlson & Garland, 2005). 비열등성 설계 (noninferiority design)를 사용한 또 다른 연구(Garland et al., 2014)에서는 암 환자에 대한 무선임상할당실험에서의 MBSR 프로그램과 CBT-I를 비교했다. 치료 후에 MBSR 프로그램은 불면증 심각도 향상에서 CBT-I보다 치료 효과가 열등하다는 것이 발견되었지만, 3개월 추적 조사에서는 열등하지 않다는 것이 입증되었다. 마지막 후속 평가에서, MBSR과 CBT-I 모두에서 수면잠복기(SOL)과 입면 후 각성 시간에서 유사한 감소가 발견되었다. CBT-I가 야간 증상에 대해 직접적인 영향을 주는 반면, MBSR 프로그램은 주간 기능의 질을 개선하여 간접적으로 수면을 향상함으로써, 이러한 결과들은 불면증 심각도를 감소하기 위한 여러 기제(예: 기분장애와 스트레스 감소)가 존재한다는 대한 가능성을 제기한다.

마음챙김 기반 치료들에 더하여, 지금까지 불면증 환자를 대상으로 수용 및 전념치료(ACT)를 사용한 몇 개의 연구가 있었다. 한 사례 연구(Dalrymple, Fiorentino, Politi, & Posner, 2010)에서는 불면증이 있는 사람을 대상으로 수용 기반 전략과 행동 전략을 함께 사용한 성공적인 치료에 대해 보고했다. 한 예비 연구에서는 전형적인 CBT-I에 반응하지 않았던 11명의 만성 불면증 환자를 대상으로 수용 및 전념치료(ACT)를 수행했다(Hertenstein et al., 2014). 그들은 치료 후 참가자들이 수면과 관련된 삶의 질과 수면의 질의 향상을 보고했다는 것을 발견했다. 이 2개의 연구를 살펴보았을 때 수용 기반 치료들이 불면증을 가진 사람들, 특히 CBT-I에 반응을 하지 않은 사람들에게 도움을 줄 가능성을 제시한다. 불면증과 수면에 대한 마음챙김 기반 치료의 목록을 보려면 〈표 9-2〉를 참조하라.

표 9-2　수면 개선을 위한 마음챙김 기반 자료 요약

참고문헌	환자 표본	개입	개입의 세부사항	수면/불면증 결과 측정	수면/불면증 결과
Shapiro et al. (2003)	2기 유방암 진단을 받았던 완치 여성 63명	마음챙김 기반 스트레스 감소 (MBSR)	MBSR 또는 자유 선택 통제조건으로 무선할당	수면 일지로 측정한 수면 효율성 및 수면의 질	두 집단 모두 치료 후 자기보고 수면의 질이 유의미하게 향상되었다고 보고하였으나 수면 효율성은 유의미한 변화가 없었다. 더 많이 마음챙김 연습을 보고한 MBSR 참가자들은 수면의 질이 더 크게 향상되었음을 보여 주었다.
Andersen et al. (2013)	지난 3~18개월 내에 1~3기 유방암 수술을 받고 있는 여성 336명	MBSR	MBSR 또는 일반적인 치료를 받는 통제조건으로 무선할당	의학적 결과 연구 수면 척도 (Medical Outcomes Study Sleep Scale)	평균 수면 문제 점수는 개입 직후 MBSR 집단에서 유의미하게 낮았지만 12개월 후에 시 대조집단보다 낮지 않았다.
Lengacher et al. (2012)	지난 18개월 동안 유방암 치료를 마친 여성 84명	MBSR	6주 MBSR 개입 또는 일반적인 치료를 받는 통제 조건으로 무선할당	M. D. 앤더슨 증상 질문지 해당 심층 증상 심각도 항목 (M. D. Anderson Symptom Inventory core symptom severity items): 수면장애, 피로	MBSR 집단은 대조집단에 비해 치료 후 피로 및 수면장애 심각도 항목에서 유의미한 감소를 보였다.

연구	참가자	개입	조건	측정	결과
Carlson et al. (2003)	유방암 환자 49명, 전립선암 환자 10명	MBSR	참가자 전원 8주 MBSR 프로그램 참여	자기보고 수면의 질 (좋지 않음, 적절, 좋음)	치료 후 수면의 질이 유의미하게 향상 되었다고 보고하였다.
Carlson & Garland (2005)	암 환자 63명	MBSR	참가자 전원 8주 MBSR 프로그램 참여	PSQI(Pittsburgh Sleep Quality Index)	치료 후 PSQI 총점 및 모든 PSQI 하위 척도가 유의미하게 향상되었다.
Schmidt et al. (2011)	섬유근육통을 가진 여성 177명	MBSR	MBSR, 치료 통제집단(active control group) 또는 대기 통제집단	PSQI	집단에 유의미한 주효과는 없었다. 하지만 PSQI의 정적 변화율은 MBSR에서 가장 높았다.
Gross et al. (2004)	고형장기이식 수혜자 20명	MBSR	참가자 전원 8주 MBSR 프로그램 참여	PSQI	치료 후 그리고 3개월 후속 시점에서 수면장애가 유의미하게 개선되었다.
Gross et al. (2010)	신장, 신장/췌장, 간, 심장, 폐 이식 환자 138명	MBSR	MBSR 또는 8주 건강교육 개입(초기 또는 대기 이후)	PSQI	MBSR 집단은 건강교육과 비교하여 수면증상이 유의미하게 개선되었다고 보고하였다. 이는 1년 후속 시점에서도 유지되었다.
Kreitzer et al. (2005)	고형장기이식 수혜자 20명	MBSR	참가자 전원 8주 MBSR 프로그램 참여	자기보고된 수면의 질 및 시간	6개월 후속 시점까지도 수면의 질 및 시간의 유의미한 개선이 지속되었다.

연구	표본	MBSR 유형	설계	측정 도구	결과
Bootzin & Stevens (2005)	약물 남용, 불면증, 주간 졸림증이 있는 55명의 청소년	MBSR	MBSR, 수면 위생 교육, 인지치료를 결합한 수면장애를 위한 6회기 집단치료	수면 일지 변수들 (수면 효율성, 수면잠복기, 각성 횟수, 엡워스 주간 졸림증 척도 (Epworth Sleepiness Scale), 액티그래피	4회 이상의 치료 회기를 완료한 MBSR 집단 참가자는 수면 일지 변수들이 유의미하게 개선되었다고 보고하였다. 액티그래피도는 전체 수면이 향상하는 추세를 보여 주었다. 모든 참가자는 졸음이 유의미하게 감소하였다고 보고하였다.
Klatt et al. (2009)	건강한 대학 교수 및 정규직 직원 48명	적은 회기의 MBSR (MBSR-ld)	6주 MBSR-ld 개입 또는 대기 통제집단으로 무선할당	PSQI	MBSR-ld 집단과 대조집단 모두 치료 후 수면의 질이 유의미하게 향상되었다고 보고하였다.
Carmody et al. (2011)	늦은 폐경기 전후와 조기 폐경 후 여성 110명	MBSR	MBSR 또는 통제집단으로 무선할당	여성건강 이니셔티브 불면증 척도(Women's Health Initiative Insomnia Scale)	MBSR 집단은 통제집단과 비교한 주관적인 수면의 질에서 유의미하게 더 큰 향상을 보고하였다.
Garland et al. (2014)	불면증 지닌 암 환자 111명	MBSR	MBSR 또는 8회기로 이루어진 불면증을 위한 인지행동치료(CBT-I) 집단으로 무선할당	불면증 심각도 척도(ISI), PSQI, 수면에 대한 역기능적 신념 및 태도 척도(DBAS), 수면 일지 변수들 (수면잠복기, 입면 후 각성 시간, 총 수면 시간), 액티그래피	MBSR은 개입 직후에 불면증 심각도 향상에서 CBT-I보다 못하지만 3개월 후속 시점에서는 그렇지 않고 증등되었다. 두 개입 모두 수면 일지 변수들의 향상을 보였다. CBT-I 집단은 수면의 질과 역기능적 수면 신념 및 태도에서 유의한 향상을 보고하였다.

Gross et al. (2011)	일차성 만성 불면증 성인 30명	MBSR	MBSR 또는 8주 약물치료(에조피클론 3mg)로 무선할당	불면증 심각도 척도(ISI), PSQI, 수면 일지 변수들(총수면 시간, 수면잠복기, 수면 효율성), 액티그래피	MBSR 집단은 불면증 심각도, 수면의 질, 수면 일지 변수들에서 5개월 후속 때 유의미한 향상을 보고하였다. 약물치료 집단에서 보인 변화와 비슷하거나 있었다. 액티그래피는 MBSR 집단의 수면잠복기에서 유의미한 감소를 보였다.
Hubbling et al. (2014)	만성 불면증을 가진 성인 18명	MBSR	MBSR에 무선할당	치료 후 포커스 집단을 통해 수집한 질적 자료	MBSR을 받은 참가자들은 수면의 질 향상 그리고 불면증과 관련된 스트레스의 감소를 보고하였다.
Britton et al. (2010)	부분적으로 완화된 불면증을 지닌 성인 26명	마음챙김 기반 인지치료(MBCT)	MBCT 또는 대기 통제집단으로 무선할당	수면다원검사(PSG), 수면 프로필, 수면 일지 변수들(수면잠복기, 각성 횟수, 입면 후 각성 시간, 수면 효율성)	수면다원검사는 MBCT 집단에서 치료 후 증가된 각성(증가된 각성, 1단계 수면, 억제되 서파 수면)을 보였다. MBCT 집단은 수면 일지 변수들에서 유의미한 집단 내 감소를 보고하였다.
Britton et al. (2012)	수면 문제를 가진 항우울제 사용자 23명	MBCT	MBCT 또는 대기 통제집단으로 무선할당	PSG(1단계 수면, 서파 수면, 수면 일지 변수들(총 깨어 있는 시간, 수면 효율성)	MBCT 집단은 PSG의 총 깨어 있는 시간이 유의미한 감소와 수면 일지 변수들이 유의미한 향상을 보였다.

				PSQI	
Yook et al. (2008)	불안장애를 가진 환자 19명	MBCT	8주 동안 MBCT를 실시한 참가자들		참가자들은 치료 후에 수면의 질에서 유의미한 향상을 보였다.
Gonzalez-Garcia et al. (2013)	HIV를 진단받은 성인 40명	MBCT	MBCT 또는 의례적인 후속 통제집단에 무선할당	노팅엄 건강 프로파일-수면 차원 점수(Nottingham Health Profile-Sleep dimension score)	MBCT 집단은 8주와 20주에 수면과 관련된 삶의 질의 유의미한 향상을 보였다.
Heidenreich et al. (2006)	지속성 일차성 불면증을 가진 성인 14명	MBCT	MBCT를 실시한 참가자들	수면 일지 변수들(수면잠복기, 총 수면 시간), 불면증의 핵심 성격 특성 측정을 위한 질문지(Questionnaire to Assess Central Personality Variables in Insomnia), TCQ-I(Thoughts Control Questionnaire for insomnia)	참가자들은 치료 전후에 수면 일지 변수들에서 유의미한 향상을 보였다. 더 적은 참가자들이 치료가 끝났을 때 수면제를 복용하였다. TCQ-I의 6개의 하위척도 중 4개에서 치료를 통한 유의미한 변화를 보였다. 환자들은 수면에 관한 걱정이 유의미하게 더 중요함을 보고하였다.

연구	표본	개입 유형	개입 내용	측정 도구	결과
Ong et al. (2008)	정신생리적 불면증을 가진 성인 30명	불면증을 위한 마음챙김 기반 치료(MBTI)	6주 마음챙김 명상과 CBT-I를 포함한 다중요인 개입	수면 일지 변수들(총 깨어 있는 시간, 침대에 누워 있는 시간, 각성 횟수), 불면증 심각도 척도(ISI), 과다각성 척도, 수면에 대한 척도 역기능적 신념 및 태도 척도(DBAS), 글래스고 수면 노력 척도(GSES), 수면 전 각성 척도(PSAS)	참가자들은 치료 후 수면 일지 변수들, 불면증 심각도, 수면 전 각성, 수면 노력, 수면에 대한 역기능적 인지에서 유의미한 향상을 보였다.
Ong et al. (2014)	만성 불면증을 가진 성인 54명	MBSR, MBTI	MBSR, MBTI 모두 8주 자가 모니터링 조건에 무선할당	수면 일지를 통한 총 깨어 있는 시간 측정, 불면증 심각도 척도(ISI), 수면 전 각성 척도(PSAS), PSG, 액티그래피	MBTI 집단과 MBSR 집단은 통제 집단에 비해 총 깨어 있는 시간 각성, 불면증 심각도가 감소된 것과 관련 있었다. MBTI 집단은 MBSR 집단에 비해 ISI 점수가 더 감소했다.
Black et al. (2015)	중증의 수면 교란을 가진 노인 49명	마음챙김 알아차림 연습(MAP)	6주 MAP 또는 수면 위생 교육(SHE) 개입에 무선할당	PSQI, AIS(Athens Insomnia Scale), FSI(Fatigue Symptom Inventory)	SHE 집단과 비교했을 때, MAP 집단은 치료 후 PSQI 점수, 불면증 증상, 피로 심각도 및 간섭에서 더 큰 개선을 보였다.

출처: Third-Wave Therapies for Insomnia, by H. L. Taylor, H. P. Hailes, and J. Ong, 2015, *Current Sleep Medicine Reports, 1*, p. 173. Copyright 2015 by Springer. 허락을 받아서 사용

미래 연구 방향

만성 불면증을 위한 마음챙김 기반 접근과 수용 기반 접근들을 사용한 연구를 하기에 매우 흥미로운 시기이다. 이 분야에 대한 연구는 지난 10년간 상당히 성장했고, 만성 불면증에 대해 실행 가능한 치료로서 마음챙김 명상의 효능성을 지지하는 근거들이 증가하고 있다. 이는 긍정적인 신호이지만, 여전히 몇 가지 중요한 질문이 남아 있다.

효능성과 관련된 한 가지 중요한 문제는 주관적 및 객관적 결과 척도의 사용에 대한 것이다. 검토한 연구들을 살펴보면, 주요한 결과들은 주로 수면 일지나 불면증 심각성 척도 같은 불면증 증상들을 전반적으로 측정하는 자기보고식 측정도구들이었다. 객관적인 척도를 사용한 연구들은 수면 변수에서 거의 변화를 발견하지 못했다(Britton et al., 2010; Gross et al., 2011; Ong et al., 2014). 수면에 내한 주관적인 측정도구와 객관적인 측정도구 간의 불일치는 기대효과(expectancy effects)나 요구특성(demand characteristics)으로 인한 반응편향의 가능성에 관한 질문을 야기한다. 그렇지만 수면 일지나 불면증에 대한 전반적인 증상을 측정하는 자기보고식 측정도구들은 불면증 연구에서 효능성을 평가하는 타당한 지표로 여겨진다(Buysse, Ancoli-Israel, Edinger, Lichstein, & Morin, 2006). 불면증의 경우, 수면에 대한 지각은 수면에 대한 객관적인 측정도구에서 포착되지 않는 불면장애에 중요한 역할을 한다. 반응편향의 가능성을 최소화하는 한 방법으로는 평가 과정에서 맹검법(blinding)을 사용하는 것이 도움이 될 수 있다. 예를 들어, 연구 평가는 내담자의 무선할당된 조건을 모르는 연구 팀의 한 구성원에게 실시하게 할 수 있다. 이 단계가 반응편향의 가능성을 제거할 수는 없지만, 여러 출처에서 평가 자료들을 수집하고 맹검법을 사용하면 적어도 반응편향의 가능성을 설명할 수 있다.

또 다른 중요한 질문은 MBTI와 다른 마음챙김 기반 치료들의 근본적인 치료 기제와 관련이 있다. 이 치료들은 어떻게 작용하는 가? 4장에서 MBTI의 개념적인 모델을 제시했지만, 우리는 아직 우리의 모델을 지지하는 어떤 근거도 수집하지 못했다. 따라서 어떻게 불면증과 관련된 메타인지를 가장 잘 측정하고 마음챙김 명상이 메타인지의 변화를 실제로 만들어 내는지를 검증하기 위한 연구들이 필요하다. 또한 마음챙김 명상 연습은 뇌의 변화로 이어질 수 있다. 뇌의 여러 영역 중에 디폴트 모드 네트워크(Default Mode Network: DMN)와의 관련성이 제시되었다. 디폴트 모드 네트워크 (DMN)는 백일몽이나 딴청 부릴 때와 같이 깨어 있는데 활동을 하지 않는 시기에 자기 관련 사고를 조절하는 뇌에 있는 회로망이다. 한 리뷰 논문은 디폴트 모드 네트워크(DMN)가 불면증에 영향을 줄 가능성을 제시했다(Marques, Gomes, Clemente, dos Santos, & Castelo-Branco, 2015). 앞서 나는 불면증이 어떻게 각성을 감소시킬 수 있는 능력과 관련 있는지에 대한 이론들을 제시했는데, 이는 취침 시간에 대한 디폴트 보드 네트워크(DMN)의 조절 문제와 일치할 수 있다. 더 나아가 이 영역에 대한 연구는 근본적인 마음챙김과 불면증의 신경 기제를 밝힐 수 있다.

마지막으로, 여기에 제시된 MBTI가 최적의 치료인지는 지켜봐야 한다. 8장에서 나는 MBTI 프로그램에 통합될 수 있는 다른 모듈들과 활동들을 소개했다. 여기에 자애 명상 그리고 정서 중심 대처와 문제 중심 대처에 대한 명백한 논의들이 포함됐다. 또한 8주 프로그램 이후의 후속 회기들은 가지는 것이 MBTI의 장기적 치료 효과를 향상시키는 데 사용될 수 있다. 이 장의 시작 부분에서 언급한 것처럼 치료 개발은 개선의 반복적인 과정이고, 이러한 변형들은 MBTI의 영향을 향상시키는 데 도움이 될 수 있다.

불면증 이외에도 다른 수면장애들을 위한 마음챙김 명상의 사용 가능성을 검증하는 것도 가능할 수 있다. 우리는 현재 기면증과 특발성 과다수면증을 포함한 만성 과다수면증인 사람들을 위해 MBTI 프로그램을 다른 용도에 맞게 수정하는 연구를 진행하고 있다. 만성 과다수면증인 사람들은 만성 졸림에 대처해야 하는 부담이 있고, 우울증과 불안의 높은 유병률을 포함하여 지대한 심리적 부담을 안고 있다. 수면과 관련된 스트레스와 주간 피로를 감소시키기 위해 메타인지적 변화를 주는 것에 대한 잠재적인 이점을 고려할 때, 이 연구는 과다수면증이 있는 사람들에게 고통 경감을 하기 위한 유사한 개념을 응용하여 그들의 장애에 대해서 어떻게 현재에 머물고 마음챙김을 할 수 있는지 가르쳐 주는 것을 목표로 한다. MBTI와 다르게 이 치료 모델은 만성 과다수면장애가 있는 사람들에게 효과가 있다고 입증된 약물인 각성제와 소듐 옥시베이트(sodium oxybate) 사용을 포함하는 통합적 치료 모델이다. 이는 다양한 수면 교란을 가지고 있는 사람들을 돕기 위한 마음챙김 사용의 확장 가능한 한 예시가 될 수 있다.

CHAPTER **10**
실제 환경에서 MBTI 제공하기

만성 불면증을 앓고 있는 사람들은 이제 더 많은 치료적 선택지를 가질 수 있게 되었다. 불면증을 위한 마음챙김 기반 치료(MBTI)와 마음챙김을 사용하는 다른 프로그램들의 등장은 통합적인 접근, 독특한 도구의 모음, 불면증의 문제에 대한 다른 방식의 접근을 제공한다. 만약 마음챙김 기반의 접근들이 실행 가능한 치료적 선택지로 여겨진다면, 어떻게 하면 그 접근들이 현존하는 치료들과 어울릴 수 있을까? MBTI가 제일선의 치료가 되어야 하는 것일까, 아니면 불면증 환자들은 일차적으로 수면제나 불면증을 위한 인지행동치료(CBT-I)를 시도해야 하는 것일까? 보험회사들은 고객들이 MBTI 치료를 받도록 치료비를 지불할 것인가? 이 장에서는 실제 건강 관리 체계에서 MBTI의 시행과 관련된 여러 이슈와 논란거리에 관한 나의 관점을 공유하고자 한다. 이 장에는 마음챙김 명상과 행동수면의학에 대해 더 알기를 원하는 독자들을 위한 자료들이 포함되어 있다.

내담자 고려사항

어떤 내담자가 수면 문제를 해결하기 위해 마음챙김 명상을 사용해야 할까? 이 책의 1부에서 나는 불면증을 장애와 수면 교란의 야간 증상들로 구분했다. 4장에서 논의한 것처럼 우리의 개념적 모델(Ong, Ulmer, & Manber, 2012)은 마음챙김 기술들이 불면증 장애가 있는 동안 발생하는 수면 관련 메타인지를 변화시키는 것을 목표로 할 수 있다고 주장한다. 또한 수면 관련 각성은 만성 불면증의 지속 요인이기 때문에 MBTI의 대다수 활동은 오랜 기간 동안 불면증 증상을 경험한 사람들을 위해 만들어진 것이다. 따라서 MBTI는 만성 불면증을 앓고 있는 환자들에게 가장 적합하다. 그러나 마음챙김 명상을 가르치는 다른 프로그램들은 불면증을 위한 진단을 다 충족하진 않았지만 유의미한 수면 교란들을 경험하는 환자들에게 적절할 수도 있다. 9장을 떠올려 보면, Black, O'Reilly, Olmstead, Breen과 Irwin(2015)의 연구에서는 전구 증상으로 수면 교란을 경험하는 노인들을 대상으로 한 마음챙김 알아차림 연습(MAP)이라고 불리는 6주 프로그램을 사용했다. 따라서 마음챙김 명상을 가르치는 것은 중도의 수면 교란을 경험하며 불면 증상을 겪는 사람들이 만성 불면증으로 진행되지 않도록 예방하는 데 도움을 줄 수 있다. 개념적으로 이는 여전히 3-P 모델에서 적합하고 (Spielman, Caruso, & Glovinsky, 1987), 마음챙김 명상은 초기 수면 교란을 발생시키는 촉발 사건의 영향을 줄이는 동시에 수면 교란을 유지시키는 지속 요인들을 감소시킨다. 또한 이는 마음챙김 기반 프로그램들의 대상자 선정에 있어 유연성을 제공하는데, 이는 불면증 환자들이 이질적이기 때문에 중요하다.

지금까지 마음챙김과 불면증에 대한 무선임상할당실험 참가자들의 대부분은 여성이었다. 3개의 가장 큰 무선임상할당실험(Black et al., 2015; Garland et al., 2014; Ong et al., 2014)에서 환자들의 3분의 2에서 4분의 3은 여성들이었고, 대부분은 백인이었으며, 교육수준도 상대적으로 높았다. 그렇다면 여성들이 남성들보다 마음챙김 명상치료에 관심을 가질 가능성이 더 높다는 것인가? 아니면 마음챙김 명상은 남성보다 여성에게 더 많이 나타나는 것처럼 보이는 수면 관련 각성을 줄이는 데 더 효과적인 치료법인가? 고려할 더 흥미로운 질문은 MBTI, CBT-I, 약물치료와 같은 다양한 치료 양식에 가장 적합한 치료 후보자는 누구인가 하는 것이다. 임상적 프로필에 따라 환자들과 치료 양식을 연결시키는 방법들을 밝힐 추후 연구는 건강 관리 체계 내에서의 효율성을 크게 증진시킬 수 있을 것이다.

또 다른 내담자 고려사항은 신체질환과 정신질환이 공존하는 것과 MBTI 중에 수면제를 동시에 사용하는 것을 포함한다. 일반적으로 치료 효과성에 초점을 두고 있는 초기 단계의 연구라는 점 때문에 현저한 신체적 또는 정신적 공존질환을 가지고 있지 않고, 수면제를 사용하지 않는 불면증 환자에게만 MBTI를 적용했다. 이러한 제외 기준의 근거는 마음챙김 명상의 효과를 독립적으로 확인하기 위해 가능한 공변인을 피하려고 하는 과학적 이유 때문이었다. 이것은 임상적 금기(counterindication)에 근거한 것이 아니었다. 그러므로 MBTI가 수면제를 복용하면서 받을 수 있는 적절한 치료인지, 우울증이나 만성 신체질환이 있는 사람들에게 똑같은 이점이 있는 지에 대한 경험적 근거는 없다. 나의 임상 경험에 따르면, 만성통증 이나 만성 폐쇄성 폐질환과 같은 만성 신체질환의 증상이 안정적 이라면 MBTI에 참여하는 것에 무리가 없다고 생각한다. 3장에서 언급한 것과 같이, 마음챙김 기반 스트레스 감소(MBSR) 프로그램 과 다른 마음챙김 기반 프로그램들은 만성 신체질환이 있는 내담 자를 돕는 데 성공적이었다.

정신장애의 경우, 나의 임상 경험에 의하면 불안장애가 있는 사 람들은 MBTI에서 좋은 효과를 보았고, 다른 마음챙김 프로그램과 수용 기반 프로그램은 불안장애가 있는 사람들을 치료하는 데 효 과적이었다(Hoge et al., 2013; Orsillo, Roemer, Lerner, & Tull, 2004). 반면, 기분장애가 있는 사람들 중에서 특히 심각한 우울 증상을 경험하고 있는 사람은 프로그램 중도 탈락에 취약할 수 있고, 치 료에 참여할 적절한 능력을 가지고 있지 않을 수도 있다. 초기 연 구 중에서(Ong, Kuo, & Manber, 2008) CBT-I 집단의 초기 중도 탈 락을 예측하는 요인 중에 높은 수준의 우울[벡 우울척도에서 16점보 다 크거나 같은 점수로 정의(Beck, Rush, Shaw, & Emery, 1979)]은 평 균 총 수면 시간이 4시간 미만인 것 다음으로 두 번째로 가장 흔했 다. CBT-I와 MBTI의 중첩되는 내용을 고려한다면 유사한 이유로 MBTI에서도 중도 탈락의 문제가 발생할 수 있다. 또한 일반적으로 활성 상태의 우울증을 가지고 있는 내담자들은 종종 마음챙김 기 반 인지치료(MBCT)에 참여하기 위한 인지적·신체적 자원을 가지 고 있지 않기 때문에 MBCT 프로그램은 내담자의 우울이 관해 상 태일 때 참여하기를 요구한다(Segal, Williams, & Teasdale, 2002).

MBTI가 수면제를 복용하고 있는 내담자들에게 적절한지에 대해서는 여전히 명백하지 않다. 한편으로 마음챙김은 내담자가 약물에 의존할 필요성을 없애고, 밤에 약을 먹고 잠을 자야 할지 결정해야 할 때 형성된 불안에 매우 도움이 될 수 있다. 반면, MBTI에 참여하면서 수면제를 복용하는 내담자들은 마음챙김 원리를 실천해서 불면증 증상이 호전됐다기보다는 수면제에 의한 결과라고 해석할 수 있다. 약물치료 중에 있는 내담자들이 MBTI의 효과를 보는지에 대한 양쪽의 근거가 없기 때문에 안정적인 약 복용은 하지만 여전히 불면증 증상을 경험하는 내담자들을 MBTI에 참가하도록 허용하는 것이 신중한 접근일 것이다. 그 이유는 수면제가 불면증 증상을 충분하게 해결하지 못하고 있기 때문이다. 그러나 만약 내담자가 막 수면제를 복용하기 시작했거나 내담자의 수면이 수면제에 의해 호전되었다면, MBTI가 적절한지 여부를 결정하기 전에 내담자의 불면증 증상에 수면제의 영향을 먼저 모니터링하는 것이 바람직할 수 있다. 대안은 MBTI에 수면제 감량(medication tapering) 구성요소를 도입하는 것이다. MBTI의 내용에 대한 수정이 필요하겠지만, 이는 불면증이 있는 사람들을 돕기 위해 마음챙김 원리를 사용할 수 있는 또 다른 방법일 수 있다. 내담자의 수면제를 줄이거나 바꾸기 전에 MBTI 치료자는 내담자의 주치의와 상의해야 한다. 대부분의 의사는 내담자들이 결국 수면제 없이 수면을 취하게 되는 것을 선호하지만 이러한 결정은 MBTI 치료자와 내담자의 주치의 간 조율이 되어야 한다. 이러한 권고사항은 저자의 임상 경험에 근거하고 있고, 추후 연구는 이러한 질문에 대한 근거 있는 답변을 제공하는 데 도움이 될 것이다.

잠재적 논란의 여지가 있는 질문으로는 다양한 인구통계학적 특성을 가진 사람들, 예를 들어 낮은 사회경제적 지위에 있거나 낮은 교육 수준을 가진 사람들이 MBTI에 적절한 후보자인지에 대한 것이 있다. 일반적으로 우리가 모집한 연구 참가자들은 적어도 대학교 졸업을 한 사람들이었고, 수집된 자료만으로 교육 수준이 낮은 사람들이 치료에 적절한지에 대해서는 경험적인 대답을 할 수 없다. 입증되지 않았지만, 사회경제적 지위나 교육 수준과 같은 인구통계학적 요인은 MBTI의 가치와 연결되고 이점을 보고하는 내담자들과 구분되지 않는다. 다른 영역에서 마음챙김 명상은 낮은 수입의 내담자, 소수민족 초등학교 아이들과 물질 남용 문제를 가진 수감자들에게 성공적으로 진행되었다(Black & Fernando, 2014; Bowen et al., 2006). 다양한 연령대, 교육 수준 그리고 사회경제적 지위의 사람들이 마음챙김 명상을 통해 이익을 얻을 수 있을 것으로 보인다. 즉, 추후 연구는 이 질문에 명확한 대답을 주는 데 도움이 될 수 있을 것이다.

마지막 내담자 고려사항은 주호소를 기반으로 한 집단 구성이다. Kabat-Zinn이 개발한 MBSR은 다양한 문제를 가진 사람들이 함께 모여 고통과 스트레스라는 공통된 문제에 대해 다룰 수 있는 일반적인 프로그램으로 설계되었다. 그러나 고통과 스트레스의 특징과 근원은 사람마다 달랐다. 어떤 사람들은 만성통증을 경험하고 있을 수 있고, 다른 사람들은 암 진단을 받았을 수 있고, 다른 사람들은 수면 문제가 있을 수 있다. 다양한 고통을 다루는 것을 통해 마음챙김이 일반적인 방법으로 특정 질환에 대한 치료법 또는 의학적 치료가 아님에 대한 집단의 이해를 향상시키고자 했다. 대조적으로, MBTI는 불면증 환자를 위해 특별히 고안되었으므로 MBTI 집단에 오는 모든 사람들은 최소한 어떠한 종류의 수면 교란이든 경험하고 있어야 하며, 그러지 않으면 치료는 그들에게 도움이 되지 않게 설계되었다. 한번은 예비 집단을 시행하면서 숙련된 MBSR 치료자가 불면증 환자 12명을 대상으로 MBSR 수업을 진행했다. 수업의 중간 정도 지점에서 나는 치료자에게 수업이 어떻게 진행되고 있는지 물었고, 그는 다른 느낌이 드는 무언가가 있다고 응답했다. 모든 참가자는 만성 불면증을 경험하고 있고 그는 한 번도 만성 불면증을 경험한 적이 없기 때문에, 참가자들과 본인 사이에 공감대가 잘 형성되고 있지 않고 분리되어 있는 느낌을 받는다고 했다. 그가 이전에 진행했던 MBSR 수업에서는 참가자들의 주호소 문제가 더 다양했기 때문에 이 집단에서 처음 경험하는 것이라고 했다. 그는 이것 때문에 집단 구성원들과 자신 사이에 양극화를 느꼈는데, 이 결과는 그와 내가 전혀 예상치 못했던 것이었다. 이후 우리는 가능하면 다양한 연령대, 배경 및 인구통계학적 특성을 지닌 내담자들을 집단에 참여하게 하여 집단의 이질성을 증가시키려고 시도했다. 집단의 이질성을 증가시킬 수 있는 또 다른 방법은 앞에서 설명한 바와 같이 동반이환으로 불면증을 겪는 환자나 수면제를 복용하는 환자를 포함하는 것이다.

치료자 고려사항

이 책은 불면증의 증상을 감소시키기 위한 방법으로 MBTI를 제공하거나 마음챙김 명상을 가르치는 데 관심이 있는 사람들을 위한 출발점을 제공하기 위해 작성되었다. 이 책 전반에 걸쳐 언급했듯이, 나는 의학적 또는 정신적 건강을 다루는 임상 현장에서 마음챙김 명상을 실시하거나 교육 현장에서 MBTI에 대한 지도를 고려하는 사람들이 마음챙김 원리를 스스로 연습하는 데 전념해야 한다고 생각한다. 이는 개인적인 명상 연습을 하고 마음챙김 원리를 생활 방식으로 실천하는 것에서부터 시작한다. 명상에 대한 경험이 없는 사람들은 참가자로서 직접적인 경험을 얻기 위해 MBSR 수업(또는 유사한 마음챙김 기반 프로그램)을 수강하면서 시작해 볼 수 있다. 명상 연습이 이미 확립된 사람들은 마음챙김 원리들과의 연결성을 심화하고 다른 명상 수련자들로 구성된 공동체와 친분을 쌓고 명상 캠프에 참석하는 것을 고려할 수 있다. 또한 MBTI 치료자는 명상 캠프 또는 명상 집단에 정기적으로 참석하여 명상 연습을 계속 강화하는 것이 좋다. 명상 연습을 하기 위한 최소한의 역량은 없지만, 이 제안들은 마음챙김 원리 실천에 전념하고, MBTI 치료자가 환자를 치료하면서 마음챙김을 실천할 수 있게 도와준다.

MBTI 진행에 필요한 전문 역량에 대해서는 잠재적으로 논쟁의 여지가 있다. 이전 장에서 MBTI가 각 전문 기관이 정한 기준을 충족시키는 정신건강 또는 의료 서비스에 대한 훈련을 적절하게 받은 임상가에 의해 제공되어야 했음을 상기해 보자. MBTI 치료자에게 있어 이런 기본적인 역량은 내담자가 MBTI에 참여할 수 있을 만큼 안정적인지와 MBTI에 참여하면서 발생되는 의학적 혹은 정신적 문제들에 대해 임상적 의사결정을 내릴 수 있는 능력을 보장해 준다. 불면증과 다른 정신적 및 신체적 장애의 높은 공존율을 고려하면, MBTI 치료자가 신체적 또는 정신적 문제를 다뤄야 할 확률이 높다. 따라서 MBTI는 행동의학에 대해 친숙하고, 수면장애가 있는 환자와 일한 경험이 있는, 임상심리전문가 또는 의사와 같은 면허를 소지한 박사급 임상가가 진행하는 것이 가장 적합하다.

이러한 임상가들은 마음챙김 명상을 위한 추가적 교육이나 불면증 환자에 대한 추가적 훈련이 필요할 것이다. 간호사, 임상사회복지사, 심리학자, 자격증을 소지한 결혼 및 가족 치료사와 같은 석사급 종사자들도 MBTI를 제공할 수 있다. 그러나 그들은 박사급 종사자들보다 더 많은 훈련이 필요할 수 있으며, 불면증 환자에 대한 경험을 더 많이 필요로 할 수 있다.

MBSR 치료자들 중 일부는 면허가 있는 임상가는 아니지만 MBTI를 제공하는 데 여전히 효과적일 수 있기 때문에 역량에 대한 기준은 제한적으로 보일 수 있다. 또한 어떤 사람들은 확립된 개인적 명상 연습이 마음챙김 기반 치료를 제공하기 위한 역량의 주요 결정 요인이 되어야 한다고 주장할 수 있다. 물론 타당한 이야기이지만, 현시점에서 불면증이 있는 사람들을 치료하는 것의 잠재적 위험성 때문에 보수적으로 접근할 필요성이 있다. 의료 규정의 변화는 마음챙김 기반 치료를 심리치료의 한 형태가 아니라 통합 의학에서 교육적 등급으로 재분류할 가능성이 있다. 건강 서비스 및 치료자 역량에 대한 향후 연구들은 이 기준을 재평가할 기회를 열어 줄 수 있다.

비록 MBTI 제공에 대한 공식적인 수료증이나 자격증은 없지만, 다른 유형의 마음챙김 기반 치료를 제공하고자 하는 치료자를 위한 인증 및 공식 교육이 있다. 메사추세츠 대학교의 마음챙김을 위한 센터는 MBSR 교사 자격증을 제공한다(〈첨부자료 10-1〉 참조). 또한 샌디에이고에 있는 캘리포니아 주립대학교, 토론토 대학교, 옥스퍼드 대학교에서 제공되는 온라인 훈련 및 5일간의 전문 교육을 포함하여 MBCT 교육을 위한 여러 가지 훈련 기회가 있다.

• 마음챙김 기반 치료 혹은 수면제에 대한 추가 교육을 위한 온라인 자료

마음챙김 센터: http://www.umassmed.edu/cfm/training/training-pathways/

마음챙김 기반 인지치료(MBCT) 훈련: http://mbct.com/training/

옥스퍼드 마음챙김 센터: http://www.oxfordmindfulness.org/

행동수면의학회(SBSM): http://www.behavioralsleep.org/

미국수면학회(AASM): http://www.aasmnet.org/

• 명상 센터

Spirit Rock(http://www.spiritrock.org): 샌프란시스코에서 북쪽으로 45분 정도 거리에 있는 북부 캘리포니아의 명상 센터

Insight Meditation Society(http://www.dharma.org): 매사추세츠주 바에 있는 명상 센터

• 명상 또는 수면 연구에서의 과학적 프로그램을 위한 온라인 자료

정신생활연구소: https://www.mindandlife.org/

수면연구학회: http://www.sleepresearchsociety.org/

• 마음챙김과 마음챙김 기반 치료 분야 추천 도서

Kabat-Zinn, J. (1990). *Full catastrophe living: The program of the stress reduction clinic at the University of Massachusetts Medical Center.* **마음챙김 명상과 자기치유.** New York, NY: Delta. 장현갑, 김교헌, 장주영 공역 (2005). 서울: 학지사.

Kabat-Zinn, J. (1994). *Wherever you go, there you are: Mindfulness meditation in everyday life.* **존 카빗진의 마음챙김 명상: 당신이 어디에 가든 당신은 그곳에 있다.** New York, NY: Hyperion Books. 김언조, 고명선 공역(2013). 경기: 물푸레.

Kabat-Zinn, J. (2005). *Coming to our senses: Healing ourselves and the world through mindfulness.* **온정신의 회복: 마음챙김을 통한 자신과 세**

계 치유하기. New York, NY: Hachette Books. 안희영, 김재성, 이재석 공역 (2017). 서울: 학지사.

Segal, Z. V., Williams, J. M. G., & Teasdale, J. D. (2012). *Mindfulness-based on cognitive therapy for depression* (2nd ed.). 우울감을 위한 마음챙김 기반 인지치료(2판). New York, NY: Guilford Press.Stahi, B., & Goldstein, E. (2010). 마음챙김 기반 스트레스 감소를 위한 워크북. Oakland, CA: New Harbinger.

Stahi, B., & Goldstein, E. (2010). *A mindfulness-based stress reduction workbook.* 마음챙김 기반 스트레스 감소를 위한 워크북. Oakland, CA: New Harbinger.

• 불면증과 행동수면의학 분야 추천 도서

Glovinsky, P., & Spielman, A. (2006). *The insomnia answer: A personalized program for identifying and overcoming the three tyoes of insomnia.* 불면증의 해답: 세 종류의 불면증을 알아보고 극복하는 개인화된 프로그램. New York, NY: Penguin.

Lichstein, K. L., & Perlis, M. L. (Eds.). (2003). *Treating sleep disorders: Principles and practice of behavioral sleep medicine.* 수면장애 치료: 행동수면의학의 원리와 실천. Hoboken, NJ: Wiley.

Morin, C. M. (1993). *Insomnia: Psychological assessment and management.* 불면증: 평가와 관리. New York, NY: Guilford Press.

Morin, C. M., & Espie, C. A. (Eds.). (2003). *Insomnia: A clinician's guide to assessment and treatment* (Vol. 1). 불면증: 치료자를 위한 평가와 치료 가이드(1판). Dordrecht, the Netherlands: Springer Science & Business Media.

서수연(2017). 사례를 통해 배우는 불면증을 위한 인지행동치료. 서울: 시그마프레스.*

---

* 역주: 저자의 동의하에 추가하였다.

마음챙김 훈련 이외에 행동수면의학(Behavioral Sleep Medicine: BSM)의 훈련은 MBTI의 제공에 있어 중요하다. 미국수면의학회(American Board of Sleep Medicine)에서는 BSM의 광범위한 실천을 다루는 행동수면의학 전문가 수료증을 제공한다. 앞서 언급했듯이 최근 미국심리학회(APA)는 수면 심리학을 공인된 전문 분야로 승인했으며, ABPP(American Board of Professional Psychology)에서는 수면 심리학을 위한 검사 및 인증을 개발하려는 노력이 진행되고 있다. MBTI를 시행하는 데 있어 필수 조건은 아니지만, 이 자격증들 중 하나를 취득하는 것은 행동수면의학에 대한 최소한의 지식을 가지고 있음을 증명해 준다. 이러한 노력들과 관련하여, 행동수면의학회(SBSM)는 수면장애 환자를 치료하는 데 관심이 있는 의사, 간호사와 심리학자를 위한 행동수면의학 강의를 제공하고 있다. APSS(Associated Professional Sleep Societies)에 의해 조직된 국제연차학술대회에서 제공되는 워크숍과 박사 후 과정도 있다. 이런 기회들은 불면증과 수면 생리학, 수면 평가 기술을 포함한 행동수면의학에 대한 지식을 향상시키기 좋다. MBTI 시행에 관심이 있는 사람들은 이런 훈련의 기회들을 활용하여 불면증, 수면 조절, 스트레스와 건강을 마음챙김 명상 요소들과 함께 활용하기를 적극적으로 추천한다.

MBTI 시행을 위한 다른 고려사항

내담자와 치료자 관련 고려사항 외에도, 더 넓게는 건강 관리 시스템 차원에서 마음챙김 기반 치료를 시행하는 데 있어 고려해야 할 중요한 사항들이 있다. 지금까지 MBTI는 수면장애 센터에서의 연구 맥락에서만 시행되었다. 다른 마음챙김 기반 치료들은 병원에서 시행되지만, 수면장애 전문 클리닉보다는 심리상담소나 더 일반적인 교육 환경에서 시행되고 있다. 대부분의 마음챙김 기반 치료들은 동작 명상을 할 충분한 공간이 있고, 여러 명의 내담자 집단을 편안하게 수용할 수 있다면 어떤 환경에서도 시행될 수 있다. 내담자 특성(모두 불면증 환자인지 혹은 다른 병력이 있는 내담자와 섞여 있는지)와 내담자 모집 방법(수면장애 센터/병원에서의 일반 공지)에 따라, 수업이나 프로그램을 개최할 가장 적합한 장소가 달라질 수 있다. 내담자 집단이 특정 장애를 가지고 있다면(예: 전원 불면증 환자), 필요에 따라 다른 수면장애 여부를 확인하기 위해 수면다원검사나 추가적인 평가를 위해 수면장애 클리닉과 연결되어 있는 것이 좋다. 같은 맥락에서 신체질환이 있는 내담자들로 집단이 구성되어 있다면, 내과나 다른 의료 지원에 접근할 수 있는 것이 중요하다.

　더 넓은 건강 관리 시스템 차원에서 보면, 마음챙김 기반 치료들은 교육, 심리치료, 대체 의학 요소들을 담고 있기 때문에 특정 건강 관리 시스템 범주에 깔끔하게 분류되기 어렵다. 나는 앞서 MBTI가 불면증의 특정 증상들을 감소시킬 목적이 있는 기술들과 정서 조절과 일반적인 웰빙을 촉진하는 목적을 갖는 기술들을 모두 통합한 접근으로 보아야 한다고 주장해 왔다. 미국에서는 소비자들이 통합적인 건강 개입을 광범위하게 사용하고 있지만, 치료자와 내담자에게 서비스에 대한 배상과 개입에 대한 규제와 관련된 중요한 문제들은 아직 해결되지 않았다. 미국 보험회사의 대부분은 고객이 회기당 400~600달러를 지불해야 하는 MBSR과 같은 마음챙김 기반 치료들을 받은 것에 대한 보험금을 지급하지 않는다. 이에 따라 내담자들은 이 서비스들을 받기 위해 모든 비용을 스스로 부담해야 한다. 일부 내담자는 그들의 건강을 관리하는 치료자로부터 의학적인 치료의 필요성을 확인받을 경우, 건강보험의 일환인 자유 소비 계좌(Flexible Spending Account: FSA)에서 마음챙김 치료 비용을 지불할 수 있었다. 그러나 안타깝게도 경제적인 여력이 없거나, 자유 소비 계좌를 개설하지 못하는 비교적 낮은 사회경제적 지위에 있는 사람들에게 이러한 경제적인 부분은 부담스럽다. 「환자보호 및 부담적정보험법(Affordable Care Act)」와 같은 건강보험 개혁법을 통해 모든 시민이 마음챙김 치료에 공평하게 접근할 수 있는 기회를 더 많이 제공할 수 있기를 희망한다.

MBTI 시행과 관련된 건강 관리 시스템의 또 다른 문제점은 현재 치료자의 자격이나 관리의 질에 대해 어떠한 공식적인 제재도 없다는 것이다. MBTI를 시행하는 치료자의 자격에 대한 나의 관점이 앞서 제시된 바 있다. 현재 MBTI나 다른 마음챙김 기반 치료가 원본 프로그램에 따라 충실히 시행되는지 규제할 방법은 별도로 없기 때문에 이는 관리의 질에 있어 논란의 여지가 있다. 이상적으로 책임감 있는 임상가는 내담자들에게 피드백을 제공할 수 있는 기회를 주고 익명으로 프로그램에 대한 공식적 평가를 할 수 있게 할 것이다. 이는 MBTI의 치료자로서 지속적으로 발전하는 데 도움을 줄 수 있다. 또한 만약 지역사회 내 다른 마음챙김 기반 치료의 치료자가 있다면, 동료 치료자 집단을 구성하는 것이 도움이 될 수 있다. 이 집단은 MBSR, MBCT, MBTI 또는 다른 여러 마음챙김 기반 치료의 치료자로 구성될 수 있는데, 그 이유는 대부분의 어려움이 마음챙김 명상을 가르치는 것과 관련이 있기 때문이다. 한 예로 시카고의 MBSR/MBCT의 치료자 모임이 있는데, 그들은 한 달에 한 번 정기적으로 만나 명상 수련을 함께 하고, 마음챙김 기반 치료를 시행하며 생기는 문제들에 대해 토론하며, 동료 간 지지를 제공한다. 이런 모임은 치료자들이 마음챙김 명상들을 가르치는 것에 대한 경험을 공유할 수 있는 매우 유용하고 의미 있는 자원이 될 수 있다. 또한 마음챙김 기반 치료의 질을 표준화할 수 있는 기회를 제공한다. 마음챙김 기반 치료에 대한 신뢰할 수 있는 근거가 지속적으로 증가하고 있다. 이를 고려해 정책 입안자들이 앞으로 마음챙김 기반 치료의 실행과 관련된 사안들을 건강 관리 시스템에서 보다 중점적으로 다루기를 기대한다.

앞으로의 전망

이제는 불면증이 있는 사람들이 선택할 수 있는 근거 기반 치료의 선택지가 많아졌다. 약물치료에 대한 접근은 약물역학(pharmacodynamics)을 고려하여 더욱 안전하고 정교해졌다. z-약물(비벤조다이아제핀), 멜라토닌 작용제 그리고 최신 오렉신(orexin) 길항제는 바비튜레이트(barbiturates)계나 벤조다이아제핀(benzodiazepines)계로 주로 구성됐던 이전의 불면증 약물들에 비해 훨씬 정교하다. 마찬가지로, 비약물적인 접근법도 불면증의 다양한 증상들을 다루면서 치료 증상의 범위를 넓혔다. CBT-I는 이전의 대표적인 행동 기법, 예를 들어 이완 요법, 심상법 혹은 역설적 의도법에 비해 더 포괄적이다. MBTI는 메타인지에 초점을 맞추어 수면 관련 각성의 감소를 돕는 마음챙김 명상에 근거를 두며 비약물적 접근의 치료 영역을 확장시킨다. 이것은 CBT-I 또는 기존의 명상과 다른 방식으로 불면증 문제들을 다룬다. 이제는 불면증 치료에 있어 시스템 기반 접근을 고려할 때가 됐을 수 있다.

이러한 체계적 접근법 중 하나로 단계적 관리 모델(stepped care model)이 있다. 대부분의 환자들은 가장 먼저 그들의 주치의에게 수면 문제를 보고한다. 일찍 보고된 경우에는, 급성 불면증이나 수면 교란으로 분류될 가능성이 높다. 그렇기 때문에 초기 관리로 단기간 진정제를 복용하고 수면 방해 행동에 대한 몇 가지 교육(수면 위생)을 실시하는 것이 합리적일 것이다. 만약 병원 혹은 인근 장소에서 행동수면의학(BSM)을 제공할 수 있는 임상 간호사나 의학 심리학자(primary care psychologist)가 있다면, 환자는 불면증을 위한 단기 행동치료(Buysse et al., 2011)를 받을 수 있게 의뢰될 수 있다. 그렇지만 급성 수면장애가 지속되어 만성 불면장애로 발전되면, 환자는 한층 높은 전문 기술을 가지고 있는 임상가를 만나며 단계적 관리 모델에서 한 단계 올라가게 된다. 이 단계에서 환자는 다른 수면장애에 대한 평가와 증상의 양상에 대한 더 구체적인 정보를 수집하기 위해 수면 센터로 의뢰될 수 있다. 만약 환자가 높은 수면 관련 각성을 보고하고 마음챙김 기반 접근법에 긍정적인 태도를 보인다면, MBTI 프로그램으로 의뢰될 수 있다. 다른 선택지로 평가에서 왜곡된 인지나 부적응적인 행동 양상이 확인된다면, 환자는 불면증을 위한 인지치료를 정식으로 받는 것이 도움 될 수 있다. 만약 환자가 MBTI나 CBT-I를 통해 만성 불면증을 해결하지 않고 지속적으로 경험할 경우, 더 높은 수준의 마음챙김 명상 기술과 행동수면의학 전문 인력(예: 행동수면의학 전문가 자격증이 있는 자) 또는 수면의학 전문가(예: 수면의학 전문의)의 도움이 필요할 수 있다. 또한 이 모델에서는 약물과 비약물 치료법을 동시에 진행하는 통합적 접근법이 고려될 수 있다. 또 다른 선택지로는 CBT—I 또는 MBTI를 인터넷으로 전달하는 것과 같은 대안적인 매체를 도입하는 것이 가능할 수 있다. 건강 관리가 점차 관리의 질과 건강 관리 운용의 효과성에 중점을 두는 팀 기반의 방식으로 나아가는 것을 고려할 때, 이 단계적 관리 모델은 공중보건의 문제인 불면증을 해결하는 데 많은 잠재성을 가진다. 이 모델은 건강 관리를 제공하는 전문가들과 정책을 만드는 사람들의 공동의 노력과 협업을 요구한다. 이 집단의 사람들에게 마음챙김 원리를 가르친다면, 아마 건강 관리를 위한 마음챙김 기반 모델을 더 쉽게 이룰 수 있을지도 모른다.

부록

부록은 치료자들이 MBTI를 시행하는 데 있어 도움이 될 수 있는 자료들을
수록했다. 치료 계획서 예시, 유인물과 수면 일지도 포함되어 있다.

Mindfulness-Based Therapy for Insomnia

불면증을 위한 마음챙김 기반 치료 프로그램에 오신 것을 환영합니다. 당신의 불면증을 치료하기 위해 다른 방법을 시도하는 것에 대해 기쁘게 생각합니다. 앞으로 8주 동안, 다양한 기술에 대해 배우고, 불면증에 대해 생각할 수 있는 다른 방법들을 학습하게 될 것입니다. 우리는 당신의 수면과 주간 기능이 향상하는 데 도움이 될 것이라고 믿습니다.

- **강사**: Jason Ong, PhD
- **연락처**: 질문이나 우려사항이 있다면 Jason Ong(123-456-7890)으로 연락 주시길 바랍니다.
- **프로그램 요구사항**: 당신에게 최대로 도움이 되기 위해서는 당신은 이 프로그램에 전념해야 합니다. 명상과 수면에 대한 권장사항을 연습하고 프로그램에서 논의하기를 희망합니다. 또한 매일 작성하는 수면과 명상 일지를 완수하기를 바랍니다. 여러분 모두가 바쁜 일정을 소화하고 있음을 알고 있으나 프로그램에 대한 강한 의지와 개방성이 당신에게 성공을 위한 기회를 제공할 것이라고 믿습니다.
- **프로그램 일정**: 집단은 매주 수요일 오후 6시 30분부터 9시에 대학교 의료센터 123호실에서 만날 예정입니다. 당신의 몸과 마음을 준비시키고 제시간에 회기를 시작할 수 있기 위해 몇 분 전에 도착하시길 바랍니다. 다음 일정은 각 회기의 날짜와 회기의 주제입니다.

  -9월 7일: 1회기 프로그램 소개 및 개관

  -9월 14일: 2회기 오토파일럿에서 벗어나기

  -9월 21일: 3회기 졸림 및 각성에 집중하기

  -9월 28일: 4회기 밤에 잠을 못 자는 것을 다루기

  -10월 5일: 5회기 불면증 영역

  -10월 12일: 6회기 수용 및 놓아주기

  -10월 16일: MBTI 캠프

  -10월 19일: 7회기 수면과의 관계 재조명하기

  -10월 26일: 8회기 MBTI 이후 마음챙김의 삶

- **수업 결석**: 회기에 참여할 수 없다면 사전에 Ong 박사님에게 수업 자료를 요청하십시오.

마음챙김을 기르는 마음으로, 이 프로그램은 당신의 수면 욕구와 잠에 들기 위해 최적의 마음 상태(수면을 개시하고자 하거나 한밤중에)를 안내하는 데 도움이 될 것입니다. 그렇게 함으로써 당신은 매일 밤 수면의 양보다는 수면과의 관계를 바꾸는 것에 주의를 돌리기를 원합니다. 이러한 관계를 바꾸기 시작하면 수면의 질이 향상되고 있다는 것을 느낄 수 있습니다. 훗날 수면의 양은 서서히 증가될 것입니다. 이 접근법은 절제력과 일관성을 필요로 하며 프로그램에서 논의된 마음챙김 원리를 따르게 됩니다. 이러한 원리들은 수면에도 적용될 수 있습니다.

- **초심**(beginner's mind): 매일 밤이 새로운 밤이라는 것을 기억하십시오. 열린 자세로 다른 것을 시도해 보십시오. 지금까지 해 왔던 방법들은 효과가 별로 없었으니, 뭔가 새로운 것을 시도해 볼 때입니다.

- **애쓰지 않기**(non-striving): 수면은 강요될 수 없는 과정이며 자연스럽게 진행될 수 있게 허용해야 합니다. 더 오래 혹은 더 잘 자기 위해서 더 많은 노력을 기울이는 것은 오히려 역효과를 낳습니다.

- **놓아주기**(letting go): 수면이나 이상적인 수면 욕구에 집착하는 것은 주로 잠을 못 자는 것의 결과에 대한 걱정으로 이어지게 됩니다. 이것은 비생산적이며, 하루를 마무리하며 잠이 올 수 있게 하는 자연스러운 과정과 모순됩니다.

- **비판단**(non-judging): 자동적으로 깨어 있는 상태를 부정석이고 혐오스럽다고 판단하기 쉬운데, 특히 당신이 며칠 밤 동안 잘 자지 못했다면 더 그럴 수 있습니다. 그렇지만 이 부정적인 에너지는 수면 과정을 방해할 수 있습니다. 내가 수면과 맺고 있는 관계에 대해 명상을 하는 것이 도움이 될 수 있습니다.

- **수용**(acceptance): 현재 상태를 인식하고 받아들이는 것이 어떻게 반응할지 선택하는 데 있어 중요한 첫 번째 단계입니다. 만약 당신이 졸리지 않은 상태에 있고 바로 잠들지 못할 것을 받아들인다면, 침대에서 나오는 것은 어떨까요? 잠을 잘 자지 못하는 많은 사람들이 침대에서 나오는 것을 피합니다. 안타깝게도, 침대에서 깨어 있는 채로 오랜 시간을 보내는 것은 침대를 잠 대신 깨어 있는 상태와 연합을 하게 만들 수 있습니다.

- **신뢰**(trust): 당신의 수면 시스템을 믿고 잠을 잘 수 있게 맡겨 보세요! 몸과 마음이 수면 부족에 대해 스스로 조절하고 교정할 수 있다는 것을 믿으십시오. 짧지만 통합된 수면이 길지만 분절된 수면보다 더 만족스럽게 느껴진다는 것을 믿는 것이 당신의 수면 시스템에 대한 신뢰감을 키우는 데 도움이 될 수 있습니다. 또한 잠이 부족하여 축적된 수면 빚(sleep debt)은 잠을 자려고 노력하지 않는 이상, 좋은 수면을 촉진시킬 수 있습니다.
- **인내**(patience): 인내심을 가지십시오! 당신의 수면의 질과 양 모두 당장 최적화되지 않습니다.

이것은 마음챙김 원리들이 수면과 관련 있다는 몇 가지 예시일 뿐입니다. 당신은 이러한 원리들과 수면을 취하러 가거나 다시 잠드는 과정 사이에서 다른 관계를 발견할 수도 있습니다. 이 프로그램을 통해 직접 경험하고 당신의 경험을 공유하기를 바랍니다.

집에서 각각의 명상 회기에 대한 일지를 작성하십시오. 어떤 명상 유형(앉기, 바디 스캔, 걷기, 요가)인지, 명상의 시작 및 종료 시간 그리고 명상에 소요한 총 시간을 적습니다. 하루에 한 번 이상 연습을 하게 되면, 명상을 할 때마다 기록하십시오.

날짜	명상 유형 (예: 앉기, 바디 스캔, 걷기 등)	회기 시작 시간	회기 종료 시간	총 소요 시간 (분)

유인물 3 기본 수면 일지

	예시	수면 일지					ID/이름:	
오늘 날짜	4/5/11							
1. 몇 시에 잠자리에 들었습니까?	10:15p.m.							
2. 몇 시에 자려고 시도했습니까?	11:30p.m.							
3. 잠들기까지 시간이 얼마나 걸렸습니까?	55분							
4. 완전히 기상한 것을 제외하고, 잠자는 도중 총 몇 번 깼습니까?	세 번							
5. 잠자는 도중에 깨어 있던 시간은 다 합쳐서 어느 정도였습니까?	1시간 10분							
6. 몇 시에 완전히 잠에서 깼습니까?	6:35a.m.							
7. 몇 시에 침대 밖으로 나왔습니까?	7:20a.m.							
8. 수면의 질은 어땠습니까?	☐ 매우 나쁨 ☑ 나쁨 ☐ 보통 ☐ 좋음 ☐ 매우 좋음	☐ 매우 나쁨 ☐ 나쁨 ☐ 보통 ☐ 좋음 ☐ 매우 좋음	☐ 매우 나쁨 ☐ 나쁨 ☐ 보통 ☐ 좋음 ☐ 매우 좋음	☐ 매우 나쁨 ☐ 나쁨 ☐ 보통 ☐ 좋음 ☐ 매우 좋음	☐ 매우 나쁨 ☐ 나쁨 ☐ 보통 ☐ 좋음 ☐ 매우 좋음	☐ 매우 나쁨 ☐ 나쁨 ☐ 보통 ☐ 좋음 ☐ 매우 좋음	☐ 매우 나쁨 ☐ 나쁨 ☐ 보통 ☐ 좋음 ☐ 매우 좋음	☐ 매우 나쁨 ☐ 나쁨 ☐ 보통 ☐ 좋음 ☐ 매우 좋음
9. 기타(해당하는 경우)	잠기 걸림							

출처: The Consensus Sleep Diary: Standardizing Prospective Sleep Self-monitoring, by C. E. Carney, D. J. Buysse, S. Ancoli-Israel, J. D. Edinger, A. D. Krystal, K. L. Lichstein, and C. M. Morin, 2012, *Sleep*, 35, p. 292. Copyright 2012 by Associated Professional Sleep Societies. 허락을 받아서 사용

다음 지침은 수면 위생을 개선하기 위한 것입니다. 이 지침은 당신의 불면증을 신속하게 고칠 수 있는 해결책은 아니지만, 이러한 지침을 따르는 것은 수면을 방해하는 습관들을 최소화해 줄 것입니다. 당신의 수면 습관에 대한 인식을 높이기 위한 첫 번째 단계라고 생각하십시오. 이 프로그램의 후반부에 이러한 지침을 토대로 더욱 구체적인 지침이 제공될 것이며, 수면 패턴의 변화를 볼 수 있는 더 좋은 기회를 제공할 것입니다.

1. **침대에서 보내는 시간과 양을 알고 있어야 합니다.** 잠자리에 들어가고 나오는 시간을 규칙적으로 지키고, 침대에 누워 있는 시간이 일정하게 조절해야 합니다.

2. **수면 노력을 얼마나 하는지 인식합니다.** 잠에 들려고 시도하는 노력을 피합니다. 수면 노력이 증가하면 졸리기보다는 더 불안해지고 좌절하게 될 가능성이 높습니다.

3. **물질의 섭취를 모니터링합니다.** 늦은 오후나 저녁에 커피, 술, 니코틴을 피해야 합니다. 카페인은 정상적인 수면을 방해하고 약 4~5시간 동안 몸속에 남아 있는 자극제입니다. 취침 시간에 따라 오후 4~5시 이후에는 카페인을 피하시는 것이 좋습니다. 술은 이완과 졸음을 유발할 수 있지만 술로 인해 수면이 방해되고 분절되며 불안정해집니다. 저녁 식사와 함께 술을 마시는 대부분의 사람에게는 수면에 부정적인 영향을 미치지 않지만, 취침 전 1~2시간 전에 술을 마시는 것은 수면에 부정적인 영향을 미칠 가능성이 높습니다. 니코틴 또한 각성 효과가 있으므로 밤에 긴장을 풀거나 한밤중에 다시 잠들 수 없을 때 니코틴을 사용하는 것을 권장하지 않습니다.

4. **규칙적이고 적당한 운동은 장기적으로 수면을 촉진할 수 있지만, '몸이 지칠 때까지' 하는 운동은 효과적이지 않습니다.** 현재 하고 있는 혹은 계획된 운동을 계속하는 것은 좋지만, 취침 시간에 너무 근접한 시간에 운동하지 않는 것이 좋습니다.

5. **야식을 피하고 식습관을 모니터링합니다.** 소화는 신체 활동을 활발하게 하게 만들기 때문에 수면을 방해할 수 있습니다. 또한 한밤중에 일어나 다시 잠들지 못한다고 해서 야식을 먹는 것도 바람직하지 않습니다. 그러나 취침 시간 전에 먹는 가벼운 간식은 수면에 부정적인 영향을 미칠 가능성이 적습니다.

6. **빛, 소음, 온도, 안전 등과 관련된 환경을 관리하십시오.** 수면 환경은 편안해야 합니다. 안대는 빛의 노출을 줄이기 위해 사용될 수 있습니다. 선풍기나 백색 소음 기계는 환경에서 수면을 방해하는 소음을 줄이는 데 도움이 될 수 있습니다.

수면을 통합하기 위한 첫 번째 권장사항은 침대에 누워 있는 시간을 제한하는 것입니다. 이것은 '수면 타이밍' 또는 잠을 잘 수 있는 기회의 타이밍을 제공합니다. 먼저, 침대에 누워 있는 시간은 당신이 현재 실제로 자는 시간보다 약간 더 많은 시간을 허용하는 것으로 시작합니다. 비록 이렇게 하는 것이 매우 극단적으로 들릴 수 있지만, 당신의 수면을 통합하고 침대에 오래 누워 있어서 생긴 수면 분절을 줄이는 데 도움이 될 것입니다. 또한 졸음에 대한 인식을 더 높일 수 있게 도울 수 있습니다. 수면이 어느 정도 통합되면, 조금씩 더 오래 침대에 누워 있도록 허용하는 시간을 증가시킬 것입니다.

• 1단계: **기상 시간을 일관되게 유지하세요.** 당신의 생체 시계를 고정시키는 가장 좋은 방법은 기상 시간을 정하여 준수하고 매일 밤 얼마나 잤는지와 관계없이 기상 시간을 충실히 지키는 것입니다. 또한 기상 시간 후 15분 이내에 침대에서 나와야 합니다. 최적의 수면을 위해서는 기상 시간을 고정하는 것이 필수적입니다. 이것을 실천하는 것이 보다 안정된 수면 패턴을 만드는 데 도움이 될 것이며, 수면-각성 주기를 조절하는 내부 생체 시계의 자연스러운 신호를 강화할 것입니다. 불규칙한 기상 시간은 수면 시간을 조절하는 생체 시계 신호를 약하시킬 수 있습니다. 날마다 변화하는 기상 시간으로 인해 사회적 시차가 발생하여 수면 문제를 야기할 수 있습니다. 당신이 고정된 기상 시간을 지킨다면, 점차적으로 거의 같은 시간에 졸림을 경험하고 궁극적으로 더 많은 수면을 취하고 필요한 만큼의 수면을 채울 수 있을 것입니다.

• 2단계: **침대에 누워 있는 시간을 설정하세요.** 이제 당신의 기상 시간을 정했으므로 다음 단계는 침대에서 얼마나 누워 있을지 계산해 봅시다. 수면 일지를 보면서 지난주의 평균 총 수면 시간(TST)을 계산합니다. 그다음에 침대에서 보낸 시간(TIB)을 'TIB=TST+30분' 공식을 사용하여 계산합니다. 총 수면 시간의 평균에 30분을 더하는 것은 잠드는 데까지 걸리는 시간과 밤중에 잠에서 깨는 시간을 허용해 줍니다.

- **3단계: 권장 취침 시간을 정하세요.** 앞에서 계산된 침대에 누워 있는 시간을 사용하여 기상 시간부터 거꾸로 계산합니다. 이것은 당신에게 권장하는 취침 시간이 될 것입니다. 그러나 권장 취침 시간은 당신이 침대에 들어갈 수 있는 **가장 이른 시간**이라는 것을 고려하는 것이 중요합니다. 졸리지 않으면 이 시간에 잠자리에 들지 않아도 됩니다. 대신, 이 시간에 각성 상태를 확인하고 **이 시간에 졸릴 경우에만 자러 가도록 합니다.** 만약 당신이 이 시간에 졸리지 않다면, 깨어 있어도 되며 졸릴 때까지 기다립니다. 졸릴 때에만 잠자리에 들어가는 것이 쉽게 잠들 가능성을 증가시킵니다. 수면은 펼쳐지는 과정이 있기 때문에 시간이 걸린다는 것을 기억하세요. 강요할 수 없습니다. 자연스럽게 수면을 전개하는 것에 대한 인내심이 부족하고 강제로 자려는 시도는 대개 효과적이지도 않고 생산적이지도 않습니다. 수면을 취하기 위해 애쓰지 않고 놓아주는 연습을 시도해 보세요.

- **수면 통합 타이밍에 대하여 자주 묻는 질문**

  - **저의 목표는 더 자는 겁니다! 더 적게 자는 것이 어떻게 도움이 되나요?**

    수면 통합 프로그램의 첫 번째 단계는 침대에서 깨어 있는 시간을 줄이는 것이며, 수면 시간을 늘리는 것이 아닙니다. 당신이 잠자리에서 깨어 있는 시간을 줄이고, 필요로 하는 수면 시간이 얼만큼인지 더 잘 이해하게 된다면 침대에 누워 있는 시간을 늘리고 더 많은 수면을 취할 수 있는 기회를 가지게 될 것입니다. 이 프로그램에서 우리가 잠을 더 많이 자야 한다는 목표를 놓아주는 노력을 한다는 것을 기억하세요!

  - **졸림과 피로의 차이는 무엇인가요?**

    많은 사람이 졸림 상태를 잘못 판단합니다. 종종 졸린 것과 피곤한 것을 구분하지 못하며, 마음과 몸의 휴식을 취하고 싶은 욕구와 혼동합니다. 매우 졸린 상태는 깨어 있기 위해 안간힘을 쓰는 상태와 같습니다. 그 상태에 가까워지면 당신은 졸린 것입니다. 반면에 피로는 일반적으로 에너지가 없는 상태이며, 에너지가 저조한 것에 대한 좌절이나 짜증과 같은 부정적인 반응을 포함합니다. 어떤 사람들은 이것을 완전히 깨어 있지는 않지만 잠을 잘 수도 없는 '안개'로 묘사합니다. 당신의 몸과 마음의 상태를 잘 인식하는 것은 졸림과 피로에 더 현명하게 대처하도록 도울 수 있습니다.

－예정된 취침 시간 전에 규칙적인 수면 관련 습관을 형성해야 할까요? 아니면 긴장을 풀어야 하나요?

당신이 계획했던 취침 시간에서 약 30~60분 전에 '버퍼존' 또는 조용한 시간을 가지는 것은 당신의 마음이 잠을 잘 준비를 하고 졸음을 감지할 수 있는 기회를 증가시킵니다. 이 시간에는 목적을 위한 수단으로 취해지는 활동들보다는 스스로 즐기는 활동을 하는 것이 좋습니다. 일반적으로 뜨개질, 만화책 읽기 또는 차분한 음악 듣기와 같은 마음을 진정시키는 활동이 도움이 될 수 있습니다. 반면, 자기 전에 너무 경직된 의식을 치루는 것은 때때로 수면을 위해 또는 잠들기를 시도하기 위해 사용되기 때문에 불안이나 긴장을 증가시킬 수 있습니다. 애쓰지 않기를 실천하는 것은 당신이 잠을 잘 수 있도록 흥분과 긴장을 푸는 데 도움이 될 것입니다.

－낮잠을 자도 되나요?

더 나은 수면으로의 전환 기간 동안에는 일반적으로 낮잠을 피하는 것이 좋습니다. 수면 통합 시간 외에 잠자는 경우, 특히 1시간 이상 자는 것은 수면 욕구를 약화시켜 수면 통합 과정을 방해할 수 있습니다. **그러나 당신이 매우 졸린 상태라면**(앞 참조), 아침 기상 시간부터 7~9시간 이후 낮잠(대략 20~30분)을 자는 것이 당신의 안전을 확보하는 방법입니다. 당신이 낮잠을 잔다면, 매일 비슷한 시간에 낮잠을 자는 것이 가장 좋습니다. 불규칙한 낮잠은 생체 시계의 신호를 약화시킬 수 있으며 긴 낮잠은 수면 욕구를 약화시킬 수 있습니다. 일관된 기상 시간을 유지하고 필요한 경우 잠시 낮잠을 자는 이러한 권장사항을 따르는 한, 당신의 수면은 방해받지 않을 것 입니다.

수면 통합 프로그램에 대해 치료자와 논의되었다면, 당신의 취침 시간과 기상 시간을 다음에 적어 다음 주 계획을 연상하는 데 활용하세요. 또한 잘 기억할 수 있게 수면 일지에도 기록해 두세요.

나의 수면 통합 프로그램

다음 주에는 _____보다 일찍 침대에 들어가지 않습니다. 그러나 내가 이 시간에 졸리지 않다면 졸린 상태를 알아차리기까지 기다릴 것입니다.

다음 주에 나는 밤에 얼마나 많은 수면을 취했는지에 관계없이 _____에 일어날 것입니다.

수면 타이밍의 조정 지침

초기의 수면 시간은 여러분의 수면을 통합하기 위해 설계되었습니다. 수면 통합의 가장 좋은 척도는 수면 효율성이며, 다음 수식을 사용하여 계산됩니다.

$$수면\ 효율성 = \frac{실제로\ 잔\ 시간}{침대에서\ 보낸\ 시간} \times 100$$

A. 평균 수면 효율성이 90% 이상인 경우: 낮 동안 최적의 기능을 위해 충분한 수면을 취하지 못했다고 생각되는 경우라면, 취침 시간을 15분 당기거나 기상 시간을 15분 늦추세요. 변경하기 전에 최소 7일 동안 새로운 일정을 유지해야 합니다.

B. 수면 효율성이 80% 미만인 경우: 취침 시간을 15분 늦추거나 기상 시간을 15분 정도 당기세요. 그러나 수면 시간을 5시간 미만으로 단축해서는 안 됩니다. 변경하기 전에 최소 7일 동안 새로운 일정을 유지해야 합니다.

C. 평균 수면 효율성이 80%에서 90% 사이인 경우: 현재 수면 시간을 유지하십시오. 평균 수면 효율성이 7일 연속으로 기준 A 또는 기준 B를 충족한다면 앞의 지침에 따라 수면 시간을 증가시키거나 감소시킬 수 있습니다.

• 예시

1. 지난 주 Joe는 평균 6시간의 총 수면 시간(야간)을 보고했다. 수면 통합 권장사항에 따르면, 그는 침대에서 평균 6.5시간을 보냈다. 따라서 6시간(TST)/6.5시간(TIB)×100=92.3%였다. 92.3%의 수면 효율성을 보고한 Joe에게 낮 동안 과도한 졸음에 주의를 기울였는지 물어본다. 만약 그렇다면, 다음 주 동안 수면 시간을 15분 더해 6.75시간으로 증가시킨다.

2. Jane은 힘든 한 주를 보냈고 평균 총 수면 시간이 지난 주 6.5시간에서 5.5시간이라고 보고했다. 그녀는 더 오래 자고 싶어 침대에서 평균 7시간을 보냈다. 공식에 따르면, 5.5시간/7시간×100=78.6%였다. 수면 효율성이 78.6%인 Jane은 다음 주 동안 수면 시간을 6.75시간으로 줄여야 한다.

3. 지난 주 Jim은 평균 5.75시간의 총 수면 시간을 보고했다. 좋은 밤도 있었고, 나쁜 밤도 있었다. 그의 수면 시간은 지난 주 동안 7시간이었고 수면 효율성은 82.1%였다. 앞의 권장사항에 따라 Jim은 다음 주 동안 같은 수면 시간을 유지해야 한다.

다음 지침은 특정 자극에 대한 조건화된 반응에 대한 행동 이론을 기반으로 만들어졌습니다. 당신이 잠을 못 자게 되면, 침대(그리고 침실)는 더 이상 수면을 유도하는 단서와 연합되어 있지 않습니다. 대신에 침대는 불안, 불확실성 및 각성의 장소가 되며 어느 것도 수면에 도움이 되지 않습니다. 이 지침의 기본 전제는 침대에 누워도 잠이 오지 않는다면, 침대에 앉아 수면 모드를 벗어나거나 침대 밖으로 나와 집의 다른 장소로 이동하는 것이 가장 좋다는 것입니다. 당신이 더 이상 잠을 자기 위해 노력하지 않는 동안, 졸음이 다시 느껴질 때까지 조용하고 편안한 활동을 하십시오. 마음챙김의 관점에서 볼 때, 당신이 졸린 것이 아니라는 것을 알아차렸다면 잠을 자기 위해 노력하는 것 대신에 완전히 깨어 있는 것이 좋습니다. 이는 불쾌한 시간이라고 생각하기보다 당신이 낮에 갖지 못했을 수도 있는 마음챙김을 연습할 수 있는 기회로 생각해 볼 수 있습니다.

가장 중요한 것은 잠들기 위해 노력하는 것을 멈추는 것입니다. 이는 졸림을 경험하지 않을 때 잠을 자려고 노력하는 상태에서 벗어나는 것이 가장 좋다는 것을 의미합니다. 수면을 취하려는 자세에서 벗어났다면, 당신이 어떤 활동을 하건 온전히 참여를 합니다.

- **1단계: 당신의 몸과 마음의 상태를 인식하세요.** 현재 순간을 알아차리는 것은 어떻게 대처할지 결정하는 것의 출발점이 됩니다. 당신이 아무리 뒤척여도 잠이 오지 않는다는 것을 인식했다면, 현재의 순간에 여러분의 마음 상태를 알아차리기 위해 잠시 멈추시기 바랍니다. 잠을 자려고 누웠을 때일 수도 있고, 한밤중일 수도 있습니다. 보통 침대에 깨어 있는 시간이 길어지면 뒤척이게 되고, 잠을 자지 못하는 것에 대해 좌절하거나 걱정하게 됩니다. 이 모든 것은 당신이 잠을 자려고 노력하고 있음을 보여 줍니다. 심지어 당신의 삶에서 일어난 일에 대하여 너무 좋아서 흥분한 상태일 수도 있습니다. 이러한 모든 반응은 잠드는 것을 어렵게 합니다. 또한 잠을 자기 위해 잠들기를 바라면서 침대에 누워 있을 때, 당신은 침대와 깨어 있는 상태와의 연합을 강화하고 있습니다.

마음과 몸의 상태를 인식하는 것은 그다음에 무엇을 할지 결정하는 데 도움을 줍니다.

- 2단계: 잠을 자려고 하는 수면 모드에서 벗어나세요. 잠이 곧 오지 않는다는 것을 알았다면, 이제 어떤 행동을 취해야 할지 선택할 수 있습니다. **한 가지 행동 조치는 이러한 깨어 있는 상태를 인정하고, 침대에서 나와 다른 방으로 가는 것입니다.** 잠을 잘 수 없을 때 침대에서 나오는 것은 쉽지 않습니다. 침대는 편안하고, 좀 쉬고 싶을 수도 있고, 자기 위해 지속적으로 노력한다면 잠들 수 있다고 기대할 수도 있습니다. 그러나 몸과 마음이 편안할 때 자연스럽게 잠들 수 있다는 것을 명심하세요. 그렇기 때문에 당신이 침대에서 벗어나 선택한 활동은 그 상태가 될 수 있게 도와주는 활동이어야 합니다. 대개 마음을 진정시키고 즐겁게 해 주는 활동들이 도움이 됩니다. 버퍼존(유인물 5 참조)에 권장되었던 많은 활동도 여기에서 할 수 있는 적절한 활동입니다. 또한 이 시간을 기회 삼아 마음챙김 활동(예: 걷기 명상) 또는 앉기 명상을 연습할 수 있습니다. 당신이 명상을 선택한 경우에도 낮 동안의 연습은 계속해야 한다는 것을 잊지 마시기 바랍니다.

  침대에서 나오기 너무 어렵거나 몸이 불편해서 밤중에 침대에서 나오지 못한다면, **침대에 앉을 수도 있습니다.** 이는 잠을 자려는 의도보다는 (앞에서 설명한 대로) 바로 앉아서 진정되는 활동에 참여하는 것을 의미합니다. 이때 앉기 명상, 호흡 명상 또는 바디 스캔을 연습할 수 있습니다. 다시 말하지만 이것은 주간 연습을 대신하는 것으로 사용해서는 안 됩니다. 또한 여러분이 독서하기로 했다면 밝은 빛보다는 희미한 빛을 사용하여 책을 읽는 것이 좋습니다.

- 3단계: 졸린 상태일 때만 침대로 혹은 잠을 자기 위한 자세로 돌아가세요. 어떤 활동을 선택하든, **당신이 졸린 것을 알게 되면 잠을 자기 위한 자세로 돌아가는 것이 좋습니다.** 당신의 몸과 마음이 평온하고, 이완되었으며, 졸린 상태에 있음을 인식하게 되면 잠들 가능성이 높습니다. 잠을 자고 싶어 할 때 마음 상태와 비교해서 잠들 가능성이 높을 때 느껴지는 감각의 차이에 주의를 집중해 보기 바랍니다.

• 자주 묻는 질문

–침대에서 나오거나 앉기 전에 얼마나 기다려야 하나요?

일반적으로 당신이 빨리 잠들기 쉽지 않다는 것을 알게 되면 침대에서 일어나 침실을 떠나기를 권장합니다. 대부분의 사람은 잠들기 위한 상태가 아니라는 것을 꽤 빨리 알아차립니다(15분 이내). 시간을 확인하는 것은 잠을 자지 못하게 되어 결국 좌절과 긴장을 증가시킬 수 있기 때문에 이러한 결정을 하는 데 있어서 시계를 사용하지 않는 것이 좋습니다. 대신에 수면을 방해하는 정신 상태에 대한 마음챙김 연습에서 배운 것들을 바탕으로 어떻게 행동할지 결정하십시오. 그저 침착하게 마음 상태를 관찰하고, 그 마음 상태를 바탕으로 결정을 하면 됩니다.

–얼마나 자주 이 지침을 따라야 합니까?

당신은 침대에 누웠는데 졸리지 않다는 것을 알아차릴 때마다 이 지침을 따라야 합니다. 이는 매일 밤 준수해야 하며, 매일 밤 한 번 이상(예: 잠들 때 및 한밤중)이 될 수 있습니다.

–침대에서 다른 활동을 계속 해도 되나요?

침대에 누워 있을 때 당신은 깨어 있을 때 하는 일들을 피하는 것이 좋습니다. TV 시청, 식사, 공부, 통화와 같은 활동은 침대에 누워 있는 동안 해서는 안 됩니다. 수면 이외의 활동을 위해 자주 침대를 사용한다면, 의도치 않게 침대에서 깨어 있는 훈련을 하고 있는 것과 같습니다. 당신이 침대에서 이러한 활동을 피한다면, 당신의 침대는 결국 잠을 자러 가기 쉽고, 잠들 수 있는 장소가 될 것입니다. 여기서 단 하나의 예외는 성행위입니다. 이것을 실천하는 것이 수면을 위한 강한 자극(또는 신호)이 되는 데 도움이 될 것입니다. 기숙사나 원룸과 같은 곳에 거주하는 상황이라면, 수면을 위해 사용하는 공간과 다른 활동을 하는 공간이 구분될 수 있도록 공간을 재배치하는 것이 좋습니다.

적절한 진정 활동을 논의한 후, 다음에 선택사항을 적어 주세요.

내가 잠에서 깨어났다는 것을 알게 되면
나는 _____을 선택하겠습니다.

설명: 일상적인 하루에 일어나는 활동들에 대해 생각해 보십시오. 어떤 종류의 활동을 하고 있습니까? 다음에 모든 활동을 기재하십시오.

오전 활동: _____

_____

_____

_____

_____

오후 활동: _____

_____

_____

_____

_____

저녁 활동: _____

_____

_____

_____

_____

당신의 활동 목록을 완성한 후에 각 활동 중 '채우기' 활동 옆에는 'N'을 쓰고, '고갈시키기' 활동 옆에는 'D'를 씁니다.

활동이 N 또는 D 둘 다 일 경우 가장 전형적인 것을 선택하여 적어 주십시오. 마지막으로 당신이 적은 N과 D의 활동을 집계합니다.

N 활동 총합: _____

D 활동 총합: _____

불면증과 관련된 모든 영역을 다루면서 이 프로그램의 여러 측면을 통해 도움이 됐던 부분들에 대해 기억하는 것이 중요합니다. 이 프로그램을 통해 논의된 비영구성(impermanence) 주제와 마찬가지로, 수면장애는 미래에 다시 재발할 수 있습니다. 그러므로 만약 불면증이 재발된다면 대처할 준비를 할 수 있도록 행동계획을 세우는 것은 도움이 됩니다. 불면증 영역을 다루기 위한 자신의 실행계획의 일환으로 이 프로그램을 진행하는 동안 배운 내용들을 기록하며, 다음 질문에 답하시길 바랍니다.

• 잠을 못 자고 있다고 인식한다면, 나는 다음과 같은 부분에 알아차림을 가져올 수 있다.

_____

_____

_____

_____

_____

_____

• 불면증 영역을 다루기 위해, 나는 다음과 같이 반응할 수 있다.

_____

_____

_____

_____

_____

_____

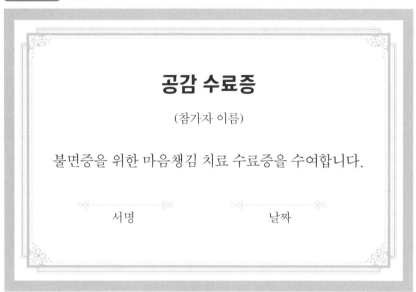

공감 수료증

(참가자 이름)

불면증을 위한 마음챙김 치료 수료증을 수여합니다.

서명   날짜

참고문헌

Adam, K., Tomeny, M., & Oswald, I. (1986). Physiological and psychological differences between good and poor sleepers. *Journal of Psychiatric Research, 20*, 301–316. http://dx.doi.org/10.1016/0022-3956(86)90033-6

American Academy of Sleep Medicine. (2005). *The international classification of sleep disorders* (2nd ed.). Rochester, MN: Author.

American Academy of Sleep Medicine. (2014). *International classification of sleep disorders* (3rd ed.). Darien, IL: Author.

American Psychiatric Association. (2000). *Diagnostic and statistical manual of mental disorders* (4th ed., text rev.). Washington, DC: Author.

American Psychiatric Association. (2013). *Diagnostic and statistical manual of mental disorders* (5th ed.). Arlington, VA: Author.

American Psychological Association. (2010). *Ethical principles of psychologists and code of conduct (2002, Amended June 1, 2010).* Retrieved from http://www.apa.org/ethics/code/index.aspx

Andersen, S. R., Würtzen, H., Steding-Jessen, M., Christensen, J., Andersen, N. C., Flyger, H., ····· Dalton, S. O. (2013). Effect of mindfulness-based stress reduction on sleep quality: Results of a randomized trial among Danish breast cancer patients. *Acta Oncologica, 52,* 336-344. http://dx.doi.org/10.3109/0284186X.2012.745948

Baer, R. A., Smith. G. T., & Allen, K. B. (2004). Assessment of mindfulness by sell-report: The Kentucky Inventory of Mindfulness Skills. *Assessment, 11,* 191-206.

Baer, R. A., Smith, G. T., Hopkins, I., Krietemeyer, J., & Toney, L. (2006). Using self-report assessment methods to explore facets of mindfulness. *Assessment, 13*(1), 27-45.

Barks, C. (1995). *The essential Rumi.* New York, NY: HarperCollins.

Barlow, D. H. (2004). *Anxiety and its disorders: The nature and treatment of anxiety and panic.* New York, NY: Guilford Press.

Bastien, C. H., Vallières, A., & Morin, C. M. (2001). Validation or the Insomnia Severity Index as an outcome measure for insomnia research. *Sleep Medicine, 2,* 297-307. http://dx.doi.org/10.1016/S1389-9457(00)00065-4

Beck, A. T., Rush, A. I., Shaw, B. P., & Emery, G. (1979). *Cognitive therapy of depression.* New York, NY: Guilford Press.

Beck, A. T., Steer, R. A., & Carbin, M. G. (1988). Psychometric properties of the Beck Depression Inventory: Twenty-five years of evaluation. *Clinical Psychology Review, 8,* 77-100.

Bertisch, S. M., Wells, R. E., Smith, M. T., & McCarthy, E. P. (2012). Use of relaxation techniques and complementary and alternative medicine by American adults with insomnia symptoms: Results from a national survey. *Journal of Clinical Sleep Medicine, 8,* 681-691.

Black, D. S. (2014). Mindfulness-based interventions: An antidote to suffering in the context of substance use, misuse, and addiction. *Substance Use & Misuse, 49,* 487–491. http://dx.doi.org/10.3109/1082 6084.2014.860749

Black, D. S., & Fernando, R. (2014). Mindfulness training and classroom behavior among lower income and ethnic minority elementary school children. *Journal of Child and Family Studies, 23,* 1242–1246. http://dx.doi.org/10.1007/s10826-013-9784-4

Black, D. S., O'Reilly, G. A., Olmstead, R., Breen, E. C., & Irwin, M. R. (2015). Mindfulness meditation and improvement in sleep quality and daytime impairment among older adults with sleep disturbances: A randomized clinical trial. *JAMA Internal Medicine, 175,* 494–501. http://dx.doi.org/10.1001/jamainternmed.2014.8081

Bonnet, M. H., & Arand. D. L. (1995). 24-hour metabolic rate in insomniacs and matched normal sleepers. *Sleep, 18,* 581–588.

Bonnet, M. H., & Arand, D. L. (1998). Heart rate variability in insomniacs and matched normal sleepers. *Psychosomatic Medicine, 60,* 610–615. http://dx.doi.org/10.1097/00006842-199809000-00017

Bonnet, M. H., & Arand, D. L. (2010). Hyperarousal and insomnia: State of the science. *Sleep Medicine Reviews, 14,* 9–15. http://dx.doi.org/ 10.1016/j.smrv.2009.05.002

Bootzin, R. R. (1972, August). *Stimulus control treatment for insomnia.* Paper presented at the 80th Annual Convention of the American Psychological Association, Honolulu, HI.

Bootzin, R. R., Epstein, D., & Wood, I. M. (1991). Stimulus control instructions. In P. J. Hauri (Ed.), *Case studies in insomnia* (pp. 19–28). New York, NY: Plenum Press. http://dx.doi.org/10.1007/978-1-4757-9586-8_2

Bootzin, R. R., & Stevens, S. J. (2005). Adolescents, substance abuse, and the treatment of insomnia and daytime sleepiness. *Clinical Psychology Review, 25*, 629–644. http://dx.doi.org/10.1016/j.cpr.2005.04.007

Borbély, A. A. (1982). A two process model of sleep regulation. *Human Neurobiology, 1*, 195–204.

Borbély, A. A., & Achermann, P. (1999). Sleep homeostasis and models of sleep regulation. *Journal of Biological Rhythms, 14*, 557–568.

Bowen, S., Witkiewitz, K., Dillworth, T. M., Chawla, N., Simpson, T. L., Ostafin, B. D., ⋯⋯ Marlatt, G. A. (2006). Mindfulness meditation and substance use in an incarcerated population. *Psychology of Addictive Behaviors, 20*, 343–347.

Breslau, N., Roth. T., Rosenthal, L., & Andreski, P. (1996). Sleep disturbance and psychiatric disorders: A longitudinal epidemiological study of young adults. *Biological Psychiatry, 39*, 411–418. http://dx.doi.org/10.1016/0006-3223(95)00188-3

Britton, W. B., Haynes, P. L., Pridel, K. W., & Bootzin, R. R. (2010). Polysomnographic and subjective profiles of sleep continuity before and after mindfulness-based cognitive therapy in partially remitted depression. *Psychosomatic Medicine, 72*, 539–548. http://dx.doi.org/10.1097/PSY.0b013e3181dc1bad

Britton, W. B., Haynes, P. L., Fridel, K. W., & Bootzin, R. R. (2012). Mindfulness-based cognitive therapy improves polysomnographic and subjective sleep profiles in antidepressant users with sleep complaints. *Psychotherapy and Psychosomatics, 81,* 296-304. http://dx.doi.org/10.1159/000332755

Broomfield, N. M., & Espie, C. A. (2005). Towards a valid, reliable measure of sleep effort. *Journal of Sleep Research, 14,* 401-407.

Buck. C. J. (2015). *2016 ICD-10-CM standard edition.* Philadelphia, PA: Elsevier.

Buysse, D. J., Ancoli-Israel, S., Edinger J. D., Lichstein, K. L., & Morin, C. M. (2006). Recommendations for a standard research assessment of insomnia. *Sleep, 29,* 1155-1173.

Buysse, D. J., Germain, A., Moul, D. E., Franzen, P. L., Brar, L. K., Fletcher, M. E., ······ Monk, T. H. (2011). Efficacy of brief behavioral treatment for chronic insomnia in older adults. *Archives of Internal Medicine, 171,* 887-895. http://dx.doi.org/10.1001/archinternmed.2010.535

Buysse, D. J., Reynolds, C. F., III, Kupfer, D. J., Thorpy, M. J., Bixler, E., Manfredi, R., ······ (1994). Clinical diagnoses in 216 insomnia patients using the International Classification of Sleep Disorders (ICSD), DSM-IV and ICD-10 categories: A report from the APA/NIMH DSM-IV Field Trial. *Sleep, 17,* 630-637.

Buysse, D. J., Reynolds, C. F., III, Monk, T. H., Berman, S. R., & Kupfer, D. J. (1989). The Pittsburgh sleep quality index: A new instrument for psychiatric practice and research. *Psychiatric Research, 28,* 193-213.

Carlson, L. E., Doll. R., Stephen, J., Faris, P., Tamagawa, R., Drysdale, E., & Speca, M. (2013). Randomized controlled trial of mindfulness-based cancer recovery versus supportive expressive group therapy for distressed survivors of breast cancer. *Journal of Clinical Oncology, 31,* 3119–3126. http://dx.doi.org/10.1200/JCO.2012.47.5210

Carlson, L. E., & Garland, S. N. (2005). Impact of mindfulness–based stress reduction (MBSR) on sleep, mood, stress and fatigue symptoms in cancer outpatients. *International Journal of Behavioral Medicine, 12,* 278–285. http://dx.doi.org/10.1207/s15327558ijbm1204_9

Carlson, L. E., & Speca, M. (2010). *Mindfulness–based cancer recovery.* Oakland, CA: New Harbinger.

Carlson, L. E., Speca, M. Patel, K. D., & Goodey, E. (2003). Mindfulness–based stress reduction in relation to quality of life, mood, symptoms of stress, and immune parameters in breast and prostate cancer out–patients. *PsychosomaticMedicine, 65,* 571–581. http://dx.doi.org/10.1097/01.PSY.0000074003.35911.41

Carmody, J. F., Crawford, S., Salmoirago–Blotcher, E., Leung, K., Churchill, L., & Olendzki, N. (2011). Mindfulness training for coping with hot flashes: Results of a randomized trial. *Menopause, 18,* 611–620. http://dx.doi.org/10.1097/gme.0b013e318204a05c

Carney, C. E., Buysse, D. J., Ancoli–Israel, S., Edinger, J. D., Krystal, A. D., Lichstein, K. L., & Morin, C. M. (2012). The consensus sleep diary: Standardizing prospective sleep self–monitoring. *Sleep, 35,* 287–302. http://dx.doi.org/10.5665/sleep.1642

Carney, C. E., & Edinger, J. D. (2006). Identifying critical beliefs about sleep in primary insomnia. *Sleep, 29,* 342–350.

Carskadon. M. A., Dement, W. C., Mitler, M. M., Roth, T., Westbrook, P.

R. & Keenan, S. (1986). Guidelines for the Multiple Sleep Latency Test (MSLT): A standard measure or sleepiness. *Sleep, 9,* 519–524.

Collins, B. (2001). *Sailing alone around the room: New and selected poems.* New York, NY: Random House.

Consortium of Academic Health Centers for Integrative Medicine. (2015). *Definition of integrative medicine and health.* Retrieved from https://www.imconsortium.org/about/about-us.cfm

Constantino, M. J., Manber, R., Ong, J., Kuo, T. F., Huang, J. S., & Arnow, B. A. (2007). Patient expectations and therapeutic alliance as predictors of outcome in group cognitive-behavioral therapy for insomnia. *Behavioral Sleep Medicine, 5,* 210–228. http://dx.doi.org/10.1080/15402000701263932

Cullen, M. (2011). Mindfulness-based interventions: An emerging phenomenon. *Mindfulness, 2,* 186–193. http://dx.doi.org/10.1007/s12671-011-0058-1

Daley, M., Morin, C. M., LeBlanc, M., Grégoire, J. P., & Savard, J. (2009). The economic burden of insomnia: Direct and indirect costs for individuals with insomnia syndrome, insomnia symptoms, and good sleepers. *Sleep, 32,* 55–64.

Dalrymple, K. L., Fiorentino, L., Politi, M. C., & Posner, D. (2010). Incorporating principles from acceptance and commitment therapy into cognitive-behavioral therapy for insomnia: A case example. *Journal of Contemporary Psychotherapy, 40,* 209–217. http://dx.doi.org/10.1007/s10879-010-9145-1

Devilly, G. J., & Borkovec, T. D. (2000). Psychometric properties of the credibility/expectancy questionnaire. *Journal of Behavior Therapy and Experimental Psychiatry, 31,* 73–86. http://dx.doi.org/10.1016/S0005-7916(00)00012-4

Edinger. J. D. Means. M. K.. Carney, C. E., & Krystal, A. D. (2008). Psychomotor performance deficits and their relation to prior nights' sleep among individuals with primary insomnia. *Sleep, 31,* 599–607.

Edinger, J. D., Wohlgemuth, W. K., Radtke, R. A., Marsh, G. R., & Quillian, R. E. (2001). Cognitive–behavioral therapy for treatment of chronic primary insomnia: A randomized controlled trial. *JAMA, 285,* 1856–1864. http://dx.doi.org/10.1001/jama.285.14.1856

Edinger, J. D., Wyatt, J. K., Stepanski, E. J., Olsen, M. K., Stechuchak, K. M., Carney, C. E., ······ Krystal, A. D. (2011). Testing the reliability and validity of DSM–IV–TR and ICSD–2 insomnia diagnoses. Results of a multitrait–multimethod analysis. *Archives of General Psychiatry, 68,* 992–1002. http://dx.doi.org/10.1001/archgenpsychiatry.2011.64

Epstein, D. R., Sidani, S., Bootzin, R. R., & Belyea, M. J. (2012). Dismantling multicomponent behavioral treatment for insomnia in older adults: A randomized controlled trial. *Sleep, 35,* 797–805. http://dx.doi.org/10.5665/sleep.1878

Espie, C. A. (2002). Insomnia: Conceptual issues in the development, persistence, and treatment of sleep disorder in adults. *Annual Review of Psychology, 53,* 215–243. http://dx.doi.org/10.1146/annurev.psych.53.100901.135243

Espie, C. A., Inglis, S. J., Tessier, S., & Harvey, L. (2001). The clinical effectiveness of cognitive behaviour therapy for chronic insomnia:

Implementation and evaluation of a sleep clinic in general medical practice. *Behaviour Research and Therapy, 39,* 45-60. http.//dx.doi. org/10.1016/S0005-7967(99)00157-6

Espie, C. A., Kyle, S. D., Williams, C., Ong, J. C., Douglas, N. J., Hames, P., & Brown, J. S. (2012). A randomized, placebo-controlled trial of online cognitive behavioral therapy for chronic insomnia disorder delivered via an automated media-rich web application. *Sleep, 35,* 769-781. http://dx.doi.org/10.5665/sleep.1872

Fernandez-Mendoza, J., Calhoun, S., Bixler, E. O., Pejovic, S., Karataraki, M., Liao, D., ⋯⋯ Vgontzas, A. N. (2010). Insomnia with objective short-sleep duration is associated with deficits in neuropsychological performance: A general population study. *Sleep, 33,* 459-465.

Fichten, C. S., Creti, L., Amsel, R., Bailes, S., & Libman, E. (2005). Time estimation in good and poor sleepers. *Journal of Behavioral Medicine, 28,* 537-553. http://dx.doi.org/10.1007/s10865-005-9021-8

Foley, D., Ancoli-Israel, S., Britz, P., & Walsh, J. (2004). Sleep disturbances and chronic disease in older adults: Results of the 2003 National Sleep Foundation Sleep in America Survey. *Journal of Psychosomatic Research, 56,* 497-502. http://dx.doi.org/10.1016/j. jpsychores.2004.02.010

Ford, D. E., & Kamerow, D. B. (1969). Epidemiologic study of sleep disturbances and psychiatric disorders. An opportunity for prevention? *JAMA, 262,* 1479-1484. http://dx.doi.org/10.1001/jama.1989.0343011 0069030

Friedman, L., Brooks, J. O., III, Bliwise, D. L., Yesavage, J. A., & Wicks,

D. S. (1995). Perceptions of life stress and chronic insomnia in older adults. *Psychology and Aging, 10,* 352–357. http://dx.doi.org/10.1037/0882–7974.10.3.352

Garland, E., Gaylord, S., & Park, J. (2009). The role of mindfulness in positive reappraisal. *EXPLORE: The Journal of Science and Healing, 5,* 37–44. http://dx.doi.org/10.1016/j.explore.2008.10.001

Garland, S. N., Carlson, L. E., Stephens, A. J., Antle, M. C., Samuels, C., & Campbell, T. S. (2014). Mindfulness–based stress reduction compared with cognitive behavioral therapy for the treatment of insomnia comorbid with cancer: A randomized, partially blinded, noninferiority trial. *Journal of Clinical Oncology, 32,* 449–457. http://dx.doi.org/10.1200/JCO.2012.47.7265

Gonzalez–Garcia, M., Ferrer, M. J., Borras, X., Muñoz–Moreno, J. A., Miranda, C., Puig, J., ⋯⋯ Fumaz, C. R. (2013). Effectiveness of mindfulness–based cognitive therapy on the quality of life, emotional status, and CD4 cell count of patients aging with HIV infection. *AIDS and Behavior, 18,* 676–685. http://dx.doi.org/10.1007/s10461–013–0612–z

Goyal, M., Singh, S., Sibinga, E. M. S., Gould, N. F., Rowland–Seymour, A., Sharma, R., ⋯⋯ Haythornthwaite, J. A. (2014). Meditation programs for psychological stress and well–being: A systematic review and meta–analysis. *JAMA Internal Medicine, 174,* 357–368. http://dx.doi.org/10.1001/jamainternmed.2013.13018

Gross, C. R., Kreitzer, M. J., Reilly–Spong, M., Wall, M., Winbush, N. Y., Patterson, R., ⋯⋯ Cramer–Bornemann, M. (2011). Mindfulness–

based stress reduction versus pharmacotherapy for chronic primary insomnia: A randomized controlled clinical trial. *EXPLORE: The Journal of Science and Healing, 7,* 76–87. http://dx.doi.org/10.1016/j. explore.2010.12.003

Gross, C. R., Kreitzer, M. J., Russas, V., Treesak, C., Frazier, P. A., & Hertz, M. I. (2004). Mindfulness meditation to reduce symptoms after organ transplant: A pilot study. *Advances in Mind–Body Medicine, 20,* 20–29.

Gross, C. R., Kreitzer, M. J., Thomas, W., Reilly–Spong, M., Cramer–Bornemann, M., Nyman, J. A., ⋯⋯ Ibrahim, H. N. (2010). Mindfulness–based stress reduction for solid organ transplant recipients: A randomized controlled trial. *Alternative Therapies in Health and Medicine, 16*(5), 30–38.

Hantsoo, L., Khou, C. S., White, C. N., & Ong, J. C. (2013). Gender and cognitive–emotional factors as predictors of pre–sleep arousal and trait hyperarousal in insomnia. *Journal of Psychosomatic Research, 74,* 283–289. http://dx.doi.org/10.1016/j.jpsychores.2013.01.014

Harvey, A. G. (2002). A cognitive model of insomnia. *Behaviour Research and Therapy, 40,* 869–893. http://dx.doi.org/10.1016/S0005–7967(01)00061–4

Hauri, P. (1977). *Current concepts: The sleep disorders.* Kalamazoo, MI: Upjohn.

Hauri, P. (1981). Treating psychophysiologic insomnia with biofeedback. *Archives of General Psychiatry, 38,* 752–758. http://dx.doi.org/ 10.1001/archpsyc.1981.01780320032002

Hayes, S. C. (2004). Acceptance and commitment therapy and the new behaviour therapies: Mindfulness, acceptance, and relationship. In S. C. Hayes, V. M. Follette, & M. M. Linehan (Eds.), *Mindfulness and acceptance: Expanding the cognitive-behavioral tradition* (pp. 1-29). New York, NY: Guilford Press.

Heidenreich, T., Tuin, I. Pflug, B., Michal, M., & Michalak, J. (2006). Mindfulness-based cognitive therapy for persistent insomnia: A pilot study. *Psychotherapy and Psychosomatics, 75,* 188-189. http://dx.doi.org/10.1159/000091778

Herring, W. J., Snyder, E., Budd, K., Hutzelmann, J. Snavely, D., Liu, K., ⋯⋯ Michelson, D. (2012). Orexin receptor antagonism for treatment of insomnia: A randomized clinical trial of suvorexant. *Neurology, 79,* 2265-2274. http://dx.doi.org/10.1212/WNL.0b013e31827688ee

Hertenstein, E., Thiel, N., Lüking, M., Külz, A. K., Schramm, E., Baglioni, C., ⋯⋯ Nissen, C. (2014). Quality of life improvements after acceptance and commitment therapy in nonresponders to cognitive behavioral therapy for primary insomnia. *Psychotherapy and Psychosomatics, 83,* 371-373.

Hofmann, S. G., Sawyer, A. T., & Fang, A. (2010). The empirical status of the "new wave" of cognitive behavioral therapy. *The Psychiatric Clinics of North America, 33,* 701-710. http://dx.doi.org/10.1016/j.psc.2010.04.006

Hofmann, S. G. Sawyer, A. T., Witt, A. A., & Oh, D. (2010). The effect of mindfulness-based therapy on anxiety and depression: A meta-analytic review. *Journal of Consulting and Clinical Psychology, 78,*

169-183. http://dx.doi.org/10.1037/a0018555

Hoge, E. A., Bui, E., Marques, L., Metcalf, C. A., Morris, L. K., Robinaugh, D. J., ⋯⋯ Simon, N. M. (2013). Randomized controlled trial of mindfulness meditation for generalized anxiety disorder: Effects on anxiety and stress reactivity. *The Journal of Clinical Psychiatry, 74,* 786-792. http://dx.doi.org/10.4088/JCP.12m08083

Holbrook, A. M., Crowther, R., Lotter, A., Cheng, C., & King, D. (2000). Meta-analysis o1 benzodiazepine use in the treatment of insomnia. *Canadian Medical Association Journal, 162,* 225-233.

Hölzel, B. K., Lazar S. W., Gard, T., Schuman-Olivier, Z., Vago, D. R, & Ott, U. (2011). How does mindfulness meditation work? Proposing mechanisms of action from a conceptual and neural perspective. *Perspectives on Psychological Science, 6,* 537-559. http://dx.doi.org/10.1177/1745691611419671

Huang, W., Kutner, N., & Bliwise, D. L. (2009). A systematic review of the effects of acupuncture in treating insomnia. *Sleep Medicine Reviews, 13,* 73-104. http://dx.doi.org/10.1016/j.smrv.2008.04.002

Hubbling. A., Reilly-Spong, M., Kreitzer, M. J., & Gross, C. R. (2014). How mindfulness changed my sleep: Focus groups with Chronic insomnia patients. *BMC Complementary and Alternative Medicine, 14,* 50. http://dx.doi.org/10.1186/1472-6882-14-50

Hughes, J. W., Fresco, D. M., Myerscough, R., van Dulmen, M. H., Carlson, L. E., & Josephson, R. (2013). Randomized controlled trial of mindfulness-based stress reduction for prehypertension. *Psychosomatic Medicine, 75,* 721-728. http://dx.doi.org/10.1097/PSY.

0b013e3182a3e4e5

Irwin, M. R. (2015). Why sleep is important for health: A psychoneuro-
immunology perspective. *Annual Review of Psychology, 66,* 143–172.
http://dx.doi.org/10.1146/annurev-psych-010213-115205

Irwin, M. R., Cole, J. C., & Nicassio, P. M. (2006). Comparative meta-
analysis of behavioral interventions for insomnia and their efficacy
in middle-aged adults and in older adults 55+ years of age. *Health
Psychology, 25,* 3–14.

Irwin, M. R., Olmstead, R., Carrillo, C., Sadeghi, N., Breen, E. C.,
Witarama, T., ⋯⋯ Nicassio, P. (2014). Cognitive behavioral therapy
vs. Tai Chi for late life insomnia and inflammatory risk: A randomized
controlled comparative efficacy trial. *Sleep, 37,* 1543–1552.

Irwin, M. R., Olmstead, R., & Motivala, S. J. (2008). Improving sleep
quality in older adults with moderate sleep complaints: A randomized
controlled trial of Tai Chi Chih. *Sleep, 3,* 1001–1008.

Jacobs, G. D., Pace-Schott, E. F., Stickgold, R., & Otto, M. W. (2004).
Cognitive-behavior therapy and pharmacotherapy for insomnia: A
randomized controlled trial and direct comparison. *Archives of Internal
Medicine, 164,* 1888-1896. http://dx.doi.org/10.1001/archinte.164.
17.1888

Jacobson, E. (1938). *You can sleep well.* New York, NY: McGraw-Hill.

Jansson-Fröjmark, M., & Linton, S. J. (2008). The course of insomnia over
one year: A longitudinal study in the general population in Sweden.
Sleep, 31, 881–886.

Johnson, E. O., Roth, T., & Breslau, N. (2006). The association of insomnia with anxiety disorders and depression: Exploration of the direction of risk. *Journal of Psychiatric Research, 40*, 700–708. http://dx.doi.org/10.1016/j.jpsychires.2006.07.008

Kabat-Zinn, J. (1990). *Full catastrophe living: Using the wisdom of your body and mind to free stress, pain, and illness.* New York, NY: Delacorte Press.

Kabat-Zinn, J., Lipworth, L., Burney, R., & Sellers, W. (1987). Four-year follow-up of a meditation-based program for the self-regulation of chronic pain: Treatment outcomes and compliance. *The Clinical Journal of Pain, 2*, 159–173. http://dx.doi.org/10.1097/00002508-198602030-00004

Kabat-Zinn, J., Wheeler, E., Light, T., Skillings, A., Scharf, M. J., Cropley, T. G., Hosmer, D., & Bernhard, J. D. (1998). Influence of a mindfulness meditation-based stress reduction intervention on rates of skin clearing in patients with moderate to severe psoriasis undergoing photo therapy (UVB) and photochemotherapy (PUVA). *Psychosomatic Medicine, 60*, 625–632. http://dx.doi.org/10.1097/00006842-1998 09000-00020

Kessler, R. C., Berglund, P. A., Coulouvrat, C., Fitzgerald. T., Hajak, G. Roth, T., ⋯⋯ Walsh, J. K. (2012). Insomnia, comorbidity, and risk of injury among insured Americans: Results from the America Insomnia Survey. *Sleep, 35*, 825–834. http://dx.doi.org/10.5665/sleep.1884

Khalsa, S. B. S. (2004), Treatment of chronic insomnia with yoga: A preliminary study with sleep-wake diaries. *Applied Psychophysiology and Biofeedback, 29*, 269–278. http://dx.doi.org/10.1007/s10484-

004-0387-0

Khoury, B., Lecomte, T., Fortin. G., Masse, M., Therien, P., Bouchard, V., ·····Hofmann, S. G. (2013). Mindfulness-based therapy: A comprehensive meta-analysis. *Clinical Psychology Review, 33*, 763–771. http://dx.doi.org/10.1016/j.cpr.2013.05.005

Klatt, M. D., Buckworth, J., & Malarkey, W. B. (2009). Effects of low-dose mindfulness-based stress reduction (MBSR-ld) on working adults. *Health Education & Behavior, 36*, 601–614. http://dx.doi.org/10.1177/1090198108317627

Koszycki, D., Benger, M., Shlik, J., & Bradwejn, J. (2007). Randomized trial of a meditation-based stress reduction program and cognitive behavior therapy in generalized social anxiety disorder. *Behaviour Research and Therapy, 45*, 2518–2526. http://dx.doi.org/10.1016/j.brat.2007.04.011

Kreitzer, M. J., Gross, C. R., Ye, X., Russas, V., & Treesak, C. (2005). Longitudinal impact of mindfulness meditation on illness burden in solid-organ transplant recipients. *Progress in Transplantation, 15*, 166–172. http://dx.doi.org/10.7182/prtr.15.2.6wx56r4u323851r7

Kristeller, J. L., & Hallett, C. B. (1999). An exploratory study of a meditation-based intervention for binge eating disorder. *Journal of Health Psychology, 4*, 357–363. http://dx.doi.org/10.1177/135910539900400305

Krystal, A. D., Walsh, J. K., Laska, E., Caron, J., Amato, D. A., Wessel, T. C., & Roth, T. (2003). Sustained efficacy of eszopiclone over 6 months of nightly treatment: Results of a randomized, double-blind, placebo-controlled study in adults with chronic insomnia. *Sleep, 26,* 793–799.

Kuisk, L. A., Bertelson, A. D., & Walsh, J. K. (1989). Presleep cognitive hyperarousal and affect as factors in objective and subjective insomnia. *Perceptual and Motor Skills, 69,* 1219–1225. http://dx.doi. org/10.2466/pms.1989.69.3f.1219

Kyle, S. D., Morgan, K., Spiegelhalder, K., & Espie, C. A. (2011). No pain, no gain: An exploratory within–subjects mixed–methods evaluation of the patient experience of sleep restriction therapy (SRT) for insomnia. *Sleep Medicine, 12,* 735–747. http://dx.doi.org/10.1016/j.sleep.2011. 03.016

Lazarus, R. S., & Folkman, S. (1984). *Stress, appraisal, and coping.* New York, NY: Springer.

LeBlanc, M., Mérette, C., Savard, J., Ivers, H., Baillargeon, L., & Morin, C. M. (2009). Incidence and risk factors of insomnia in a population based sample. *Sleep, 32,* 1027–1037.

Lengacher, C. A., Reich, R. R., Post–White, J., Moscoso, M., Shelton, M. M., Barta, M., ⋯⋯ Budhrani, P. (2012). Mindfulness based stress reduction in post–treatment breast cancer patients: An examination of symptoms and symptom clusters. *Journal of Behavioral Medicine, 35,* 86–94. http://dx.doi.org/10.1007/s10865-011-9346-4

Lichstein, K. L., Durrence, H. H., Taylor, D. J., Bush, A. J., & Riedel, B. W. (2003). Quantitative criteria for insomnia. *Behaviour Research and Therapy, 41,* 427–445. http://dx.doi.org/10.1016/S0005-7967(02) 00023-2

Lineberger, M. D., Carney, C. E., Edinger, J. D., & Means, M. K. (2006).

Defining insomnia: Quantitative criteria for insomnia severity and frequency. *Sleep, 29,* 479–485.

Lipsky, M. S., & Sharp, L. K. (2001). From idea to market: The drug approval process. *The Journal of the American Board of Family Practice, 14,* 362–367.

Lundh, L. G., & Broman, J. E. (2000). Insomnia as an interaction between sleep–interfering and sleep–interpreting processes. *Journal of Psychosomatic Research, 49,* 299–310. http://dx.doi.org/10.1016/S0022-3999(00)00150-1

Marconi, M., Ferri, R., Sagrada, C., Punjabi, N. M., Tettamanzi, E., Zucconi, M., ⋯⋯ Ferini–Strambi, L. (2010). Measuring the error in sleep estimation in normal subjects and in patents with insomnia. *Journal of Sleep Research, 19,* 478–486. http://dx.doi.org/10.1111/j.1365-2869.2009.00801.x

Marques, D. R., Gomes, A. A., Clemente, V., dos Santos, J. M., & Castelo–Branco, M. (2015). Default–mode network activity and its role in comprehension and management of psychophysiological insomnia: A new perspective. *New Ideas in Psychology, 36,* 30–37. http://dx.doi.org/10.1016/j.newideapsych.2014.08.001

McCullough, J. P. (2003). *Treatment for chronic depression: Cognitive behavioral analysis system of psychotherapy (CBASP).* New York, NY: Guilford Press.

Merica, H., Blois, R., & Gaillard, J. M. (1998). Spectral characteristics of sleep EEG in chronic insomnia. *The European Journal of Neuroscience, 10,* 1826–1834. http://dx.doi.org/10.1046/j.1460-9568.

1998.00189.x

Morgenthaler, T., Kramer, M., Alessi, C., Friedman, L., Boehlecke, B., Brown, T., ‥‥‥ American Academy of Sleep Medicine. (2006). Practice parameters for the psychological and behavioral treatment of insomnia: An update. *Sleep, 29*, 1415-1419.

Morin, C. M. (1993). *Insomnia: Psychological assessment and management.* New York, NY: Guilford Press.

Morin, C. M., Bastien, C., & Savard, J. (2003). Current status of cognitive-behavior therapy for insomnia: Evidence for treatment effectiveness out feasibility. In M. L. Perlis & K. L. Lichstein (Eds.), *Treating sleep disorders: Principles and practice of behavioral sleep medicine* (pp. 262-285). Hoboken, NJ: Wiley.

Morin, C. M., Bélanger, L., LeBlanc, M., Ivers, H., Savard, J., Espie, C. A., ‥‥‥Grégoire, J. P. (2009). The natural history of insomnia: A population-based 3-year longitudinal study. *Archives of Internal Medicine. 169*, 447-453. http://dx.doi.org/10.1001/archinternmed. 2008.610

Morin, C. M., Colecchi, C., Stone, J., Sood, R., & Brink, D. (1999). Behavioral and pharmacological therapies for late-life insomnia: A randomized controlled trial. *JAMA, 281*, 991-999. http://dx.doi.org/ 10.1001/jama.281.11.991

Morin, C. M., Rodrigue, S., & Ivers, H. (2003). Role of stress, arousal, and coping skills in primary insomnia. *Psychosomatic Medicine, 65*, 259-267. http://dx.doi.org/10.1097/01.PSY.0000030391.09558.A3

Morin, C. M., Stone, J., Trinkle, D., Mercer J., & Remsberg, S. (1993).

Dysfunctional beliefs and attitudes about sleep among older adults with
and without insomnia complaints. *Psychology and Aging, 8,* 463-467.
http://dx.doi.org/10.1037/0882-7974.8.3.463

National Sleep Foundation. (2002). *Sleep in America poll.* Retrieved
from http://sleepfoundation.org/sleep-polls-data/sleep-in-america-
poll/2002-adult-sleep-habits

Nicassio, P. M., Mendlowitz, D. R., Fussell, J. J., & Petras, L. (1985). The
phenomenology of the pre-sleep state: The development of the pre-
sleep arousal scale. *Behaviour Research and Therapy, 23,* 263-271.
http://dx.doi.org/10.1016/0005-7967(85)90004-X

Nishino, S., Ripley, B., Overeem, S., Lammers, G. J., & Mignot, E. (2000).
Hypocretin (orexin) deficiency in human narcolepsy. *The Lancet, 355,*
39-40. http://dx.doi.org/10.1016/S0140-6736(99)05582-8

Nofzinger, E. A., Buysse, D. J., Germain, A., Price, J. C., Miewald, J.
M., & Kupfer, D. J. (2004). Functional neuroimaging evidence tor
hyperarousal in insomnia. *The American Journal of Psychiatry, 167,*
2126-2128. http://dx.doi.org/10.1176/appi.ajp.161.11.2126

Ohayon. M. M. (2002). Epidemiology of insomnia: What we know and
what we still need to learn. *Sleep Medicine Reviews, 6,* 97-111. http://
dx.doi.org/10.1053/smrv.2002.0186

Ohayon, M. M., & Roth, T. (2003). Place of chronic insomnia in the course
of depressive and anxiety disorders. *Journal of Psychiatric Research,
37,* 9-15. http://dx.doi.org/10.1016/S0022-3956(02)00052-3

Ohayon, M. M., Zulley, J., Guilleminault, C., Smirne, S., & Priest, R. G.
(2001). How age and daytime activities are related to insomnia in the

general population: Consequences for older people. *Journal of the American Geriatrics Society, 49,* 360–366. http://dx.doi.org/10.1046/j.1532-5415.2001.49077.x

Ong, J., & Sholtes, D. (2010). A mindfulness–based approach to the treatment of insomnia. *Journal of Clinical Psychology, 66,* 1175–1184. http://dx.doi.org/10.1002/jclp.20736

Ong, J. C., Cardé, N. B., Gross, J. J., & Manber, R. (2011). A two-dimensional approach to assessing affective states in good and poor sleepers. *Journal of Sleep Research, 20,* 606–610.

Ong, J. C., Kuo, T. F., & Manber, R. (2008). Who is at risk for dropout from group cognitive–behavior therapy for insomnia? *Journal of Psychosomatic Research, 64,* 419–425. http://dx.doi.org/10.1016/j.jpsychores.2007.10.009

Ong, J. C., Manber, R., Segal, Z., Xia, Y., Shapiro, S., & Wyatt, J. K. (2014). A randomized controlled trial of mindfulness meditation for chronic insomnia. *Sleep, 37,* 1553–1563. http://dx.doi.org/10.5665/sleep.4010

Ong, J. C., Shapiro, S. L., & Manber, R. (2008). Combining mindfulness meditation with cognitive -behavior therapy for insomnia: A treatment-development study. *Behavior Therapy, 39,* 171–182. http://dx.doi.org/10.1016/j.beth.2007.07.002

Ong, J. C., Shapiro, S. L., & Manber, R. (2009). Mindfulness meditation and cognitive behavioral therapy for insomnia: A naturalistic 12-month follow-up. *EXPLORE. The Journal of Science and Healing, 5,* 30–36. http://dx.doi.org/10.1016/j.explore.2008.10.004

Ong, J. C., Ulmer, C. S., & Manber, R. (2012). Improving sleep with mindfulness and acceptance: A metacognitive model of insomnia. *Behaviour Research and Therapy, 50*, 651–660. http://dx.doi.org/10.1016/j.brat.2012.08.001

Ong, J. C., Wickwire, E., Southam-Gerow, M. A., Schumacher, J. A., & Orsillo, S. (2008). Developing cognitive-behavioral treatments: A primer for early career psychologists. *Behavior Therapist, 31*, 73–77.

Orsillo, S. M., Roemer, L., Lerner, J. B., & Tull, M. T. (2004). Acceptance, mindfulness, and cognitive-behavior therapy: Comparisons, contrasts, and application to anxiety. In S. C. Hayes, V. M. Folette, & M. M. Linehan (Eds.), *Mindfulness and acceptance: Expanding the cognitive-behavioral tradition* (66–95). New York, NY: Guilford Press.

Parswani, M. J., Sharma, M. P., & Iyengar, S. (2013). Mindfulness-based stress reduction program in coronary heart disease: A randomized control trial. *International Journal of Yoga, 6*, 111–117. http://dx.doi.org/10.4103/0973-6131.113405

Pearson, N. J., Johnson L. L., & Nahin, R. L. (2006). Insomnia, trouble sleeping, and complementary and alternative medicine: Analysis of the 2002 national health interview survey data. *Archives of Internal Medicine, 166*, 1775–1782. http://dx.doi.org/10.1001/archinte.166.16.1775

Perlis, M. L., Giles, D. E., Mendelson, W. B., Bootzin, R, R., & Wyatt, J. K. (1997). Psychophysiological insomnia: The behavioural model and a neurocognitive perspective. *Journal of Sleep Research, 6*, 179–188. http://dx.doi.org/10.1046/j.1365-2869.1997.00045.x

Riemann, D., Spiegelhalder, K., Feige, B., Voderholzer, U., Berger, M., Perlis, M., & Nissen, C. (2010). The hyperarousal model of insomnia: A review of the concept and its evidence. *Sleep Medicine Reviews, 14*, 19–31. http://dx.doi.org/10.1016/j.smrv.2009.04.002

Rounsaville, B. J., Carroll, K. M., & Onken, L. S. (2001). A stage model of behavioral therapies research: Getting started and moving on from stage I. *Clinical Psychology: Science and Practice, 8*, 133–142. http://dx.doi.org/10.1093/clipsy.8.2.133

Schmidt, S., Grossman, P., Schwarzer, B., Jena, S., Naumann, J., & Walach, H. (2011). Treating fibromyalgia with mindfulness-based stress reduction: Results from a 3-armed randomized controlled trial. *Pain, 152*, 361–369. http://dx.doi.org/10.1016/j.pain.2010.10.043

Schutte-Rodin, S., Broch, L., Buysse, D., Dorsey, C., & Sateia, M. (2008). Clinical guideline for the evaluation and management of chronic insomnia in adults. *Journal of Clinical Sleep Medicine, 4*, 487–504.

Segal, Z. V., Bieling, P., Young, T., MacQueen, G., Cooke, R., Martin, L., ······ Levitan, R. D. (2010). Antidepressant monotherapy vs. sequential pharmacotherapy and mindfulness-based cognitive therapy, or placebo, for relapse prophylaxis in recurrent depression. *Archives of General Psychiatry, 67*, 1256–1264. http://dx.doi.org/10.1001/archgenpsychiatry.2010.168

Segal, Z. V., Williams, J. M. G., & Teasdale, J. D. (2002). *Mindfulness-based cognitive therapy for depression: A new approach to preventing relapse.* New York, NY: Guilford Press.

Shapiro. S. L., Bootzin, R. R., Figueredo, A. J., Lopez, A. M., & Schwartz,

G. E. (2003). The efficacy of mindfulness-based stress reduction in the treatment of sleep disturbance in women with breast cancer: An exploratory study. *Journal of Psychosomatic Research, 54*, 85-91. http://dx.doi.org/10.1016/S0022-3999(02)00546-9

Shapiro, S. L., Carlson, L. E., Astin, J. A., & Freedman, B. (2006). Mechanisms of mindfulness. *Journal of Clinical Psychology, 62*, 373-386. http://dx.doi.org/10.1002/jclp.20237

Shekleton, J. A., Flynn-Evans, E. E., Miller. B., Epstein, L. J., Kirsch, D., Brogna, L. A., ⋯⋯ Rajaratnam, S. M. (2014). Neurobehavioral performance impairment in insomnia: Relationships with self-reported sleep and daytime functioning. *Sleep, 37*, 107-116.

Shen, J., Barbera, J., & Shapiro, C. M. (2006). Distinguishing sleepiness and fatigue: Focus on definition and measurement. *Sleep Medicine Reviews, 10*, 63-76. http://dx.doi.org/10.1016/j.smrv.2005.05.004

Singareddy, R., Bixler, E. O., & Vgontzas, A. N. (2010). Fatigue or day-time sleepiness? *Journal of Clinical Sleep Medicine, 6*, 405.

Sivertsen, B., Omvik, S., Pallesen, S., Bjorvatn, B., Havik, O. E., Kvale, G., ⋯⋯ Nordhus, I. H. (2006). Cognitive behavioral therapy vs. zopiclone for treatment of chronic primary insomnia in older adults: A randomized controlled trial. *JAMA, 295*, 2851-2858. http://dx.doi.org/10.1001/jama.295.24.2851

Smith, M. T., Perlis, M. L., Park, A., Smith, M. S., Pennington, J., Giles, D. E., & Buyssc, D. J. (2002). Comparative meta-analysis of pharmacotherapy and behavior therapy for persistent insomnia. *The American Journal of Psychiatry, 159*, 5-11. http://dx.doi.org/10.1176/

appi.ajp.159.1.5

Spielman, A. J., Caruso, L. S., & Glovinsky, P. B. (1987). A behavioral perspective on insomnia treatment. *The Psychiatric Clinics of North America, 10*, 541–553.

Spielman, A. J., Saskin, P., & Thorpy, M. J. (1987). Treatment of chronic insomnia by restriction of time in bed. *Sleep, 10*, 45–56.

Stahl, B., & Goldstein, E. (2010). *A mindfulness–based stress reduction workbook*. Oakland, CA: New Harbinger Publications.

Stepanski, E., Zorick, F., Roehrs, T., Young, D., & Roth, T. (1988). Daytime alertness in patients with chronic insomnia compared with asymptomatic control subjects. *Sleep, 11*, 54–60.

Stepanski, E. J., & Wyatt, J. K. (2003). Use of sleep hygiene in the treatment of insomnia. *Sleep Medicine Reviews, 7*, 215–225. http://dx.doi.org/10.1053/smrv.2001.0246

Tung, N. K., & Harvey, A. G. (2005). Time estimation ability and distorted perception of sleep in insomnia. *Behavioral Sleep Medicine, 3*, 134–150. http://dx.doi.org/10.1207/s15402010bsm0303_2

Taylor, D. J., Mallory, L. J., Lichstein, K. L., Durrence, H. H., Riedel, B. W., & Bush, A. J. (2007). Comorbidity of chronic insomnia with medical problems. *Sleep, 30*, 213–218.

Taylor, D. J., Perlis, M. L., McCrae, C. S., & Smith, M. T. (2010). The future of behavioral sleep medicine: A report on consensus votes at the Ponte Vedra Behavioral Sleep Medicine Consensus Conference, March 27–29, 2009. *Behavioral Sleep Medicine, 8*, 63–73. http://dx.doi.org/10.1080/15402001003622776

Taylor, H. L., Hailes, H. P., & Ong, J. (2015). Third-wave therapies for insomnia. *Current Sleep Medicine Reports, 1*, 166-176. http://dx.doi.org/10.1007/s40675-015-0020-1

Teasdale, J. D. (999). Metacognition, mindfulness and the modification of mood disorders. *Clinical Psychology & Psychotherapy, 6*, 146-155. http://dx.doi.org/10.1002/(SICI)1099-0879(199905)6:2〈146::AID-CPP195〉3.0.CO;2-E

van Son, J., Nyklícek, I., Pop, V. J., Blonk, M. C., Erdtsieck, R. J., Spooren, P, F., ⋯⋯ Pouwer, F. (2013). The effects of a mindfulness-based intervention on emotional distress, quality of life, and HbA(1c) in outpatients with diabetes (DiaMind): A randomized controlled trial. *Diabetes Care, 36*, 823-830. http://dx.doi.org/10.2337/dc12-1477

Vgontzas, A. N., Liao, D., Bixler, E. O., Chrousos, G. P., & Vela-Bueno, A. (2009). Insomnia with objective short sleep duration is associated with a high risk for hypertension. *Sleep, 32*, 491-497.

Vgontzas, A. N., Tsigos, C., Bixler, E. O., Stratakis. C. A., Zachman, K., Kales, A., ⋯⋯ Chrousos, G. P. (1998). Chronic insomnia and activity of the stress system: A preliminary study. *Journal of Psychosomatic Research, 45*, 21-31.

Witkiewitz, K., Marlatt, G. A., & Walker, D. (2005). Mindfulness-based relapse prevention for alcohol and substance use disorders. *Journal of Cognitive Psychotherapy, 19*, 211-228. http://dx.doi.org/10.1891/jcop.2005.19.3.211

Wyatt, J. K., Cvengros, J. A., & Ong, J. C. (2012). Clinical assessment of sleep-wake complaints. In C. M. Morin & C. A. Espie (Eds.), *The*

Oxford handbook of sleep and sleep disorders (pp. 383–404). New York, NY: Oxford University Press.

Yeung, W. F., Chung, K. F., Zhang, S. P., Yap, T. G., & Law, A. C. (2009). Electroacupuncture for primary insomnia: A randomized controlled trial. *Sleep, 32*, 1039–1047.

Yook, K., Lee, S. H., Ryu, M., Kim, K. H., Choi, T. K., Suh, S. Y., ······ Kim, M. J. (2008). Usefulness of mindfulness-based cognitive therapy for treating insomnia in patients with anxiety disorders: A pilot study. *Journal of Nervous and Mental Disease, 196*, 501–503. http://dx.doi.org/10.1097/NMD.0b013e31817762ac

Zammit, G., Erman, M., Wang-Weigand, S., Sainati, S., Zhang J., & Roth, T. (2007). Evaluation of the efficacy and safety of Ramelteon in subjects with chronic insomnia. *Journal of Clinical Sleep Medicine, 3*, 495–504.

Zernicke, K. A., Campbell, T. S., Blustein, P. K., Fung, T. S., Johnson, J. A., Bacon, S. L., & Carlson, L. E. (2013). Mindfulness-based stress reduction for the treatment of irritable bowel syndrome symptoms: A randomized wait-list controlled trial. *International Journal of Behavioral Medicine, 20*, 385–396. http://dx.doi.org/10.1007/s12529-012-9241-6

Zhang, B., & Wing, Y. K. (2006). Sex differences in insomnia: A meta-analysis. *Sleep, 29*, 85–93.

Zwart, C. A., & Lisman, S. A. (1979). Analysis of stimulus control treatment of sleep-onset insomnia. *Journal of Consulting and Clinical Psychology, 47*, 113–118. http://dx.doi.org/10.1037/0022-006X.47.1.113

찾아보기

저자 소개

Jason C. Ong, Ph.D.

노스웨스턴 대학교 파인버그 의과대학(Northwestern University Feinberg School of Medicine) 신경과에 소속된 부교수이다. 행동수면의학 훈련 프로그램의 책임자이며, 행동수면 및 일주기 의학 연구실의 책임연구자이다. 그는 버지니아 코먼웰스 대학교(Virginia Commonwealth University)에서 심리학 박사를 취득하였으며, 스탠퍼드 의과대학(Stanford University School of Medicine)에서 박사후 펠로우십을 수료하였다. 그의 주요 연구 및 임상 관심사는 불면증과 타 수면장애를 위한 행동치료 및 마음챙김 기반 치료이다. 그 외에도 수면장애가 만성 신체질환에 미치는 영향에 대한 연구에 관심이 있다.

역자 소개

서수연(Sooyeon Aly Suh)

성신여자대학교 심리학과의 부교수로, 행동과학과 심리치료(BEST) 연구
실의 책임연구자이며, 일상 임상심리연구소의 자문교수이다. 고려대학교
심리학과에서 학사학위를 취득하였으며, 오하이오 주립대학교 임상심리
대학원(Ohio State University Graduate School for Clinical Psychology)에
서 석 · 박사를 취득하였다. 시카고의 러시 의과대학 병원(Rush University
Medical Center)에서 심리 레지던트로 Jason Ong 교수님 밑에서 수련을 받
았으며, 그 후 스탠퍼드 의과대학(Stanford University School of Medicine)에
서 박사후 펠로우십을 수료하였다. 주요 연구 및 임상 관심사는 불면증 및 악
몽장애를 위한 심리치료이며, 취침 시간 지연 행동의 감소를 위한 심리치료
를 개발 중이다. 그 외에도 여성과 아동의 수면에 대한 연구에 관심이 있다.

불면증을 위한 마음챙김 기반 치료
Mindfulness-Based Therapy for Insomnia

2020년 10월 20일 1판 1쇄 인쇄
2020년 10월 30일 1판 1쇄 발행

지은이 • Jason C. Ong
옮긴이 • 서수연
펴낸이 • 김진환
펴낸곳 • ㈜**학지사**

　　　　04031 서울특별시 마포구 양화로 15길 20 마인드월드빌딩
대표전화 • 02-330-5114　　팩스 • 02-324-2345
등록번호 • 제313-2006-000265호

홈페이지 • http://www.hakjisa.co.kr
페이스북 • https://www.facebook.com/hakjisa

ISBN 978-89-997-2222-6　93180

정가 16,000원

이 도서의 국립중앙도서관 출판시도서목록(CIP)은 서지정보유통지
원시스템 홈페이지(http://seoji.nl.go.kr)와 국가자료공동목록시스템
(http://www.nl.go.kr/kolisnet)에서 이용하실 수 있습니다.
(CIP 제어번호: CIP2020042179)

출판 · 교육 · 미디어기업 **학지사**

간호보건의학출판 **학지사메디컬** www.hakjisamd.co.kr
심리검사연구소 **인싸이트** www.inpsyt.co.kr
학술논문서비스 **뉴논문** www.newnonmun.com
원격교육연수원 **카운피아** www.counpia.com